政治文化与政治文明书系 ·《政治思想史》十年精选

当代政治哲学
重要议题

高景柱 ◎ 编

天津出版传媒集团

天津人民出版社

图书在版编目（CIP）数据

当代政治哲学重要议题 ／ 高景柱编. -- 天津 ： 天津人民出版社，2023.4
（政治文化与政治文明书系. 《政治思想史》十年精选）
ISBN 978-7-201-15780-1

Ⅰ．①当… Ⅱ．①高… Ⅲ．①政治哲学－文集 Ⅳ.①D0-02

中国版本图书馆 CIP 数据核字(2020)第 019359 号

当代政治哲学重要议题
DANGDAI ZHENGZHI ZHEXUE ZHONGYAO YITI

出　　版	天津人民出版社
出 版 人	刘　庆
地　　址	天津市和平区西康路 35 号康岳大厦
邮政编码	300051
邮购电话	(022)23332469
电子信箱	reader@tjrmcbs.com
策划编辑	王　康
责任编辑	郑　玥
封面设计	春天·书装工作室
印　　刷	天津新华印务有限公司
经　　销	新华书店
开　　本	710 毫米×1000 毫米　1/16
印　　张	17.5
插　　页	2
字　　数	270 千字
版次印次	2023 年 4 月第 1 版　2023 年 4 月第 1 次印刷
定　　价	78.00 元

引　言

作为哲学的一个分支,政治哲学有着悠久的历史,柏拉图、霍布斯和康德等人对政治哲学的洞见至今仍然发人深省。然而自 19 世纪中期至 20 世纪六七十年代,长于价值判断和理性思辨的政治哲学在科学主义及其价值中立原则的冲击下出现了危机。在 20 世纪五六十年代就有人发出"政治哲学已死"这样的感叹。自 20 世纪 70 年代以来,政治哲学开始了复兴,逐渐在当代哲学中占据主导地位,并进而成为一种"显学"。政治哲学在当代的兴盛状况与其长达一个多世纪的萎靡状况形成了鲜明的对照。1971 年,约翰·罗尔斯(John Rawls)的《正义论》重新激发了人们对政治哲学的兴趣,扭转了政治哲学的颓废态势,复活了政治哲学的契约主义传统,并且颠覆了政治哲学中流行的功利主义传统,罗尔斯也被誉为 20 世纪最有影响力的政治哲学家之一。在《正义论》出版之后的数十年间,数以百计处于不同学科、不同国家的学者从多种视角对罗尔斯的正义理论进行了系统的阐释、批判、修正或拓展,形成了一种蔚为壮观的"罗尔斯产业"。政治哲学由"死"到"生"的历程既凸显了政治哲学顽强的生命力,又显现了罗尔斯的重要贡献及其洞见,可以说,不了解罗尔斯,就无法了解当代政治哲学的发展。作为当代政治哲学的主要推动者,罗尔斯对当代政治哲学及其相关学科的发展产生了革命性的影响,《正义论》的出版是 20 世纪思想界的一大盛事。罗尔斯是关于正义问题讨论的灵魂人物,其正义理论是当代政治哲学中最有影响力的正义理论,当代很多研究正义理论的政治哲学文献基本上都是围绕其《正义论》

而展开的。无论人们对罗尔斯的正义理论持批判态度,抑或持赞成态度,当人们在研究正义理论时,罗尔斯的正义理论总是绕不开的。《正义论》当之无愧的是一本有关政治哲学的权威性著作,而且亦是 20 世纪最重要的政治哲学著作。因此,要研究当代政治哲学,《正义论》无疑是最有益的出发点之一。鉴于罗尔斯对当代政治哲学的复兴和发展所产生的重要影响,我们可以将当代政治哲学称为"后罗尔斯时代的政治哲学"。在后罗尔斯时代的政治哲学中,人们争论的核心议题多种多样,本书将集中关注平等理论、正义理论、中立性问题和公共理性问题。

第一,平等理论。罗尔斯实现了政治哲学主题的转变,将政治哲学的主题由"自由"转换为"平等"。这也使得平等理论成为当代政治哲学中最为重要的理论之一,以至于当今任何一种具有一定可信度的政治理论基本上都在某种程度上诉求平等价值或者至少不会公开反对平等,否则就会有违道德直觉,缺乏吸引力。例如,自由主义者和保守主义者有着共同的平等主义共识,即使像弗里德利希·哈耶克(Friedrich A. Von Hayek)和罗伯特·诺齐克(Robert Nozick)这样的自由至上主义者也不会拒绝自由权的平等。在当代政治哲学中,这种平等主义共识是至关重要的,当然,这种平等主义共识所倡导的平等理念既不是结果平等,也不是物质平等,而是一种更为根本的平等理念,即人们应当将每个人作为平等者对待,每个人都应该获得共同体的平等关心与尊重,其中的分歧主要在于在认同这一根本平等理念的情况下,人们诉求不同的平等主张。因此,在当代政治哲学中,几乎所有关于平等理论的辩论不是在支持平等理念的人与反对平等理念的人之间展开的,而是从所有的人都拥有平等的道德价值这一假设出发,探讨应当追求何种平等以及平等何以可能等问题。罗尔斯不但复兴了政治哲学,为当代政治哲学的发展奠定了基石,而且其平等理论也在当代平等理论的发展中处于主导地位,被视为"自由平等主义的典范"。当代很多政治哲学家正是以罗尔斯的平等理论为坐标,通过对其的批判或发展而形成了自己的平等理念,比如诺齐克、德沃金、阿玛蒂亚·森(Amartya Sen)和理查德·阿内逊(Richard Arneson)等自由主义者各自平等理论的形成就是如此,以 G. A. 柯亨(G. A. Cohen)和约翰·罗默(John E. Roemer)等人为代表的分析马克思主义学派的平等观的形成亦是如此。

在当代平等理论中,德沃金的资源平等理论(equality of resources)是最具代表性的平等理论之一,本书的"资源平等理论的诊断与重构"等四篇文献集中关注德沃金的资源平等理论。其中《资源平等理论的诊断与重构》一文认为,德沃金提出的"平等尊重与关切"为当代分配正义理论提供了一个讨论的平台,其资源平等正是对每个人表示"平等尊重与关切"的一种尝试。但是这种资源平等无论是做运气均等主义解读,还是按德沃金的原意做日常伦理解读,都有着无法克服的内在不一致性。后果主义能够很好地解决这种不一致,表明日常分配正义具有与有限仁爱相适应的两种核心成分:利他主义的人道与自利的公平;《选择、责任与资源平等:评德沃金的平等观》一文主要关注德沃金在其资源平等理论中调和平等与责任的尝试是否成功。德沃金调和平等与责任的这一努力是不成功的,资源平等的内部存在一种张力,其中的原因主要在于:一方面,德沃金对选择与环境这一资源平等最根本的区分是不成功的,另一方面,"敏于抱负"的原因是不充分的,同时选择深受原生运气因素的影响;《平等的资源主义分析路径的内在张力:罗纳德·德沃金的化解及其困境》一文认为资源平等的理论目标"敏于抱负"和"钝于禀赋"之间有一种内在的张力,"敏于抱负"和"钝于禀赋"相互消解。德沃金在一定程度上意识到了其平等的资源主义分析路径的内在张力,并试图以"虚拟保险市场"来化解它。德沃金的这一尝试是值得商榷的,原因主要在于虚拟保险市场既不能实现"敏于抱负",又不能实现"钝于禀赋";在当代政治哲学中,自由和平等是两种基本的政治价值,很多学者在思考如何处理自由与平等之间的关系问题。德沃金对自由与平等之间关系的看法较具特色,认为平等是一种至上的美德,自由与平等能够相容,如果自由与平等之间真的出现了冲突,那么自由必败无疑。德沃金调和自由与平等的努力是否可行,《错位的调和:德沃金政治哲学中的自由、平等与自主》一文试图探讨这一问题。

第二,正义理论。正义既是人类社会自古以来孜孜以求的重要价值之一,又是道德哲学和政治哲学中最古老的议题之一。古往今来,正义是一个颇具争议性的概念,人们对正义的讨论从未间断。一方面,人们对正义的内涵有着不同的理解,然而在当代政治哲学中,人们所谈论的正义往往是指"分配正义"。分配正义是一个含义丰富、在不同的时代有着不同内涵的概念,在塞缪尔·弗莱施哈克尔(Samuel Fleischacker)看来,虽然在现代社会,人们通常将整个社会的资源分配问题视为正义关注的主要问题之一,现代意义上的分配正义要求政府保证每个人都能获得一定程度的物质财富,但是这种分配正义概念只有两百年的历史。例如,在古希腊,亚里士多德认为分配正义指的是确保那些应得回报的人按照他们的美德获得其应当获得的利益的原则。只是到了18世纪以后,在亚当·斯密、卢梭、康德、马克思和罗尔斯等人的努力下,分配正义的关注对象才开始转向穷人的生活处境,以及如何通过对物质财富的再分配从而改变穷人的处境等问题。

另一方面,人们对正义的主体(谁与谁之间的正义)、正义的客体(正义的分配对象是什么)和正义的原则(正义何以可能)有着各种各样的看法。其中,就谁与谁之间的正义而言,一个引起激烈纷争的问题是,人们应该探讨限于民族国家范围内的人际平等,还是应该超越民族国家的界限?当代的平等主义者与16世纪以来的许多平等主义者一样,主要是在民族国家的范围内讨论正义问题,将国家视为正义共同体的边界,然而一些学者开始超越民族国家等共同体的界限,以世界主义为分析视角,构建了各种全球正义理论。全球正义理论的兴起与罗尔斯的国际正义理论密切相关。罗尔斯在1993年牛津的大赦讲座的基础上发表的《万民法》一文以及1999年出版的同名专著中,秉承了其在建构国内正义理论时使用的契约主义方法,深入和细致地建构了名为"现实的乌托邦"的国际正义理论。当罗尔斯的《正义论》出版之后,查尔斯·贝兹(Charles Beitz)和涛慕思·博格(Thomas Pogge)等人在坚守世界主义理念的基础上,期待罗尔斯将其国内正义理论延伸为全球正义理论。然而罗尔斯在《万民法》中对世界主义理念以及一些世界主义者所勾勒的全球分配正义原则的拒斥,非但没有满足博格等人的这种期待,反而令一些世界主义者大失所望。

无论是贝兹等世界主义者在全球层面上通过拓展罗尔斯的差别原则而得到的"全球差别原则",还是有些世界主义者所主张的其他全球分配正义原则,罗尔斯均持一种批判态度。罗尔斯对全球分配正义原则的拒斥是否合理,《论罗尔斯对全球分配正义原则的拒斥》一文正是致力于探讨该问题;在查尔斯·泰勒(Charles Taylor)和阿克塞尔·霍耐特(Axel Honneth)等人的努力下,"承认的政治"也逐渐引起了人们的关注,被承认意味着被正义地对待。《多元文化主义的正义理论与多元文化治理》一文主要从多元文化主义者对公民权利与集体权利、文化差异与普遍价值、简单平等和复合平等等几个方面的探讨入手,分析其中公民身份与文化身份之间的张力,指出西方国家解决这一问题的基本逻辑及其局限性;《承认谁的什么:论承认与社会正义》一文强调当代关于社会正义问题的主导争论是以分配问题为中心的,问题是分配什么及如何分配。伊莉丝·杨(Iris Marion Young)和南希·弗雷泽(Nancy Fraser)论证分配不是(至少不仅仅是)社会正义问题的中心,相反错误承认也会导致不正义,这种不正义无法用分配正义理论解决。然而二者对分配正义理论的批评存在不足之处,她们的承认理论在解决社会正义问题上并不比分配正义理论更为优越。与之相比,一种底线承认的概念更能得到辩护;正义理念并不专属于西方文化,中国传统思想中有不少对正义的探讨,《正义原则的功能及其在中国传统思想中的实现》一文强调,在西方思想传统中,正义被认为是政治的核心价值,是平衡共同体成员的平等与差异的基本原则。中国古代政治思想中虽然不存在类似正义的概念,但仍然通过"仁""礼"和"义"三项原则的相互支撑,形成了一套解决人与人之间"分"与"和"的关系的基本框架。与西方主流思想不同的是,中国传统思想并不把正义作为最高的政治追求,真正的理想社会是超越了正义原则的"大同"之世。

第三,中立性问题。《正义论》出版以后,泰勒、阿拉斯代尔·麦金太尔(Alasdair MacIntyre)、迈克尔·沃尔泽(Michael Walzer)和迈克尔·桑德尔(Michael J. Sandel)等人因从共同体的立场出发,猛烈批判了以罗尔斯等人为代表的新自由主义而被统称为"社群主义者"。自由主义与社群主义之争也是当代政治哲学中的重要议题之一,社群主义者对自由主义的主要批判之一是批判自由主义的中立性原则。自由主义的中立性原则强调国家或政府应该在人们持有的各种善观念之间持中立态度,不应该致力于促进或者阻止人们追求自己的良善生活,国家或政府的行为不应该以任何善观念为基础。麦金太尔对此提出了质疑,认为自由主义没有贯彻自己的中立性立场,认为自由主义的中立性仍然是以自由主义的个人主义为前提的,只是一种表象而已,实际上,自由主义的中立性是不可能的。对于自由主义之中立性的不可能性,麦金太尔强调,罗尔斯等自由主义者提供了一种与众不同的正义观念,那种用于指导自由主义进行实践推理的原则,以及自由政体内部的正义理论和实践"就人类善的对立和冲突的理论而言,并不是中性的。它们在其力所能及之处,把各种特殊的好生活概念、实践推理概念和正义概念强加于那些愿意或不愿意接受该论战之自由主义程序和自由主义条件的人们头上。自由主义压倒一切的善,恰恰就是自由主义的社会和政治秩序得以延续的支撑物"。在麦金太尔那里,自由主义在人类的各种善观念之间从来就不是中立的。

《公民间关系、慎议政治与当代自由主义的国家观》一文正是在自由主义与社群主义之争的背景下,致力于探讨自由主义的国家观,尤其是讨论在当代自由主义的语境中,国家是否是以及(如果是的话)在何种意义上是一个社群。该文认为政治自由主义背后隐含着一种慎议性政治的政治概念,它也必须以这种独立的政治概念为基础;《合理多元论及其解释能导出政治中立性吗?》一文认为,罗尔斯主张说合理多元论的事实的存在,使得只有政治中立的正义原则(而不是任一整全性学说)才能作为公民间政治辩护的基础。罗尔斯援引"判断负担"来解释这种多元论事实,但这种解释要能成功地导向政治中立的要求,那么它本身就不能预设价值多元论以及怀疑论等有争议的立场,亦不能对合乎情理的宗教学说排斥性太强,而且还应解释清楚为什么"判断负担"导致的多元论不会给人们在同一个正义观念上达成一致造成困难;《国家能否以善为目标:政治哲学的自由主义中立论转向》一文认为,现代社会是被多元价值所分裂的社会,在此背景下,当代政治哲学中的自由主义发生了中立论转向。由于中立论不能很好地将自己与某些自由主义的至善论区分开来,因此这种中立论转向并未完全成功。在自由主义内部,至善论与中立性的界限在逐渐模糊,并共同走向了某种中间道路。

第四,公共理性问题。公共理性是自由而平等的公民的理性,是民主国家的基本特征,是现代多元良序社会中的政治正义观念的必然要求。霍布斯和康德探讨过公共理性观念,然而正是在罗尔斯深入探讨公共理性以后,公共理性才成为近 30 年来英美政治哲学领域的核心概念之一。罗尔斯在《政治自由主义》中,尤其在《公共理性观念新探》一文中比较系统地研究了公共理性理念,公共理性也在晚期罗尔斯的理论体系中处于核心地位。公共理性关注的核心问题是公民们应该如何就正义原则等根本的政治问题进行辩论和推理? 罗尔斯认为公共理性理念隶属于宪政民主社会中的民主公民身份的观念。在宪政根本要素和基本正义问题面临危机时,那些拥有自由而平等关系的公民们如何能够受到约束,并尊重其宪政民主制度的结构和遵守在此制度下所制定的法律呢? 正是此类问题,驱使着现代政治共同体的成员运用正义原则进行公共推理。在宪政根本要素和基本正义的问题上,如果所有称职的官员按照公共理性行动,当所有合乎情理的公民——这些公民彼此把对方视为社会合作系统中的自由而平等的成员——在理想的意义上将自己视为遵循公共理性的立法者,那么那些表达大多数人意见的立法就是正当的法律。公共性是公共理性的核心,公共理性所说的理性在三个方面是"公共的":第一,它是自由而平等的公民们的理性;第二,它的主题是关乎那些根本性的政治正义问题的公共善,这样的问题主要包括宪政的根本要素和基本的正义问题;第三,它的性质和内容是公共的,它们通过那些满足相互性标准、本身是合乎情理的政治正义,在公共推理中表达出来。公共理性可以在正义原则的选择和正义原则的适用这两个层面上加以应用。罗尔斯试图通过公共理性的要求来规范公民对基本正义问题的讨论,当立法者、法官和行政长官等公职人员出于并遵循公共理性的理念而行动,并根据他们视为最合乎情理的、政治性的正义观念向其他公民解释他们所支持的政治立场的理由时,公共理性的理想就得以实现了。

　　国内学界最近几年也非常关注公共理性问题。中山大学谭安奎教授的《公共理性与民主理想》(生活・读书・新知三联书店,2016 年)是其中的代表之一,《公共理性的构建与慎议政治的塑造:评谭安奎教授的〈公共理性与民主理想〉》《公共理性如何突破民主传统的限制:与谭安奎教授商榷》和《论公共理性重构的关键:互利性与相互性》三篇文献分别从不同的角度评析了《公共理性与民主理想》一书,呈现了作者与评论者之间的交叉性的共识与分歧。谭安奎教授在《相互性、政治自主与公共理性理念的普适性问题:答葛四友、陈肖生、惠春寿》一文中做出了回应,认为相互性标准相对于正义原则而言是形式性的,但它本身却包含实质的道德要素,公共理性的运用不是要发现客观的道德真理,而是公民们进行集体决定、彰显政治自主性的过程。对稳定性和政治文化的强调并不构成把公共理性局限于民主社会的充分理由,不过,将规范性的慎议政治概念作为政治自由主义的终极依据,这一做法确实忽视了一些事关道德能力与公民身份的前提性问题。

高景柱

天津师范大学政治与行政学院教授

目　录

▼平等理论

资源平等理论的诊断与重构[*]

葛四友[**]

一、平等的尊重与关切

2013 年 2 月离世的罗纳德·德沃金是当代最有影响的政治哲学家与法哲学家之一。其研究领域横跨道德哲学、政治哲学与法哲学,在每个领域都颇有建树。他所提出的资源平等理论影响极为重大,使得他在分配正义领域成为可以与罗尔斯、诺齐克相比肩的标志性人物。尽管人们往往把罗尔斯与诺齐克加以对比,但从贴标签的意义上讲,德沃金与诺齐克显然是更合适的对比。德沃金坚持平等至上,诺齐克则是强调自由至上,而罗尔斯强调兼顾自由与平等的公平至上。在很大程度上说,他们三人代表了自由主义阵营在分配正义领域的左中右三种立场。德沃金提出了平等理论的一个最重要宣言:平等就在于对每个人表示平等的尊重与关切。这个宣言在很大程度上讲是开放的,其内容具有很多可能性,因此成为自由主义者各派均能接受的一个原则,为当代分配正义理论提供了一个讨论的平台。

功利主义或说后果主义强调效用或价值的最大化,一般被人认为是最为忽视分配正义的,但它依然相容于平等尊重与关切这一信条。这种平等

---

* 本文发表于《政治思想史》,2013 年第 2 期。
** 葛四友,武汉大学哲学学院教授。

尊重不是直接以人为单位,而是体现在把每个人的利益或效用都只算作一份。换言之,每个人的效用具有的分量是平等的,从而以效用的分量平等来间接体现对所有人的平等尊重与关切。在这种平等观之下,资源的分配应该是使得总效用(总价值)最大化,但它确实不管特定的个人得到的效用(价值)数量如何。诺齐克的自由至上一般也是被视作平等的对立物,但这种理论认为人人皆有同样的自由权,因此,其对每个人的尊重与关切则是表现在保护每个人的自由权不受侵犯。换言之,它是个人自由权的平等,也是形式意义上的机会平等原则。在这种分配正义理论之下,只要每个人的自由权得到了保证,那么,资源是如何分配的完全与对个人的尊重无关。它与功利主义都排除了等级制,由此排除了一种社会偶然性,即有些人生下来就是卑贱之人的可能性。但这两种理论并不怎么特意针对运气或者说偶然性,并不排除其他社会偶然性(如父母与出生国家或地区的差别)与自然偶然性对人们生活的影响。

但还有一种理论认为,对个人的平等尊重体现在让所有人的潜能有机会得到实现。罗尔斯提出的公平的机遇平等原则就表达了这种观点。[①] 这种原则试图抵消社会偶然性对个人生活的影响,说得简单点,它就是试图使得具有差不多天赋和努力倾向的人,能够具有差不多的机会过上同样好的生活。但是非常清楚,只要人们承认家庭的存在,承认父母与子女之间的感情,承认各种亲近关系的存在,那么,单独抵消社会偶然性就是一件不可能的事情。因为人们因自然偶然性的影响所导致的资源分配会进一步产生其他的社会偶然性。不过,相对于纯粹形式上的机遇平等原则而言,它在制度上的规定对于偶然性的影响调整得更多,比如,它会要求具有免费的教育,具有免费的医疗等保证人们能够发展其潜力。平等尊重还有一种表现形式,它要求不仅抵消社会偶然性的影响,还要求抵消自然偶然性的影响。这就是目前被认为真正代表了平等的主流理论:运气均等主义,其代表人物之一就是柯恩。[②] 这种观点的实质在于:人们若不是因为自己的过错或选择,

---

① 参见[美]约翰·罗尔斯:《正义论》,何怀宏等译,中国社会科学出版社,2009 年,第 67 ~ 68 页。

② See G. A. Cohen, "Equality of What? On Welfare, Goods, and Capabilities," in Nussbaum and A. K. Sen eds., *The Quality of Life*, Clarendon Press, 1993.

那么就应该过得一样好。按照运气均等主义理论，只有这样才能真正地体现对所有人的平等尊重与关切。

除了上面的原则外，在它们之间还存在着各种组合式的原则。罗尔斯的公平正义原则就是居于公平的机遇平等原则与运气均等主义原则之间。罗尔斯接受运气均等主义，也接受帕累托最优原则，他认为差别原则（尽可能地改善最不利者的处境）比运气均等主义更好。这种理论认为对每个人的平等尊重就是要让最不利者过得尽可能地好。德沃金的资源平等理论认为平等尊重与关切就在于资源的分配要"敏于抱负，但钝于禀赋"[①]。这种平等理论对于偶然性的处理在很大程度上不同于上面的几种理论，一方面，它不像功利主义和自由至上主义那样，对于偶然性不闻不问，它在某方面是特别针对偶然性的，比如说，它要求资源的分配钝于禀赋，在某种意义上是要抵消自然偶然性的影响；另一方面，它又不像运气均等主义那样要完全处理所有偶然性，因为它认为如果偶然性出现在抱负之中的话，那么，这是个人应该承担责任的。

二、运气均等主义解读

上面我们从抽象层面比较了几种分配正义理论，大概可以显示资源平等理论在其中的基本位置，本节我们将着重探讨资源平等理论的一种解读：运气均等主义解读。要注意的一点是，德沃金坦承政治哲学的研究应该以道德哲学为基础，而法哲学的研究应该以政治哲学为基础。在这个意义上讲，德沃金的政治哲学是承上启下的研究。也正是因为这一点，我们要想真正地理解德沃金的平等理论，那么理解他的道德哲学就是极其重要的。德沃金本人对此也交代得非常清楚，他的平等理论的根据是两个伦理学原则。第一个原则是"重要性平等原则：从客观的角度讲，人生取得成功而不被虚度是重要的，而且从主观的角度讲这对每个人的人生同等重要"；第二个原则是"特殊责任原则：虽然我们都必须承认，人生的成功有着客观上平等的重要性，但个人对这种成功负有具体的和最终的责任———是他这个人在

---

① ［美］德沃金：《至上的美德》，冯克利译，江苏人民出版社，2003年，第94页。

过这种生活"①。

在德沃金看来，正是上述两个原则对我们如何体现"对每个人表示平等尊重与关切"提出了要求。实际上，就这两种责任的抽象区分而言，无论是罗尔斯还是诺齐克都不会反对此点，大概也没有自由主义者会反对这一点。因此，德沃金的特点不在于两种责任的区分，而在于对两种责任的具体蕴含的理解。他认为，第一个伦理原则会"要求政府采用这样的法律或政策，它们保证在政府所能做到的范围内，公民的命运不受他们的其它条件（他们的经济前景、性别、种族、特殊技能或不利条件）的影响"。这是德沃金所提出的两种责任中的集体责任。德沃金认为第二个原则其实是"关联原则：它坚持认为，就一个人选择过什么样的生活而言，在资源和文化所允许的无论什么样的选择范围内，他本人要求对做出那样的选择负起责任"。这个原则强调的是个人责任，即个人应该对此造成的后果负有责任。这个原则要求"政府在它所能做到的范围内，还得努力使其公民的命运同他们自己做出的选择密切相关"②。德沃金的资源平等就是用来体现这两种责任之划分的，而其中的一个关键就是个人（person）/环境（circumstance）的区分。个人中的因素，如嗜好、抱负和信念等属于个人责任范围；然而，非个人性资源（即外在的可交换的各种物品）和个人性（personal）资源（主要是人的生理能力与精神能力）是环境因素，属于集体责任。在这种观点下，德沃金认为，"一方面，我们必须承受违反平等的痛苦，允许任何特定时刻的资源分配（我们可以说）反映人们的抱负。也就是说，它必须反映人们做出的选择给别人带来的成本或收益……但另一方面，我们不能允许资源分配在任何时候对天赋表示敏感，即让它受到有着相同抱负的人在自由放任经济中造成收入差别的那种能力的影响"③。

简单点说，这就是资源的分配要敏于抱负而钝于禀赋。德沃金除了在规定两种责任上具有其独特之处外，在如何用资源平等来实现这两种责任上也有其独特之处。平等理论者广受质疑的一点就是平等与市场相冲突，但德

① ［美］德沃金：《至上的美德》，导论，第6页。
② 本段所引均见［美］德沃金：《至上的美德》，冯克利译，江苏人民出版社，2003年，第7页。
③ ［美］德沃金：《至上的美德》，冯克利译，江苏人民出版社，2003年，第94页。

沃金的平等理论却是要以市场机制为前提的。换言之，市场非但不是平等的竞争对手，相反，市场是其资源平等的必然组成成分。面对具有不同性质的资源，德沃金利用了不同的市场机制。对于外在的非个人性资源，他采用的是拍卖方法。在拍卖之始，给予所有人一样的筹码，换言之，每个人具有同样的购买力。然后，德沃金设想人们可以无限次重复拍卖，从而让每个人自己的真实意愿（欲望）能够对所有外在资源做出灵敏的回应。这样，每个人所能获得的资源都非常灵活地考虑了这种资源对其他人的价值，由此每个人的获得都考虑了这种获得的真实机会成本。当拍卖最终完成后，所有人的购买力都体现在其拥有的资源之上，并且每个人都宁愿要自己的那一份资源而不是别人所拥有的那份资源。这时没有人会忌妒其他人所具有的资源，否则他可以重启拍卖过程，从而也就实现了非个人性资源的平等。

对于内在的属于个人的资源的平等，德沃金采用的是虚拟保险的间接方式来实现。德沃金在这里的一个关键点是区分了两种运气。"选项运气（option luck）是一个审思的和经过计算的赌博如何产生的问题，人们的损益是不是因为他接受自己可以预见到的、本可以拒绝的孤立风险的问题。而原生运气（brute luck）则是以不同于审思的赌博方式产生的风险。"①在德沃金看来，选项运气在选择过程中必然会体现出我们的嗜好、抱负，这也是我们追求哪种生活的体现，因此属于个人责任范围。而原生运气则明显没有反映我们的嗜好、判断与抱负，因此属于集体责任范围。德沃金不仅做出了两种运气的区分，还找到了一个方法将两种运气联系起来，这就是保险。尽管灾难是原生运气，但"决定是否购买灾难险，是一种经过计算的赌博"②，因而属于选项运气。因此，通过保险而确立的两种运气的转化实际上就是两种责任的转化。人们在个人性资源上的原生运气，也就是人们具有不同的生理能力与精神能力本身是属于原生运气的范畴，但我们可以通过虚拟的市场保险来实现其平等。

由于德沃金的拍卖是借助人们在同等购买力之下所做的个人选择实现的，同时区分选项运气与原生运气也是借助人们的选择来实现的，因此尽管

---

① Ronald Dworkin，Sovereign Virtue，Harvard University Press，2000，p. 73.

② ［美］德沃金：《至上的美德》，冯克利译，江苏人民出版社，2003年，第77页。

德沃金一再声称自己不是运气均等主义者,但这并不影响人们将其理论理解为某类运气均等主义,柯恩就是其中有力的代表。但是从运气均等主义角度来看待资源平等,有着几个根本的内在不一致性。外在资源的拍卖设计与运气均等主义存在着两种根本的不一致性。第一个不一致性体现在拍卖时的外在资源的设定上。尽管乍一看好像外在资源的存在是一个不可变更的事实,就像地球上有多少煤炭等资源是固定的。但实际上情形并不是如此,尤其是当我们从长远角度考虑的时候,人们拍卖时能够具有的原始资源明显是可变的。由于外在资源在这种意义上是可变的,并且不同的外在资源对于不同的人具有的意义是不一样的,这种不一样也完全是外在于个人之控制的,因此从运气均等主义角度看,不应属于个人责任,而应属于集体责任。第二个不一致体现在个人的嗜好与抱负上。当拍卖时,我们实际具有的嗜好与抱负也被看作是给定了的,没有办法调整。正是在这里,外在资源的拍卖有一个根本的循环。我们即使无法选择所有的嗜好与抱负,但我们起码可以在一定程度上调整我们的嗜好与抱负,没有这一点,自由的意义会大大缩减。但是我们的嗜好与抱负的调整正是根据我们的外在环境来进行的。在某种意义上来讲,资源平等正是要提供一个正义的环境来让我们形成自己的嗜好与抱负。但在德沃金的拍卖中,这个正义的环境本身又要根据我们的嗜好与抱负来确定,由此存在着根本的循环。

第三个不一致性是由柯恩[①]所提出的,即德沃金的资源平等没有前后一致地处理偶然性的影响,当偶然性对人们的生产能力产生影响时,资源平等认为它属于集体责任,应该抵消这种影响,但当偶然性的影响出现在消费领域时,资源平等认为它属于个人责任,由个人自己承担。第四个不一致性是由李普特[②]提出的:如果抵消原生运气的影响是因为它超出我们的控制,那么,选项运气的影响也同样是超出我们的控制的,因此,要么我们能够找到其他的道德根据来只抵消原生运气而不是选项运气的影响,要么我们就得抵消所有运气的影响。不仅如此,除了第三个似乎可以修正外,第一、二和

---

① See G. A. Cohen, "On the Currency of Egalitarian Justice," *Ethics*, Vol. 99, 1989, pp. 906 – 944.

② See Kasper Lippert – Rasmussen, "Egalitarianism, Option Luck and Responsibility," *Ethics*, Vol. 111, 2001, pp. 548 – 579.

四个不一致是根本性的,无法在资源平等内部应对。因此,无论德沃金的本意如何,运气均等主义视角都无法给予资源平等一个融贯的论说。

三、日常伦理解读

上面的分析表明,资源平等的运气均等主义解读是不成功的。实际上,德沃金的本意也明确不支持这种解读。至少有三个方面可以表明这一点。第一个方面,德沃金明确陈述他的各种区分所做的依据不是如柯恩所断言的是否进行选择。这个方面首先体现外在资源原始情况的讨论中。德沃金认为:"运气在决定任何人对结果多么满意上也起一定作用。……移民们没有被冲到一个有更多(虽然幸运的是,也没有更少)他所需要的东西的岛上,这是他的不幸。然而他不能抱怨说,对他们找到的实际资源的分配是不平等的。"①毫无疑问,这种情况应该属于德沃金所谈到的原生运气范畴,但他并不认为这种情况下的不利是需要补偿的,仍然属于个人责任的范畴。这个方面还体现在德沃金所做的个人/个人性资源的区分上。德沃金非常明确地交待"个人与个人性资源"的区分根据不是人们是否进行选择,"我没有假设人们可以广泛地选择自己的信念、嗜好或个性,这比他们选择自己的种族、体格与智力的范围大不了多少"②。第二个方面,德沃金非常明确地提出其两种责任的划分依据的是日常伦理经验:"我遵循的是正常人的伦理经验,普通人在日常生活中对他们自己的人格承担后果。"③"很难想象,像我们这样的动物,如果把自己的信仰、信念、嗜好、判断和抱负当作幸运或不幸的偶然事件,那么我们会有怎样的行为。"④因为"正是我们的各种嗜好和抱负,为我们规定了什么是令人满意的或值得过的生活,把它们当作我们实现这种生活的障碍是说不通的"⑤。并且"有些抱负是如此重要,甚至只是为了得到实现它的机会,我也愿意让自己成为穷人:我们习惯认为大艺术家在年轻

① [美]德沃金:《至上的美德》,冯克利译,江苏人民出版社,2003年,第71页。
② [美]德沃金:《至上的美德》,冯克利译,江苏人民出版社,2003年,导论,第8页。
③ [美]德沃金:《至上的美德》,冯克利译,江苏人民出版社,2003年,第334页。
④ [美]德沃金:《至上的美德》,冯克利译,江苏人民出版社,2003年,第336页。
⑤ [美]德沃金:《至上的美德》,冯克利译,江苏人民出版社,2003年,第339页。

时就是这样想的"①。除了上述两个方面外,支持日常伦理解读的第三个方面在于德沃金的伦理观念。德沃金对伦理学的看法迥异于当代伦理学的主流,他反对我们一般所谈论的元伦理学与规范伦理学或说实质伦理学的区分。② 作为其看法基础的则是他对各种道德概念的理解,他把正义、公平、自由与平等均看成是一种诠释性概念,这有别于他所谈论的"自然种类概念"和"准则性概念"。而他对诠释概念的理解有两个特点:一是实践性,从我们日常对此概念的理解入手;第二是整体性,强调各种诠释性概念的相互的融贯与一致(这也体现在他的法律概念的理解之上)。③ 尽管他表面特别强调所谓的"平等至上",但他实际上认为我们各种重要的道德概念,如公平、自由、平等、正义等均是相互支持和一致的。这与罗尔斯所强调的反思平衡并无实质性的差别。因此,笔者认为,就德沃金的本意来讲,资源平等做日常伦理解读是最合适的。

　　然而日常伦理解读最合德沃金的原意并不表示其理论因此就是正确的,甚至都不表示这是对其理论最好的解读。资源平等理论的根据是集体责任与个人责任的区分,而德沃金体现两种责任的实质在于:环境(包括个人的生理能力与精神能力)是属于集体责任,而个人(包括抱负与嗜好)是属于个人责任。由此,最具争议性的就是与之对应的两个区分:个人与个人性资源的区分,选项运气与原生运气的区分,前者均属于个人责任,后者则属于集体责任。笔者认为,以下三个理由使得我们无法接受资源平等的日常伦理经验解读。就日常生活经验来说,个人应该对自己的选择负有责任,对自己的抱负与嗜好负有责任,这是符合我们的道德直觉的。但正如柯恩所说,"自我所有"在日常伦理中所具有的直觉吸引力不比任何一种平等理论弱。按照我们的道德直觉来说,我们不仅认为我们应该为自己的抱负与嗜好负责,我们同样也应该为自己的生理能力与精神能力负责,尤其是当我们具有正常的发展环境时,情况更是如此。事实上,德沃金在论证中也隐晦地承认了这一点。"技能和抱负相互形成的影响阻挠着我们。技能是培养和

① [美]德沃金:《至上的美德》,冯克利译,江苏人民出版社,2003 年,第 342 页。

② See Ronald Dworkin, *Justice for Hedgehogs*, The Belknap Press of Harvard University Press, 2011.

③ See Ronald Dworkin, *Justice for Hedgehogs*, ch. 8.

发展的产物,而不是完整发现的东西。人们选择哪一种技能加以发展,反映着他们有关最好成为什么样的人的信念。"①"假如我们设想每个人对自己有何技能一无所知我们便从它的个人性中排除了太多的因素,以至于没有为哪怕是从一般的正常角度考虑他的抱负留下任何合理的基础。"②这也就相当于说,从日常伦理经验来说,个人与个人性资源这一区分是没有的。人们并不认为我们的精神能力,如技能等属于环境因素。这是第一个反驳的理由。当然,这里并没有说个人/个人性资源这种区分是不成立的,只是它在日常伦理经验上是不存在的。

德沃金为这种区分提供的第二种直觉性理由是嗜好与抱负为我们规定了什么是令人满意或值得过的生活。而生理能力和精神能力则没有这个功能。但这个理由同样是不成立的。因为即使我们的嗜好、抱负规定了我们生活的意义,也并不能证明它规定的这种生活意义是合理的,因此并不能表明我们具有任何的嗜好、信念、抱负都是合理的。比如说印度寡妇殉夫之风俗,假设某个女人接受了这种信念与抱负,认为此风俗规定了她的生活意义。我们也不能据此认为这种风俗就是正确的。显然,我们在不同的条件下,可能具有不同的嗜好、信念与抱负。一个显然的日常事实是,人们可以适应不同的环境,从而调整自己的期望与抱负。从这个意义上讲,任何一种分配正义理论的首要目的就是为人们提供一种合适的环境,这里人们形成的嗜好与抱负可以认为是可接受的。这是第二个反驳的理由。

第三个反驳的理由在于选项运气与原生运气。对这个区分有两个反驳。第一个是德沃金对运气的处理是不一致的。如果是按照运气均等主义来说,那么嗜好与抱负中的原生运气所产生的影响也是应该抵消的。如果是按照日常伦理的经验来看,那么天赋中的原生运气则是不应该抵消的。第二个是运气在我们的生活中并不是只有负面意义的。正如拉兹所讲到的,③运气就是一个原生的事实,无论你接受与否,它都构成了我们生活的一个部分。特别是从我们的日常伦理经验来看,没有运气,没有偶然性的生

---

① ［美］德沃金:《至上的美德》,冯克利译,江苏人民出版社,2003 年,第 96 页。
② ［美］德沃金:《至上的美德》,冯克利译,江苏人民出版社,2003 年,第 99 页。
③ See Joseph Raz, *Ethics in the Public Domain*, Clarendon Press, 1995, p. 16.

活,显然人生有很多乐趣与意义都失去了。一个没有任何危险的登山运动,显然不是真正的登山者所爱好的。生活中没有任何"偶然性",一切都可预料时,相信很多人都会觉得索然无味。德沃金对运气的考虑似乎是想纳入此点,但却无法提供一种有统一根据的处理方式。

四、困境的缘由:道德的崇高与动机的不足

上面我们阐明了资源平等理论的两种解读,但都无法给出融贯一致的论说。笔者认为,根本原因在于这两种解读所具有的两个特征:一方面是要符合我们深刻具有的某些道德直觉;另一方面是要满足理论的融贯性或一致性。运气均等主义无疑抓住了我们对道德责任的直觉:我们只对自己的选择或具有控制的事情才应负有责任;日常伦理解读则符合我们的另一种道德直觉:我们的抱负、嗜好等构成我们的身份,决定我们是谁,给予我们人生以意义(无论是好是坏)。柯恩把第一种想法贯彻到底,坚持所有人的贫富一定要反映选择或过错,也就是坚持运气均等主义。诺齐克则是在第二点上贯彻到底,坚持绝对的自我所有,并且把这种彻底的所有制也贯彻到了外在资源上,由此形成了他的"守夜人国家"理论。尽管两种贯彻方向大为不同,但两者均把某种具有表面合理性的道德直觉给贯彻到底,其后果就是与其他具有同样深刻吸引力的道德直觉相冲突。诺齐克与柯恩的冲突就是其中的表现之一。在这个意义上来讲,不仅罗尔斯,还有德沃金均是中间派,他们的理论不仅强调我们的理论要符合某种道德直觉,而且还强调要符合各种道德直觉,要找到它们之间的一致性(罗尔斯用的是融贯性,而德沃金则是整体性)。然而我们的各种道德直觉背后的理由并不是完全一致的,因此,罗尔斯和德沃金的理论就会面临理论内部的不一致性。

笔者认为,这样一种局面与康德有很大的关联。康德的理论给伦理学带来的巨大影响之一是道德地位的极度提升,道德价值是所有价值中最重要的,也是最崇高的。由此带来的第二个巨大的影响是道德的绝对性:道德是绝不妥协的。当代的义务论式分配正义理论很多都受到了康德的这种影响,接受了某种形式的绝对性。诺齐克宣告:"个人具有权利,有些事情是任

何他人或团体都不能对他们做的,否则就要侵犯到他们的权利。这些权利如此强有力和广泛,以致引出了国家及其他官员能够做些什么事情的问题(如果能够做些事情的话)。"①罗尔斯则认为:"社会的每一成员都被认为是具有基于正义、或者说基于自然权利的不可侵犯性,这种不可侵犯性甚至是任何别人的福利都不可逾越的。"②德沃金则认为:"平等与自由(均等主义原则的最好观念的要求与自由)之间的任何真正的冲突,都是一个自由必败的竞争。"③

然而康德对道德绝对性的认定预设了"善良意志"。善良意志意味着我们总是会有充分的动机去做道德所要求的一切事情,不管我们要为之付出多大的代价。换言之,道德义务本身以及这种义务的应用均不受动机能力上的限制。而动机不足对我们日常的道德义务在这两个方面均有限制。动机不足的一种限制是:我们已经具有某种道德要求或义务,但是我们没有足够的动机去实现这种道德要求,因此我们需要强制来实现这种道德要求,或者以其他的方式部分地实现这种道德要求。这个我们可以称为动机对道德原则的应用限制。这点是我们多见且易为察觉的。但是动机不足还会以另外一种形式限制我们的道德要求:因为我们没有足够的动机能力,因此我们在设定道德要求的时候会降低道德要求,以免道德义务所产生的效果适得其反。换言之,如果不考虑动机不足的限制,也就是我们具有善良意志的话,我们会具有某种道德要求 A,但这种要求有时候或经常会要求人们付出的代价很大,但由于人们一般无法自愿地做到这点,因此我们不会设定道德要求 A,而是设定另一种较低的道德要求 B,这个 B 并不要求人们付出很高的代价。换言之,只有当我们做某些事情付出的代价较小或没有代价时,我们才把这些事情规定为我们的道德要求,我们可以称为动机对道德原则的内在限制。尽管具有直觉吸引力的道德义务有很多体现了这种内在限制,但很少为人们所注意。我们可以借助两种神枪手的不同来说明这种限制。一种真正的神枪手是我们指哪他就能打哪,有百分百的命中率,这也就相当

---

① [美]诺齐克:《无政府、国家与乌托邦》,何怀宏译,中国社会科学出版社,1991 年,第 1 页。

② [美]罗尔斯:《正义论》,何怀宏等译,中国社会科学出版社,2009 年,第 22 页。

③ [美]德沃金:《至上的美德》,冯克利译,江苏人民出版社,2003 年,第 142 页。

于我们具有善良意志,总是能够履行道德要求。另一种神枪手则是靶子无限大,无论打在哪都打在靶上。或者说,不管他打在哪,我们说他打在我们想要他打的地方。但是还有一种神枪手,他居于这两者之间,他既不是能指哪打哪,但也不是只能是打哪后再指哪。相反,在某个领域里,他是可以指哪打哪的。但在超出这个范围时,人们就把靶子变大,比如开始把打中十环区域才算打中,后面就可以把打中一环区域也算做是打中。在动机不足下调低道德义务的要求就类似于这种情况。

相应于动机不足的两种限制,我们日常语言中也对应着两种意义上的仁爱。第一种意义上的仁爱是对应于已有的分配正义规范而言的,这里我们已经具有一种由分配正义规范所确定的正当利益。这里所谓的代价或牺牲正是相对于我们已经具有的正当利益而言的。当我们在这个意义上说一个人非常仁爱时,指的是他能够牺牲很多属于自己的正当利益而去帮助别人。因此,这种仁爱也通常是属于超出正义之外的仁爱,由此是一种高于正义的德性。不过,这种意义上的仁爱动机已经预设了某种分配正义规则。第二种意义上的仁爱是对应于动机不足的第二种形式的限制。这里特别值得注意的是它所指的代价或牺牲并不是相对于正当利益而言的,而是相对于不这样做所能获得的任何利益而言的。因为正义规则正是要参考这种动机能力来确定的。充分的仁爱就是我们能为他人牺牲自己可能获得的任何利益,包括自己的生命。这个时候的动机是真正意义上的善良意志,即能够具有充分的动机去做道德要求我们所做的一切事情,不管我们会为之做出多大的牺牲。彻底的自私就是指我们根本无法为他人的利益而付出任何代价,个人总是会尽可能为自己获得一切利益。而居间的则是个人能够为他人的利益而牺牲自己的利益,但是这种牺牲不能过大。①

从我们的日常经验来看,我们既不具有充分的仁爱(具有善良意志),同时也不是彻底的自私,一般来说我们的动机能力处于这两者之间。用休谟的话来说,我们现实生活中的人是有同情心的,但这种同情心是有限的。我们可以对日常生活中的动机能力做出以下几个方面的概括。第一,当别人过得越差时,我们帮他的动机越强;第二,当我们帮助别人所要付出的代价

---

① 这方面的详细讨论,参见拙文:《正义真是一种补救性德性吗?》,《世界哲学》,2013 年第 1 期。

越小,而他人的所获越大时,我们帮助他们的动机越强;第三,我们都想以尽可能少的成本或代价来获得尽可能多的回报。第一和第二个概括实际上指出了我们的利他主义倾向,第三种概括指出了我们的利己主义倾向,合起来就是我们通常所说的有限的同情心。

在现实生活中,具有直觉吸引力的道德要求或义务受到了上述动机不足的影响。再次用神枪手的比喻来说的话就是,他既不是指哪就能打哪的真实神枪手,但他也不是打哪就指哪的虚假神枪手,相反他是介于两者之间的神枪手。他是先确定我们大概有能力打到哪,然后把这个区域里的打中都算是中靶,从而显得我们是有能力成为神枪手。这里值得提醒的是,相对于没有动机限制而规定的道德要求或义务而言,在动机不足的情况下形成的道德义务并不是在所有领域或所有情况下都会自动地降低。正如人们在近距离的情况下,他中靶的可能性会更大。因此,会存在一些区域,即使人们的动机不足,但这些区域里,人们形成的道德义务与动机充分情况下的道德义务并无多大的不同。但这也意味着,只要道德义务需要人们付出很大的代价(相对于他能获得的利益而不是正当利益而言),那么这里我们就会自动调低要求,形成较低的道德要求。这样的道德要求毫无疑问会在我们的道德直觉中具有很大的分量。

由于康德的影响,道德具有的地位极高,因此我们很难想象道德规则竟然是因为我们的动机不足而规定的,由此动机不足对道德的内在限制很少或说不愿为人们所注意。在这种情况下,只要分配正义理论试图把具有直觉吸引力的道德规则贯彻到底就可能会犯下述的错误。第一个错误是把那些在某些领域(这里动机限制不存在)能够实现的高道德要求无限制地扩展到其他领域,然而后面领域里形成的却是因动机限制而出现的低道德要求。第二个错误是把某些只是为了适应动机限制的低道德要求扩展到所有领域,并且同时还认为这种道德要求是极为崇高、不容妥协的,这种道德要求就既会与其他同样因动机限制而形成的低道德要求相冲突,甚至还会与有些真正的高道德要求相冲突。在笔者看来,一般所讨论的后果主义或功利主义容易犯的是第一个错误,而运气均等主义与诺齐克的自我所有至上犯的则是第二个错误。罗尔斯与德沃金由于试图平衡各种道德直觉,由此是两种错误均有。

五、后果主义重构：人道与公平

现在的问题是：在接受这种动机约束的前提下，我们应该如何去解读德沃金的资源平等理论。前面我们就已经说过，德沃金坚持道德概念属于诠释性概念，且这点对于德沃金的整个理论而言都是极为关键的。鉴于此，我们依然坚持资源平等要从日常伦理这种视角做出解读。[①] 出于以下两个原因，笔者认为，我们从后果主义来对日常伦理解读做理论化的尝试是有价值的。一方面是因为我们现实中的人并不是彻底的仁爱，由此我们的行动中会有很强的个人利益的考虑，这显然是一种后果的考虑，而我们的日常道德直觉肯定会反映这一点。另一方面则是因为相对于义务论而言，后果主义更容易纳入动机限制的考虑。后果主义理论下的具体规则并不具有永恒或绝对的地位。随着社会条件的变化，后果主义规则为了实现最好的后果就必须相应地转变。既然后果主义的规则可以纳入现实情况的变化，那么它只要再走远一点，就可以在规则的设计中把动机限制看作如能力限制一样。

我们首先考虑后果主义在没有动机限制情况下的资源分配原则。据彻底仁爱或说善良意志的定义，人们能够履行一切道德义务，不管要付出多大的代价。在这种情况下，后果主义就是会考虑一切相关情况的约束下尽可能最大化效用，其实质就是要实现"人尽其才，物尽其用"。根据这种理论，资源的分配并不会去考虑人们的贡献，而只考虑资源让谁能够得到最大的效用。这种情况下的资源分配与个人做出的贡献是脱钩的，而个人也是不在意的。如果说在这种情况下依然存在一种公平的话，那么公平就体现在资源的分配确实是在那些最能利用资源的人手里。如果有些人对资源的利用效率不高，但由于他与分配资源者具有某种关系而得到了很多资源，那么我们会认为这里存在某种不公。然而这种情况只是为了假想所谓的公平才提出来的，因为既然所有人都具有充分的仁爱，那么这种分配不公是不可能

---

① 这里没有考虑运气均等主义思路下的重构，因为笔者在另一篇论文《论柯恩对差别原则的动机悖论反驳》（《哲学研究》，2013年第6期）对此做了讨论。

出现的。

其次,我们考虑后果主义在动机不足情况下的资源分配。这里我们关心的是在现实世界的资源分配,因此,这里假设动机限制是上一节我们所做的描述。但是这种动机限制并不是在所有情况下都是存在的(这就像枪手的能力水平在近距离情况下的限制会小很多),比如说上一节所描述的在第一或第二种条件下(也就是当要得资源的人的处境极差,或者我们帮助他们所需要付出的代价极小,而他人所获较大时),人们的同情心在这个时候是能够起很大作用的,因此这部分的道德规则很可能会如同理想动机下的道德规则一样。当两种情况同时满足时则更可能遵循后果主义的原则,即资源的分配只管效用,而不管贡献。在我们的实际生活中,我们道德直觉中的人道概念描述的就是这种情况。比如说有个人快要病死了,不管有没有钱,出于人道,医院应该先救他。比如说在大灾害,如地震时,很多人愿意捐出一小部分的钱财给灾区人民。罗尔斯也赞同这种行为,即他所强调的所谓的自然义务,就是人们付出很小的代价但可以给别人带来很大效用的情况。还有我们坐公交车时,我们认为应该给老、幼、病、残、孕让座,这里是满足第二种条件,即让座对让座者的代价较小,而得到座位的人得到的效用相对要大得多。

在分配正义领域中,这种"人道"原则一般是以满足"基本需要"表示的。换言之,国家在分配满足基本需要的资源时,其根据是直接的效用原则:资源的分配在于提升人们的效用,而日常的语言是尽可能减低人们的痛苦。后果主义与动机的限制相组合还能很好地解释"基本需要"水平的变动。第一个是尽管人们过得有多差既有(生理上的)绝对性的标准,同时还有相对性的标准,由此随着人们的整体生活水平的提高,能够促发人们同情心的"苦难"标准也是会降低的。第二个是随着经济水平的发展,社会提供资源的能力大大加强,由此,富人们为提供此类资源所需要付出的代价会随之降低,这是由收入的边际效用递减所决定的。因此,国家越是富裕,经济越是发达,那么"基本需要"的标准也就越高。

但人们的这种同情心会随着基本需要的满足而越来越弱,当人们的基本需要得到满足后,人们的行动动机主要集中自己的幸福身上,由此动机会被第三种条件所支配,即想以尽可能少的代价尽可能多地增加自己的幸福。这个时候每个人不愿意为他人做出多少牺牲,这里的所谓牺牲相对的是个人采取任何其他手段能够获得的利益,而不是他的正当利益。在此种情况下,后果主义采纳自我所有权和一定形式的财产权就是自然的结果。自我所有权的确立有两个方面的原因:第一点是每个人对于属于他的生理能力和精神能力具有直接的控制权,外部力量很难控制,并且人们的努力倾向更容易为人们自己的利益所驱动。第二点是国家要控制人们的生理与精神能力则需要极大的强制,强制一般是会引起痛苦的,这种压制是会产生很大的负面作用的,与最大化效用原理是相反的。财产权的确立起码也有两个方面的巨大效用:第一,让资源有其主,每个人能更好地利用其资料,由此不致造成资源的浪费;第二是这种产权有利于保护人们的努力所得,从而可以让人们为自己的幸福而努力,具有动机上的激励作用。

在确立个人的自我所有权以及某种形式的财产权之后,分配正义涉及的主要是外在资源的分配。在现实中,我们极易混淆两个问题。第一个问题是社会里存在着何种形式的财产权利的问题(不管是谁获得它),它涉及到人们是要共同地拥有财产还是私人拥有财产,人们拥有这些财产能够做什么。在现代,无论是东方还是西方,财产权是多成分的,比如有占有权、使用权、收益权等。① 第二个问题才是谁具有财产的问题。但是当我们谈论财产的时候,我们主要关心的是"谁获得了财产",而不管财产权的具体形式,也不管获得财产权的直接或间接条件。后果主义在动机限制下确定分配资源的公平就是贡献要与所得相匹配。这种公平符合后果主义的理由有两个:第一个是人们只想以最小的代价获得最大的收获,因此人家愿意付出的东西一定要跟你为他提供的价值相匹配;第二个是为了自己获得更多,那么个人必须努力提高自己的能力,努力地工作,由此才能做出更多的贡献从而获得更多。

从后果主义的视野出发,我们可以很好地解释日常分配正义观念中的两种成分:人道与公平。在某种意义上讲,德沃金的外部资源的平等就利用了这种日常意义上的"公平"。日常意义上的公平非常好地体现于完全竞争

---

① 参见[美]克里斯特曼:《财产的神话》,张绍宗译,广西师范大学出版社,2004年,第1章。

市场上的交易,这种交易最能体现"贡献"与"所得"的匹配,由此这种交易可认为是公平交易的模板。而实现外部资源平等的拍卖设计,通过人们的无限次的拍卖尝试来达到与完全竞争市场类似的效果,即个人得到一种物品的代价就是其真正的机会成本。只是德沃金这里却比日常的公平多了一个要求:每个人都具有同等的购买力。但是前面已经说过,他既不管拍卖时的现有资源状况,也不管人们的抱负与消费观念。因此,只要拿掉人们具有同样购买力这个要求,他的拍卖机制就是一种日常意义上的公平典型。这种分配方式显然不会直接考虑人们的效用,而只管人们所做的贡献。

我们知道,罗尔斯提倡的是公平正义,德沃金是平等正义,他们均没有区分开分配正义的两种成分。不过,由于罗尔斯采用的是反思平衡,而德沃金支持诠释性道德概念,因此他们的正义理论不会忽略掉任何一种成分。作为分配正义代言人的资源平等也纳入了人道考虑。但人道考虑也是需要资源的,满足"基本需要"是需要一定资源的。但上面日常意义上的"公平"显然无法保证这一点。为了解决这个问题,德沃金采取了类似于罗尔斯的极端做法:直接否定自我所有权。如果我们的生理能力与精神能力不属于我们,那么由它们所获得的利益也就不属于我们了,可以由国家来支配。这样,"人道关怀"所需的资源就不会与所谓的"公平"相冲突了。

这种设想所付出的代价太大。一方面是自我所有权所具有的直觉吸引力不弱于任何公平或平等的吸引力,否定自我所有权需要特别强有力的论证,但无论是罗尔斯、还是德沃金都没做到这一点。另一方面,从人的动机上来讲,否认自我所有权要求人们具有无限的仁爱。如果人们没有无限的仁爱,那么否定自我所有权就没有效果,只会适得其反。但一旦人们具有无限的仁爱,他们就不会再去要求贡献与所得相匹配的那种公平了。因此,否定自我所有权要么是无效的(如果不是彻底仁爱的话),要么是否定日常意义上的公平的(如果是彻底仁爱的话)。

正如柯恩的分析所指出的,自我所有权与外在资源并没有必然的联系,单纯形式意义上的自我所有权实际上对于我们如何分配外在资源并没有任何必然的联系。① 因此,承认自我所有权并不必然导致我们无法提供"满足基本需要"所需的资源。这里还涉及一个容易犯下的错误:认为市场的分配机制是以贡献为根据的。然而实际情况是我们能做什么样的贡献在很大程度上是由我们具有什么样的市场规则所决定的。② 德沃金也非常敏锐地注意到,市场交易中是存在着各种损害的,这种损害是需要理由来辩护的。③可以通过竞赛来说明这种损害的存在。任何一种竞赛的第一名肯定"损害"了第二名的利益。但由于我们一般认为这种形式的"损害"是正当的,因此忽略了它的存在。但若第一名是通过舞弊的手段获得时,我们会感觉到这种"损害"的存在,因为它是不正当的。因此,市场经济规则本身并不就是天然地合法的,市场规则本身并无法直接证成其中所产生的各种损害。换言之,我们需要用理由来确定某种市场规则的正当性,它再来仲裁何种损害是正当的,何种损害是不正当的。这点对于我们如何设计市场经济制度,特别是产权制度是特别有意义的。当然,这个规则还要考虑市场经济本身的基本规律,特别是考虑人们的动机状态,人们都想以尽可能小的代价获得尽可能多的收获的。因此,只要我们的规则能够保证人们的贡献与其收益是成比例的,从而能为人们提供努力工作的激励,那么人们的效率就是不大会受影响的。换言之,我们完全没有必要否定自我所有权,而是可以通过各种制度设计,也就是产权形式的不同,税率的不同,来做到既满足日常意义上的公平,同时也能照顾到人道考虑,满足人们的基本需要。

六、结语

根据德沃金的看法,理解其资源平等的关键有两点。第一点是资源平等的基础在于两种伦理责任:集体责任与个人责任。这里的集体责任(分配正义)归根结底就是要为个人提供一种合理的环境,个人责任则是个人要在

---

① 参见[美]柯亨(柯恩):《自我所有、自由和平等》,李朝晖译,东方出版社,2008 年,第 114 ~ 116 页。

② 更详尽的讨论参见拙文:《市场经济道德根据:按贡献分配?》,《国际经济评论》,2006 年第 3 期。

③ 参见[美]德沃金:《至上的美德》,冯克利译,江苏人民出版社,2003 年,第 90 ~ 91 页。

这种环境下为自己的生活负有责任。第二点是两种伦理责任概念是诠释性概念，是日常实践中的伦理责任，资源平等就是实现两种日常伦理责任的工具。日常伦理责任实际上体现在日常的分配正义实践之中。然而这种日常的正义实践是与我们的动机相适应的，换言之，它是适用我们只有有限的仁爱这个条件的。因此，尽管分配正义是重要的，但其重要性无法来源于这种正义自身，因为它的动机本身不可能是如康德所称的善良意志，所以它无法获得康德所赋予道德的那种崇高地位。当然，这并不否认分配正义是极为重要的，只是其重要性更多地是来源于其作用（工具性的重要性），正如钱一样。只有我们承认这一点，我们才能更好地理解分配正义的两个核心成分：人道与公平。也只有这样，我们才能更好地认识到：人道考虑的动机与公平考虑的动机并不是一样的，前者是利他主义的，后者则是自利的。正是因此，我们从后果主义视野可以更好地理解资源平等。从这种角度来看，集体责任就是要保证人们的基本需要得到满足，同时在此基础上，人们有一个公平竞争的环境。在现实动机的约束下，我们对人们的平等尊重与关切就体现在提供这样的环境。

选择、责任与资源平等

——评德沃金的平等观*

高景柱**

  自20世纪70年代以来,以美国哲学家约翰·罗尔斯等人为代表的左翼自由主义平等观面临着理论和实践两个方面的批判。就理论方面的批判而言,批判左翼自由主义平等观在对资源的分配过程中忽视责任的重要性。左翼自由主义平等观所面临的这种批判在很大程度上与罗尔斯的"差别原则"密切相关。因为差别原则主张社会和经济的不平等应当符合处境最差者的最大利益,但处境最差者之所以具有如此的地位也可能与其自身的因素有关,比如懒惰而不愿意工作,自己本应该为其处境承担责任;就实践方面的批评而言,很多人把自20世纪70年代以来西方福利国家面临的困境与左翼自由主义平等观联系在一起,认为左翼自由主义平等观在某种程度上导致了福利国家的盛行,但同时没有主张得益于福利计划的穷人应该承担改善其自身物质条件的责任,结果造成了福利国家面临困境以及人们对福利国家的依赖性。

  左翼自由主义平等观真的如其批判者所说的那样消解了个人责任吗?实际上,很少有自由主义者主张个人不应该对其行为承担责任,正如阿瑟·利普斯坦(Arthur Ripstein)所说的,现代自由主义的批评者往往认为自由主

---

  * 本文发表于《政治思想史》,2010年第3期。
  ** 高景柱,天津师范大学政治与行政学院教授。

义没有为责任和应得留下空间,实际上生命力最为强盛的责任观念处于自由主义政治思想的核心,虽然自由主义及其保守主义批评者在一些政治道德的基本问题上存在着分歧,但是在责任观念上却不存在分歧。① 虽然很少有自由主义者主张个人不对其行为承担责任,但是也很少有学者直接把责任原则同平等理论勾连在一起。自20世纪80年代以来,上述情况发生了改观,第一个对上述问题做出尝试的是罗纳德·德沃金所建构的资源平等理论(equality of resources)。德沃金的资源平等理论直面上述问题,试图调和平等与责任。他调和平等与责任的努力主要体现在资源平等的理论目标"敏于抱负"和"钝于禀赋"(ambition-sensitive, endowment-insensitive)上,德沃金的这一努力成功吗? 即以"敏于抱负"为基点,"敏于抱负"与"钝于禀赋"之间有没有内在的一致性? 选择是人们承担责任的必要条件还是充分条件? 这是本文将要探究的主要问题。

一、德沃金论抱负与责任的关系:以昂贵嗜好为例的探讨

德沃金主张在资源分配过程中应该实现"敏于抱负",这也使得平等理论更加符合人们的道德直觉,重新焕发出生机。"敏于抱负"的实质就是在资源分配过程中,个人应对其选择承担责任,这样德沃金就把"抱负"和"责任"联系在一起。在德沃金那里,昂贵嗜好(expensive tastes)问题是福利平等最有违直觉的地方,布莱恩·巴利(Brain Barry)也持有类似的观点,认为对福利平等着迷的人认为:"一种理想的公正的状况将是需要香槟和鱼子酱的人要获得平均水平的消费满足,将获得更多的金钱。"②对德沃金来说,抽象的福利平等非常具有吸引力,比如福利平等主张对残障者进行补偿,因为残障者要满足自己的需要,就需要比正常人更多的资源,所以对他们进行补偿就是理所当然的。但是,随着对福利平等分析的逐渐深入,这种直觉上的吸引力不但逐渐消失殆尽,而且还与道德直觉相背离,这主要体现在"昂贵

① See Arthur Ripstein, "Equality, Luck, and Responsibility," *Philosophy and Public Affairs*, Vol. 23, No. 1, 1994, p. 3.

② See Brain Barry, *Liberty and Justice*, Oxford University Press, 1991, p. 154.

嗜好"问题上。

假如在一个社会中每个人都有平等的财富,其中 A 喜欢喝价格高昂的香槟,B 只要喝价格低廉的啤酒就能满足自己的需求。A 喜欢喝香槟的嗜好与 B 喜欢喝啤酒的嗜好相比较,就是一种昂贵嗜好。对于 A 和 B 的嗜好,福利平等如何对待呢?如果 A 想达到同 B 相同的福利水平,那么 A 就需要更多的资源。福利平等最主要的含义是使人们在偏好的满足上达到平等,A 的嗜好恰好就是一种偏好。在德沃金看来,福利平等会建议 A 获得更多的资源以达到与 B 一样的福利水平。对德沃金来说,这是有违道德直觉的,因为既然起初 A 和 B 有着相同的资源份额,A 选择了花费更高的嗜好,B 选择了花费更低的嗜好,他们应为各自的选择承担责任,在资源的分配中就应该实现"敏于抱负"。福利平等能否不对 A 的昂贵嗜好进行补贴呢?虽然对 A 的嗜好进行补贴有违道德直觉,但是对 A 的嗜好不进行补贴,在福利平等的框架中又是不可能的:第一,"这些被培养的嗜好经常是对某些信念——有关哪种生活总体上更加成功的信念——作出的反应,而这些信念本身并不是人们自己培养或选择的。也就是说,在一个致力于消除福利差别的共同体里,从任何意义上来说都没有理由忽视由这些信念而产生的福利差别"①。第二,不补贴政策会抑制人们尝试新的嗜好,"这最终会产生一个单调的、墨守成规的、缺少想象力和吸引力的共同体,而且也是一个缺乏长远功效的共同体"②。因此,福利平等不得不对昂贵嗜好进行补偿,这样产生的结果就是消解了个人责任。

德沃金以昂贵嗜好为例证明了福利平等不关注责任问题,在德沃金看来,福利平等是一种不充分的分配平等理论。实际上,资源平等和福利平等之争是哪种形式的平等能将公民作为平等的人来看待?也就是说公民应拥有平等的资源还是平等的福利才能将公民作为平等的人来看待?德沃金认为福利平等没有将公民作为平等的人看待,违背了"平等的关心和尊重"这一基本的平等理念。德沃金通过对昂贵嗜好的探讨,厘清了"敏于抱负"这

① Ronald Dworkin, *Sovereign Virtue: The Theory and Practice of Equality*, Harvard University Press, 2000, p. 52.

② Ibid., p. 55.

一资源平等的理论目标,主张人们应该对自己的选择承担责任。德沃金的这种观点能否获得证成?在资源平等的框架内,人们应该为自己的选择承担责任吗?以"敏于抱负"为基点,"敏于抱负"与"钝于禀赋"之间有没有内在的契合性?

二、选择与环境区分的不合理性

德沃金有着很强的两极思想模式,经常发展出很多一对对的概念,比如将责任分为"个人责任"和"集体责任"、将运气分为"选项运气"(option luck)和"原生运气"(brute luck)、将资源分为"人格资源"(personal resources)和"非人格资源"(impersonal resources),以及从"个人"与"环境"的区分到"选择"与"环境"的区分,其中"选择"与"环境"的区分对资源平等至关重要,也是以德沃金为代表的运气均等主义理论最为重要的分析范畴。如果德沃金对"选择"与"环境"的区分是有问题的,那么他所建构的资源平等理论大厦本身就是根基不稳的。实际上,两极思维这种二元模式本身就很容易产生问题,一方面,有一些东西是这种二元模式本身所没有涵盖的,也就是说二元模式之间有一些"真空地带";另一方面,有一些东西可能既属于这种模式,也属于那种模式,即二元模式之间有一些"交叉地带"。现实世界纷繁复杂,两极思维模式往往过于简单而无法进行概括。德沃金对"选择"和"环境"进行的区分是否也面临着同样的限度呢?

(一)从"个人/环境"的区分到"选择/环境"的区分

德沃金在对"选择"与"环境"进行区分之前,最初是对"偏好"与"资源"进行区分以及对"个人"与"环境"进行区分,从偏好/资源的区分、个人/环境的区分过渡到选择/环境的区分是 G. A. 柯亨(G. A. Cohen)对资源平等批判的结果。关于"偏好"与"资源"的区分,我们可以从德沃金将平等理论分为"福利平等"和"资源平等"看出来,德沃金认为福利的主要意涵是"偏好"。关于"个人"与"环境"的区分,德沃金是这样表述的:

这种论证提出了对个人和他的环境加以区分的某种观点,这是正确的,把他的嗜好和抱负归于他个人(person),把他的生理和精神能力归于他的环境(circumstances)。这也是我在导论部分所说的那种人的观点,即在某种假设的经济能力的平等下,他在形成自己的抱负时意识到他给别人造成的成本,虽然这不同于福利平等所设想的画面,但却是资源平等的中心画面。……资源平等所要求的区分是这样的:一方面,那些决定着何为成功的生活的信念或态度归属于个人;另一方面那些为这种成功的生活提供帮助或阻挠的身体、心理或人格特征归属于个人的环境。①

换言之,德沃金明确地将人的嗜好、抱负、信念和偏好归于"个人",把人的人格特征、生理和智力能力归于人的"环境"。

针对德沃金的偏好/资源的区分以及个人/环境的区分,柯亨进行了批判。他认为,德沃金对偏好与资源进行的区分、对个人与环境进行的区分是不充分的。就德沃金对偏好与资源进行的区分而言,柯亨认为:

> 对德沃金来说,偏好而不是选择是那种本来不正义的不平等分配的原因。他建议对能力不足进行补偿,而不对昂贵嗜好进行补偿,但我认为,我们应该对超出个人控制的不利情况进行补偿,相应地,我们不应该在不幸的资源禀赋和不幸的效用功能之间区分开来。一个人的放纵的昂贵嗜好对我们没有任何要求权,同样,一个人因为粗心大意没有发展其能力而导致其能力很差,也没有这样的要求权。从平等主义的观点看,一个因不负责任地获得(或无可指责地选择发展)昂贵嗜好的人与一个不负责地失去(或者不可指责地选择消费)有价值的资源的人,这两者之间不存在任何道德差异。正确地划分应该是在责任与坏运气之间,而不是在偏好和资源之间。②

因此,柯亨认为德沃金对偏好与资源进行的区分是不合适的,正确区分

---

① See Ronald Dworkin, *Sovereign Virtue: The Theory and Practice of Equality*, pp. 81 – 82.

② See G. A. Cohen, "On the Currency of Egalitarian Justice," *Ethics*, Vol. 99, No. 4, 1989, p. 922.

的是对选择与运气进行的区分。

就德沃金对个人与环境进行的区分而言，一方面，柯亨认为德沃金对个人与环境进行的区分违反了人们的日常语言习惯。德沃金将人的嗜好和抱负归于"个人"，将人的生理和精神能力归于"环境"，实际上，人的精神能力与人的抱负和嗜好一样，也属于"个人"，而不属于所谓的"环境"。另一方面，柯亨认为德沃金对个人与环境进行的区分所采取的分类标准是人的某一方面的特征是否是"形成的"，即"形成的/不是形成的"＝"个人/环境"。柯亨认为根据是否是"形成的"这种分类标准来反观德沃金对个人与环境进行的区分，可以发现这种区分是有问题的。柯亨认为人们的抱负和嗜好有时是"形成的"，但是人们并不能"形成"所有的抱负和嗜好，德沃金却将人们所有的嗜好和抱负归于"个人"。人们的生理和精神能力有时"不是形成的"，属于环境，但是有些生理和精神能力却是"形成的"，依照德沃金的分类标准，这些"形成的"生理和精神能力应该属于"个人"，德沃金却将所有的生理和精神能力都归于"环境"。[1] 因此依柯亨之见，德沃金对个人与环境进行的区分是不成立的，正确的区分应该是对选择和运气进行区分。

由上可见，"形成的"并不是"个人"的充分条件，"不是形成的"对"环境"来说亦是如此。有些嗜好和抱负也属于"环境"，比如一个人出生在一个贫穷的山村，从小没有远大的抱负，只要能满足基本的生活需要即可，这种抱负就是生存环境所致，并不是"形成的"，这种抱负就属于"环境"。有些生理和精神能力也属于"个人"，比如有人不爱好从事体育锻炼，导致身体的某种生理机能的下降，这些生理能力就属于"个人"。德沃金后来修正了自己的观点，将个人/环境的区分调整为选择/环境的区分。

（二）选择与环境的区分是否合理

平等理论经常被认为不关注选择和责任问题，但是后罗尔斯时代的平等之争非常关注选择和责任问题，比如安德鲁·斯塔克（Andrew Stark）曾说："三十多年后，有关平等主义正义的后罗尔斯时代的辩论已经关注'就一个人的才能和嗜好而言，其中有多少是他或她的选择的结果，有多少是未经

---

① See G. A. Cohen, "On the Currency of Egalitarian Justice," pp. 922 - 929.

选择的环境的结果'这一问题。"①资源平等理论就是这种思想的典型代表，德沃金非常重视选择和责任问题，他曾这样来界定"选择"与"环境"：

> 人们的命运是由他们的选择和他们的环境决定的。他们的选择反映着他们的人格，而人格本身包括两个成分：抱负与性格。我是在广义上使用抱负一词的。一个人的抱负包括他的所有嗜好、偏好和信念以及他的总体人生计划：他的抱负为他做出这种选择而不是那种选择提供了理由或动机。人的性格是由一些人格特征构成的，它们不为他提供动机，而是影响着他对抱负的追求：这些特征包括他的适应能力、精力、勤劳、毅力以及现在为长远回报而工作的能力，对于任何人来说，它们既可以是积极的因素，亦可以是消极的因素；人的环境是由他的人格资源和非人格资源构成的，他的人格资源是指他的生理和精神健康及能力——他的一般健康状况和能力，这包括他创造财富的才能，也就是说他生产别人将购买的物品或服务的内在能力。他的非人格资源是指能够从这人转移给那人的资源——他的财富和他支配的另一些财产以及在现行法律制度下为他提供的利用那种财产的机会。②

同时，德沃金也在"人格"和"人格资源"之间进行区分："从广义上理解的一个人的人格包括人的性格、信念、偏好、动机、嗜好和抱负，另一方面他的人格资源包括他的健康、体格、才能。"③为什么德沃金要对选择与环境进行区分呢？实际上，除了柯亨对其的批判之外，德沃金对选择与环境进行的区分更是与资源平等的伦理基础——伦理个人主义——所包含的两个原则密切相关："任何相信这两个原则的社会，必须采取反映对共同体内的所有人平等关心的法律和制度结构，但是鉴于对第二个原则的尊重，它也必须坚持每个人的命运必须敏于他自己的选择。"④易言之，如果我们坚信伦理个人

① Andrew Stark, "Beyond Choice: Rethinking the Post – Rawlsian Debate Over Egalitarian Justice," *Political Theory*, Vol. 30, No. 1, 2002, p. 36.

② Ronald Dworkin, *Sovereign Virtue: The Theory and Practice of Equality*, pp. 322 – 323.

③ Ibid., p. 286.

④ Ibid., p. 324.

主义的第一个原则——"平等的重要性原则",那么我们必须使人们的命运与其所处的"环境"无关。如果我们坚信伦理个人主义的第二个原则——"特殊的责任原则",那么我们必须使人们的命运与其自身做出的"选择"相关。德沃金对选择和环境的区分,实质上是对选择和运气的区分,正如他所说:"我们有很多理由在可以为之承担责任的事情和不能承担责任的事情之间做出区分:我们要对我们命运中的一些事情承担责任的,因为它是人们选择的结果;还有一些事情是没有资格为之承担责任的,因为它不是人为的结果,而是自然或原生运气的结果。"①德沃金归于环境中的很多因素也属于运气,比如人的生理和精神能力等。

在探讨德沃金如何对选择和环境进行区分以及为何做出上述区分之后,一个非常自然的问题就是德沃金对选择与环境进行的区分合理吗? 探讨德沃金对选择与环境进行的区分是否合理,我们可以从其对选择与环境做出的区分所采用的标准来进行判断。实际上,德沃金没有明确指出他对选择和环境的区分到底采用何种界分标准,只是说根据"普通人的伦理经验",但是普通人的伦理经验到底为何物,他并没有明言。我们通过德沃金对选择和环境的区分所进行的论述可以看出他实际采用的标准是"有没有做出选择",即"做出选择/没有做出选择"="选择/环境"。因为德沃金认为"选择"由人的抱负和性格构成,其中抱负为人们做出这种选择或那种选择提供理由,性格影响着人的抱负,言下之意,人在"抱负"和"性格"的共同影响之下做出"选择"。"环境"由人格资源和非人格资源构成,其中人格资源包括生理和精神健康能力,这恰恰是自然形成的,人们并"没有做出选择",人格资源属于运气因素。

通过德沃金所采取的分类标准来反观德沃金对选择和环境进行的区分,我们可以发现德沃金对选择和环境进行的区分这种两极思维模式面临着本部分开篇所说的两极思维模式可能面临的一般问题,即存在"交叉地带"和"真空地带"。

就德沃金对选择和环境进行的区分所带来的"交叉地带"而言,比如一家企业的人事部经理,月薪有 5 万元,我们能判断出他的"选择"因素和"环

---

① Ronald Dworkin, *Sovereign Virtue: The Theory and Practice of Equality*, p. 287.

境"因素对其收入的不同影响吗？即他的月薪5万元中有多少应归于他的"选择"，又有多少应归于他的"环境"呢？实际上我们很难对此做出准确判断，一个人的挣钱才能既属于"选择"，也属于"环境"。一方面，一个人的挣钱才能既受一个人的抱负的影响，比如该人事部经理早年的抱负就对其挣钱才能有一定的影响（他早年是立志成为一名成功的企业家，还是成为一个碌碌无为者，不同的抱负对其现有的挣钱能力有很大的影响），也受他的人格特征的影响，比如他的适应能力、勤劳程度和毅力的不同就可以影响他的挣钱才能。上文曾经说过人的"抱负"和"人格特征"就属于德沃金所说的"选择"因素，可以由此看出，"选择"因素可以影响一个人的挣钱才能。另一方面，一个人的挣钱才能也受到其自身的"环境"因素的影响，比如一个人的生理和精神健康状况就可以影响一个人的挣钱才能，一个天生就不能四处行走的人和一个天生就四肢健全的人就可以有不同的挣钱才能。一个人的生理和精神健康状况就属于德沃金所说的"环境"因素，德沃金也明确认为一个人的才能属于其"环境"，但是一个人的才能不单纯属于"环境"，它也受人的"抱负"的影响，人的抱负和才能是相互影响的："才能是培养和发展的产物，而不是能被完整发现的东西。人们选择发展哪一种才能，是对他们最好成为哪种类型的人的信念的反映。但是人们也希望发展和运用他们的才能，不仅因为他们更喜欢比较成功的生活，也因为发挥才能是一种享受，也许还因为他们觉得不运用自己的才能是一种浪费。"① 因此，挣钱才能既属于德沃金所说的"选择"，也属于德沃金所说的"环境"，而且是两者彼此影响的产物。

就德沃金对选择和环境进行的区分所带来的"真空地带"而言，人的有些特征既不属于"选择"，又不属于"环境"，一个人的容貌就属于这种特征。倘若正常人的两眼之间的距离为35毫米，符合这种比例关系就被认为符合古希腊毕达哥拉斯学派所谓的"黄金分割定律"，就被认为是美丽的，否则就是丑陋的。比如李四眼睛的视力非常正常，身体的其他器官也非常健康，就是两眼之间的距离达到50毫米甚至更长。根据上述审美标准，李四的容貌就不是属于"美丽"的类型，而是属于"面目狰狞"的类型。根据德沃金对选

---

① Ronald Dworkin, *Sovereign Virtue: The Theory and Practice of Equality*, p. 91.

择和环境的区分所采取的分类标准,李四的丑陋容貌是属于"选择"还是属于"环境"呢? 依照德沃金的分类标准,它应该属于环境,毕竟李四的容貌不是一个人选择的结果,而是天生就如此。但是李四的身体非常健康,将他的容貌归于"环境"也不合适,同时将李四的容貌归于其"选择",也更不合适,因为李四对其容貌是无能无力的。

可以看出,德沃金对选择和环境做出的区分是不合理的,这种区分既有"交叉地带",又有"真空地带"。德沃金后来在回应塞缪尔·谢弗勒(Samuel Scheffler)对其选择/环境的区分的批评时,对选择和环境又做出了另一种区分:

> 我认为在人们的选择及其环境之间进行的区分对正义理论是至关重要的。然而塞缪尔·谢弗勒认为这种区分不仅在道德上缺乏竞争力,而且我自己的区分方式面临着"很多困难"。在我看来,当人们是残障的或缺乏挣钱才能时,人们有资格获得某种形式的补偿,但当人们的嗜好或抱负的满足是昂贵的时候以及仅仅因为人们的嗜好或抱负的满足是昂贵的时候,人们并不能获得某种形式的补偿。我认为因为人们能够选择是否满足他们的昂贵的抱负,这可以证明上述主张的正当性。批评者已经指出人们与不能选择拥有残障一样不能选择拥有昂贵嗜好。我赞同这一点,但可以这样做出回答(我认为在通常意义上,反对很多理论家的观点):适当的问题不是人们是否选择拥有某种所有物(property),而是是否拥有所有物使他们不能在职业和收入的结合中进行选择,而不拥有该所有物的人能在他们中间做出选择。①

譬如,有的人是严重残障的或者没有很高的挣钱才能,他的这种所有物就使他不能选择对他人开放的一些职业。一些拥有昂贵嗜好的人也可以选择不拥有昂贵嗜好,比如一个人可以在休闲和工作之间做出自由选择,如果选择前者可能一生穷困潦倒,选择后者可能腰缠万贯,但无论何种结果都是

---

① Ronald Dworkin, "Equality, Luck and Hierarchy," *Philosophy and Public Affairs*, Vol. 31, No. 2, 2003, p. 192. 着重号为引者所加。

他的选择,而不是他的环境的结果。可以看出,德沃金对选择和环境又进行了进一步的区分,区分两者的标准是:是否拥有某种所有物(比如残障和嗜好等)使人不能在职业和收入的结合中进行选择。如果拥有某种所有物使人不能自由地选择职业,那么这种所有物就属于"环境"(比如拥有残障这种所有物就影响一个人的职业选择)。如果拥有某种所有物对职业选择没有影响,那么这种所有物就属于"选择"。德沃金的这种区分合理吗?

根据德沃金的上述分类标准,如果人的性格和抱负(这些因素属于德沃金在对选择和环境的初始区分中的"选择"因素)影响了人的职业选择,那么这些性格和抱负就应该属于"环境"。比如张三在参加一家公司的某一职位的面试时,面试官让张三陈述一下自己对所应聘职位的看法和打算(这些因素属于抱负)。如果面试官以张三的回答不适合从事该职位为由,张三的抱负这一"所有物"就影响了张三对职业的选择,那么这一因素根据德沃金的分类标准,就应该属于"环境"因素,而根据德沃金对选择和环境的原初区分,这种因素应该属于"选择"因素。假如李四的腿有一定的残障,但是他在回答面试官的问题时,回答得非常好,李四的腿的残障并没有影响到他的职业选择。根据德沃金的分类标准,残障应该属于"选择"因素,但是这既有违道德直觉,又与德沃金对选择和环境的原初区分不一致:因为依照德沃金对选择和环境的原初区分,残障属于"环境"因素。可以看出,德沃金对选择和环境的区分前后不一致。

由上可见,德沃金对选择和环境的区分要么是不合理的,要么是前后矛盾的。在乔纳森·沃尔夫(Jonathan Wolff)看来,"选择和环境的区分是不清晰的,我们选择什么也许深受社会的、自然的和物质的等因素的影响。虽然我们作出选择,但我们没有选择我们选择的成本,因此当一个人对其选择承担责任时,不应该对其选择的成本承担责任"①。选择和环境之间区分的模糊性也是以德沃金为代表的运气均等主义理论所面临的主要问题之一。运气均等主义理论主张人们应当对自愿选择承担责任,对由环境因素所带来的不利不应当承担责任,但是运气均等主义在选择和环境之间做出的区分

① Jonathan Wolff, "Fairness, Respect, and the Egalitarian Ethos," *Philosophy and Public Affairs*, Vol. 27, No. 2, 1998, p. 101.

是存在巨大争议的,它并不能明确告诉人们何种因素属于选择,何种因素属于环境。准确区分选择和环境要求国家对个人的偏好和才能等因素进行复杂的人际比较,但是国家不可能获得有关的信息以进行准确的比较。实际上,德沃金本人也意识到了这一点,比如他曾说:"选择／环境的区分在很多方面是有问题的。一个人无法找到一份工资合适的工作,是因为他缺少挣钱的才能还是因为他缺乏勤奋精神和适应能力,往往很难判断。"[1]既然选择和环境的区分对资源平等至关重要,而德沃金在选择和环境之间的区分又是不合理的,那么这就使资源平等洞开了一个巨大的缺陷,也进而影响了资源平等的理论目标——"敏于抱负"和"钝于禀赋"——能否实现。本文下一部分就以"敏于抱负"为基点来探讨"敏于抱负"和"钝于禀赋"之间有没有内在的一致性?

三、"敏于抱负"原因的不充分性

德沃金认为在资源分配的过程中应该实现"敏于抱负",以再分配为由来调节由个人选择所造成的不利地位或让他人为其承担责任,这是不正当的。德沃金认为罗尔斯的差别原则恰恰在这一点上是苍白无力的,消解了个人责任。可以看出,资源平等并不为所有的不平等而烦恼,相反,它为由个人自愿选择所造成的不平等的存在留下了一定的空间。为什么德沃金认为在资源的分配过程中应该实现"敏于抱负"呢? 因为在德沃金看来,"抱负"属于"选择",人们应该为选择承担责任。可以由此看出,针对德沃金给出的"敏于抱负"的原因是否合理这一问题,我们可以从两个方面来着手,一是探讨为什么应将抱负、嗜好、兴趣、信念和偏好等因素归于"选择"的范畴? 二是探讨为什么人们应对"选择"承担责任?

就第一个方面而言,德沃金之所以将抱负、嗜好、兴趣、信念和偏好等因素归于"选择",这其中的原因在于,其一,他认为这些因素与人们的选择密

---

① Ronald Dworkin, *Sovereign Virtue: The Theory and Practice of Equality*, p. 324. 类似的观点亦可参见 Ronald Dworkin, "Sovereign Virtue Revised," *Ethics*, Vol. 113, No. 1, 2002, p. 119; Ronald Dworkin, "Equality, Luck and Hierarchy," p. 193。

切相关,抱负、嗜好、兴趣、信念和偏好等因素往往是人们选择的结果。同时,这些因素也影响人们做出选择,为人们做出这种选择而不是其他选择提供理由或动机。① 其二,他认为人们"认同"(identify with or endorse)抱负、嗜好、兴趣、信念和偏好等因素。②

德沃金给出的上述两点理由能成立吗? 就第一点原因来说,德沃金认为抱负、嗜好、兴趣、信念和偏好等因素与人的选择密切相关,因此应该归于"选择"的范畴。以此观之,才能也应该归于"选择"之列,但是德沃金认为才能属于"环境"因素。上文曾提到德沃金的一个观点:才能和抱负是相互影响的,才能往往是培养和发展的产物。比如有 A 和 B 两个小孩,在智力测试中,他们的智商都是 130,他们都有同样的奔跑才能。如果 A 继续发展这种才能,B 却没有继续发展这种才能,那么结果可能是 A 成为一个优秀的运动员,而 B 终究碌碌无为,一事无成。此时 A 以后的奔跑才能就受到其抱负的影响,也就是说与 A 选择发展这种才能有很强的关联性,而德沃金却将才能归于"环境"因素,这与他自身的分类标准不一致,因此德沃金所给出的第一点理由是不成立的。

就第二点原因来说,德沃金认为人们"认同"其自身的抱负、嗜好、兴趣、信念和偏好等因素。实际上,人们不但"认同"其抱负、嗜好、兴趣、信念和偏好等因素,而且也"认同"其自身的才能,也认为才能是其自身的组成部分。如果这种推断可行的话,那么依照德沃金给出的理由,才能也应该属于"选择"的范畴,而德沃金恰恰认为才能属于"环境"的范畴。可以看出,德沃金所给出的第二点理由同样值得商榷。塞缪尔·谢弗勒曾在这一点上对德沃金的观点进行了批判:"与德沃金阐明的立场相反,如果人们认同的以及影响人们做出的选择的任何人格特征被归于选择(不可补偿的)而不是环境(可以补偿的),那么才能甚至残障需要重新分类。……个人的才能或残障应该归于选择而不是环境。"③"就对人们至关重要的认同而言,实际上未经选择的人格特征和个人出生时所面临的社会环境也是一个人的特别认同的

① See Ronald Dworkin, *Sovereign Virtue: The Theory and Practice of Equality*, pp. 322 – 323.

② Ibid., p. 290.

③ Samuel Scheffler, "Equality as the Virtue of Sovereigns: A Reply to Ronald Dworkin," *Philosophy and Public Affairs*, Vol. 31, No. 2, 2002, p. 201.

重要组成部分。……人们经常认同他们的才能,而不是他们的价值和偏好,才能是他们认同的重要组成部分。同时,甚至如果才能自身是未经选择的,人们仍然可以选择是否去发展他们。更进一步地说,很多人也希望对他们的才能承担'后果责任',他们相信他们有资格获得由这些才能所带来的不同的回报。"①

谢弗勒对德沃金的批判虽然有一定的道理,但是也走向了另一个极端。他不仅把"才能"归于"选择"的范畴,而且也把"残障"归于"选择"的范畴。实际上,这是错误的,因为遭受残障的人并不"认同"其自身的残障,他们也希望自己本来没有遭受残障或者自己的残障状况能够得到改善,比如全身瘫痪的人有可能希望能够治疗好自己的瘫痪。因此,德沃金把残障(先天残障或不是因自己的原因后天致残)归于"环境"是正确的,而谢弗勒在这一点上对德沃金的批判是不成功的。综合上述分析我们可以看出,德沃金将抱负、嗜好、兴趣、信念和偏好等因素归于"选择"而所给出的两点原因都是存在问题的。

就第二个方面而言,为什么德沃金认为人们应对自己的选择承担责任呢? 德沃金认为人们对选择承担责任是理所当然的事情:"我们有很多理由在可以为之承担责任和不能为之承担责任的事情之间做出区分:我们要对我们命运中的一些事情承担责任,因为它是人们选择的结果;还有一些事情是人们没有资格为之承担责任的,因为它不是人为的结果,而是自然或原生运气的结果。"②在德沃金看来,为什么人们应对选择承担责任这一问题可以求助于普通人的伦理经验:"我遵循的是普通人的伦理经验,在日常生活中,普通人对他们自己的人格承担后果责任。"③"我们对环境和人格进行的区分并不假定我们已经选择了自己的人格,所以不会被我们不能选择它的任何论证所动摇,不管这种论证多么具有普遍性或形而上学的特点。"④同时德沃金主张:

---

① Samuel Scheffler, "What is Egalitarianism?" *Philosophy and Public Affairs*, Vol. 31, No. 1, 2003, pp. 18 – 20.

② Ronald Dworkin, *Sovereign Virtue: The Theory and Practice of Equality*, p. 287.

③ Ibid., pp. 289 – 290.

④ Ibid., p. 294.

我们不能认为如果我们放弃某种抱负或不能从我们现在深感满足的东西中获得满足，那么我们将生活得更好。相反，我们的各种嗜好、信念和抱负为我们规定了什么将是一种令人满意的或值得感激的生活，把它们当作我们实现这种生活的障碍将是不合适的。资源和残障——包括我们希望我们没有的那些渴望和困扰以及为克服或消除它们而作的斗争——促使或限制我们想做的事情。信仰、信念、抱负、计划和通常类型的嗜好——那些我们不能克服或试图去消除的东西，相反我们从中获得满足——决定着什么是我们希望做的事情。我们在前者的支配下享受或工作，但是我们对后者则进行思考或感受，或为此而产生困惑，我们要对这些判断承担责任，它是我们的伦理假设中最基本的内容。①

可以看出，德沃金认为人们应对自己的信念、抱负和嗜好以及由此产生的判断承担责任，如果我们不认同信念、嗜好和抱负等因素以及由此产生的判断承担责任，那么这将导致我们背离基本的道德信念。在德沃金那里，人们对信念、嗜好和抱负等因素以及由此产生的判断承担责任，这是一个基本的伦理预设，如果我们否定这种基本的伦理预设，那么这会产生一些不可欲的结果。

德沃金提供的对选择承担责任的上述理由能成立吗？本文认为德沃金所提供的理由是站不住脚的。

首先，德沃金的"我们对环境和人格进行的区分并不假定我们已经选择了自己的人格，所以不会被我们不能选择它的任何论证所动摇"这一观点主张我们是否选择我们的人格与我们是否对我们的行为承担责任是不相关的。换言之，人们的人格特征无论是选择的产物还是未经选择的产物，我们都要为之承担责任。但是这种观点是有问题的，德沃金并没有捍卫为什么我们应该对未经选择的人格特征承担责任，对未经选择的人格特征承担责任不符合德沃金的原初立场。未经选择的人格特征（比如一个人天生就是自虐狂）恰恰属于一个人的原生运气，并不是个人选择的产物，是道德上任

① Ronald Dworkin, *Sovereign Virtue: The Theory and Practice of Equality*, p. 293.

意的和专横的因素所带来的结果。对未经选择的人格特征承担责任并没有排除原生运气对分配的影响，与"钝于禀赋"不一致。

其次，德沃金的"我们的各种嗜好、信念和抱负为我们规定了什么将是一种令人满意的或值得感激的生活，把它们当作我们实现这种生活的障碍将是说不通的"这一观点也是值得商榷的。实际上，人们的嗜好、信念和抱负可以为人们实现自己生活的目标或过一种良善生活提供动力，比如一个人如果有勤奋好学的嗜好，那么这就很可能使其以后过上一种良善生活。同时，人们的嗜好、信念和抱负也可能不为人们过上良善生活提供任何助益，譬如一个人对学习非常厌恶，难道这种嗜好不是其过上良善生活的一种障碍吗？

最后，德沃金过多地求助于道德直觉。德沃金仅仅把由信念、嗜好和抱负等以及由此产生的判断同人们应该承担的后果责任联系在一起，但他并没有证明人们"认同"其信念、嗜好和抱负就一定能使人们承担后果责任。他仅仅说人们对信念、嗜好和抱负以及由此产生的判断的责任是"我们伦理假设中最基本的内容"。这实际上是求助于道德直觉，即人们对信念、嗜好和抱负以及由此产生的判断的责任是天经地义的。但是过分依赖于道德直觉和求助于普通人的伦理经验是一种非常弱的论证，缺乏理论上的说服力。人们的道德直觉之间、伦理经验之间充满着歧见，在一些人看来是正确的东西在其他人看来却是错误的，这也是罗尔斯对直觉主义批判的地方之所在。过分依赖道德直觉无助于问题的解决，仅仅因为人们"认同"其信念、嗜好和抱负就一定能使人们承担后果责任，这会产生一些明显有违道德直觉的后果。比如在一个男尊女卑的社会中，妇女受到明显的压迫。一个女童从小就受到女性比男性低劣这种观点的教化，等该女童长大成人之后，她就会对自己的"女性比男性低劣"这一信念矢志不渝。难道该女童就要因为自己"认同"这一信念而对自己低劣的社会地位负责吗？德沃金过分依赖于道德直觉导致其忽视了人们的信念、嗜好和抱负等因素产生的复杂性。实际上，人们根据"信念、嗜好和抱负"等因素所做出的选择也受到一些原生运气因素的影响。如果德沃金对选择背后的原生运气因素视而不见，仅仅认为应该实现"敏于抱负"，那么这就同"钝于禀赋"相违背。

总之,德沃金给出的"敏于抱负"的两个方面的理由是不充分的,其不充分性在很大程度上也与德沃金对选择和环境进行的区分的不合理有关。

四、选择深受原生运气的影响

德沃金认为,人们应对选择承担责任,资源平等的一般目标应该是"敏于选择,但钝于环境"(sensitive to choice but not to circumstances)。① 可以看出,德沃金认为人们应该对选择承担责任,这也是"敏于抱负"最核心的含义。对德沃金来说,福利平等恰恰没有实现"敏于抱负",在责任问题上有失真之处,他在这一点上对福利平等的批判是通过探讨昂贵嗜好问题来展开的。由于本部分探讨的问题较为抽象,我们以下就以昂贵嗜好为例来探讨德沃金对资源平等的认同是否合理?

人们应对自己的昂贵嗜好承担责任吗? 从表面上看,人们对昂贵嗜好承担责任天经地义,因为这种昂贵嗜好是你的,如果你不为其承担责任,而让他人承担责任,那么这就有违公平。但问题远没有这么简单。德沃金认为人们在昂贵嗜好问题上应该实现"敏于抱负",这就把问题过于简单化了。他在批判福利平等观对昂贵嗜好的看法时从来没有对何谓昂贵嗜好进行界定。那么,什么是昂贵嗜好? 我们可以从以下两个方面进行分析。

第一,顾名思义,"昂贵嗜好"意为"嗜好是昂贵的",就是满足这种嗜好所需物品的价格是高昂的。依照经济学常识,某物品的价格昂贵主要是因为该物品是稀缺的。该物品为什么稀缺? 有很多方面的原因,既可能是因为自然的稀缺性(比如钻石或黄金),也可能是人为的稀缺性。其中人为的稀缺性既与生产该物品的厂家有关,也与消费者对该物品的嗜好有关。就厂家而言,厂家可能因为生产该物品无利可图或因为技术等原因不愿生产或不愿大量生产该物品,这就导致该物品产量稀少,在消费量一定的情况下,物品产量的稀少也会导致物品价格的上升,导致对该物品的嗜好变成昂贵嗜好。就消费者而言,在物品产量一定的情况下,消费量的增加也会导致

---

① Ronald Dworkin, *Sovereign Virtue: The Theory and Practice of Equality*, p. 334.

物品的价格上升。①

第二,"昂贵嗜好"是一个相对概念,而非绝对概念,满足某种嗜好所需的物品昂贵与否,是相对而言的。一种嗜好与一种不那么昂贵的嗜好相比,当然是昂贵的,但与更加昂贵的嗜好相比,该嗜好不仅不是昂贵的,而且还是便宜的。比如有 A、B、C 三个人,A 有喝香槟的嗜好,B 有喝啤酒的嗜好,而 C 只要喝纯净水就非常知足。根据正常的生活经验,香槟的价格最贵,啤酒的价格次之,纯净水的价格最便宜。可以看出,B 的嗜好与 A 的嗜好相比,是一种便宜的嗜好,但是与 C 的嗜好相比,B 的嗜好是一种昂贵嗜好。B 的嗜好昂贵与否,是相比较而言的。

可以看出,昂贵嗜好问题非常复杂,我们在判断人们是否应对昂贵嗜好承担责任时应该考虑嗜好本身的复杂性问题。综合上述对昂贵嗜好的解读,本文拟从"自愿性维度""稀缺性维度"和"时间维度"等三个方面来探讨昂贵嗜好问题。通过对昂贵嗜好问题的探讨,我们可以以"敏于抱负"为基点来研究资源平等的理论目标之间有没有内在的一致性。

(一)自愿性维度

自愿性维度主要处理"自愿的昂贵嗜好"与"非自愿的昂贵嗜好"这一区分。柯亨主要从这个维度批判了德沃金对昂贵嗜好的看法,德沃金在回应柯亨批判的过程中也进一步凸显了资源平等的限度。柯亨对德沃金是这样批评的:

> 保罗喜欢摄影,而福莱德喜欢钓鱼。价格是这样的,福莱德可以很容易地追求他的消遣,而保罗却承受不起这样的代价。保罗的生活缺乏乐趣:保罗的生活意义因此而比福莱德的要少,这也许是真的。我认为平等主义者需要做的事情就是资助保罗的摄影。然而德沃金并不这样认为。他的资源平等的嫉妒检验标准将得到满足:因为保罗也可以如同福莱德那样轻易地去承担起钓鱼的代价。保罗的问题在于他厌恶钓鱼,并且正如我被允许做出的假定那样,他忍不住厌恶钓鱼——这不

① 如果对某种物品的需求量非常之大,那么也会导致生产该物品的规模经济的出现,使其价格下降,本文不考虑这种情况。

符合他的天性。他有一个真正的非自愿的昂贵嗜好（involuntary expensive taste），并且我认为对平等的信奉意味着他应该以这种方式得到帮助，像保罗这样的人实际上应该通过共同体资助的娱乐设施得到帮助。①

柯亨根据人们是否应该对昂贵嗜好负有责任为标准把昂贵嗜好分为"自愿的昂贵嗜好"和"非自愿的昂贵嗜好"。这种区分依赖于人们对昂贵嗜好的形成是否具有控制力，正如莫琳·拉姆塞（Maureen Ramsay）所说的那样，如果人们对昂贵嗜好的形成缺乏控制力，那么他们不应该为之承担责任，相反应该获得补偿。② 在柯亨看来，也应该对非自愿的昂贵嗜好进行补偿，而不能像德沃金那样简单地拒绝对昂贵嗜好进行补偿。针对保罗和福莱德的不同嗜好，柯亨认为，我们应该对保罗的摄影嗜好进行补偿，因为保罗憎恨钓鱼，他的摄影嗜好虽然是一种昂贵嗜好，但是一种"非自愿的昂贵嗜好"，这种嗜好是他情不自禁地形成的，并不是有意加以培养的，所以让他自己对此承担责任是不公正的。同时，柯亨认为不应该补偿有意培养的昂贵嗜好："平等主义者有很好的理由不去补偿那些有意培养起来的昂贵嗜好，因此，必须拒绝福利平等。但是我们不应该相反就支持资源平等，因为那个学说错误地拒绝了对非自愿的昂贵嗜好进行补偿，同时也没有以正确的理由拒绝补偿自愿的昂贵嗜好。"③针对自愿的昂贵嗜好，德沃金给出的拒斥理由可能是"对不起，平等主义者并不资助昂贵嗜好"，而柯亨可能说"对不起，平等主义者不资助人们有意选择发展的那种昂贵嗜好"。可以看出，德沃金和柯亨的主要分歧在于是否应该对昂贵嗜好进行进一步的区分。在柯亨看来，德沃金没有关注嗜好的"昂贵性"问题，比如在一个图书馆中，可能有价格不同的图书，既有价格高昂的艺术类图书，也有价格低廉的普通小说，图书馆并不会因为有人喜欢价格高昂的艺术类图书而对该人收取更高

① ③　G. A. Cohen, "On the Currency of Egalitarian Justice," p. 923.

②　See Maureen Ramsay, "Problems with Responsibility: Why Luck Egalitarians should have Abandoned the Attempt to Reconcile Equality with Responsibility," *Contemporary Political Theory*, Vol. 4, 2005, p. 436.

的费用，图书嗜好的昂贵性并不是人们选择的结果。①

针对柯亨的批判，德沃金总体上不同意柯亨的批评。德沃金认为："柯亨的论证其实是一种支持简单的福利平等的论证，而那种论证所依靠的是一种不同于我对机会和选择的区分。我的区分遵循的是普通人的伦理经验，在人们的日常生活中，普通人对他们自己的人格承担后果责任。"②"一个政治共同体应当致力于消除或降低人们在人格资源上的差异——比如应致力于改善生理上残障的人或无力获得一种令人满意收入的人们的处境，但不应当致力于减少或弥补人格差异——例如由以下因素所带来的差异：一些人的嗜好和抱负昂贵，而其他人的便宜。"③不但如此，德沃金认为对自己的人格承担责任天经地义，即使这种人格不是选择的结果，比如在德沃金看来，保罗的摄影嗜好就属于这种人格特征，他不应该以昂贵嗜好为由而获得补偿。针对受不了自来水味道的人，德沃金认为这是一种残障状态，可以对其进行补偿，但是摄影嗜好就不如此，保罗并不能获得补偿，即使保罗没有选择这种人格特征，情况也是如此。因为保罗"认同"其嗜好、判断和信念以及由此产生的判断，所以保罗应为之承担责任。

德沃金给出的理由能够成立吗？本文认为不能成立。一方面，德沃金给出的"认同"理由本身就是有问题的，上文已经对其进行了批判，在此不再赘述。另一方面，对未经选择的人格承担责任，本身就与"钝于禀赋"相矛盾，如果对未经选择的人格承担责任，即"敏于抱负"，那么这就消解了"钝于禀赋"。人们不能对未经选择的人格承担责任，因为这种人格特征背后有很多因素是人们不能进行选择的，让人们为之承担责任，本身就是不公平的。德沃金在探讨人的"懒惰"这一人格特征时，更加显现了其观点的限度。德沃金认为："他的职业是他的选择的产物，不是他所处环境的产物。如果他的决定深受他的性格特征的影响，那仍是他的选择。大部分懒惰的人并没有选择懒惰，但是他们可以自由地去克服他们的懒惰，即使他们有时必须以

---

① See G. A. Cohen, "Expensive Taste Rides Again," in Justine Burley, ed., *Dworkin and His Critics*, Blackwell Publishing Ltd, 2004, p. 18.

② Ronald Dworkin, *Sovereign Virtue: The Theory and Practice of Equality*, pp. 289 – 290.

③ Ibid., p. 286.

福利为代价做出额外的努力。"①从德沃金的论述可以看出，一个人的人格特征——比如懒惰——影响到一个人的职业选择，人们也应为其承担责任，即使这种人格特征是未经选择的产物，这种观点就更是站不住脚的。如果大部分懒惰的人并没有选择懒惰，那么根据德沃金对选择和环境进行的区分，这种"懒惰"就应该属于"环境"的范畴——除非德沃金承认在选择和环境之间的区分存在盲点，懒惰的人就应该获得补偿。同时人们为克服自身的懒惰，并不是德沃金所认为的那样可以自由地去克服。如果一个人的懒惰并不是由于自身的缘故而形成的，让懒惰的人为之承担责任，那么这也是不公平的。

(二)稀缺性维度

稀缺性维度主要处理人们的嗜好是昂贵的，其主要原因在于资源的稀缺这一方面，同时，稀缺性维度也与人们选择了嗜好，但并没有选择嗜好的"昂贵性"有关联。上文说过，稀缺性维度包含两个方面，一是自然的稀缺，比如很多资源本身是不可再生的(比如石油)，随着对它的消费的增长，它会越来越稀缺。二是人为的稀缺，比如厂商因为某种原因而不愿意生产或不愿大量生产它，这也会导致其价格昂贵。同时，如果很多消费者大量购买某种物品，在产量一定的情况下，就会出现供不应求的情况，那么这也会导致其价格上升。对于这种稀缺性，德沃金认为这并不会影响资源分配的公平与否，人们不能以稀缺性为由要求获得补偿。比如德沃金曾说：

> 我们应该再一次从伦理学入手，再一次思考运气、选择和判断怎样塑造我们的个人责任感。然后我们就会明白假设别人的嗜好和偏好是一小可以使我们摆脱对自己的行为和环境的后果责任的那一种类型的运气，这是错误的。我在自己的共同体中发现的个人抱负、态度和偏好的混合状态或世界资源的整体状况，对于我来说其自身谈不上公平或不公平，相反，这种混合状态是能够确定我做什么或拥有什么才算公平或不公平的事实。这在政治中是显而易见的事情：很少有人有着与我相同的对古代建筑的嗜好或对外交政策的看法以至于我在每次投票中

---

① Ronald Dworkin, "Equality, Luck and Hierarchy," p. 193.

都属于失败的一方,声称这种事实不公平或不正义是荒谬的。……别人的需要和看法不是能够在我们中间进行公正或不公正分配的资源:再重复一遍,它们是我们在判断不正义是什么或正义要求什么时必须考虑的因素之一。①

由此可以看出,德沃金既提到了由自然因素所带来的稀缺性,又提到了由人为因素所带来的稀缺性。就自然因素所带来的稀缺性而言,德沃金认为世界资源的整体状况对资源分配来说谈不上公平或不公平,这是一个人们必须接受的背景事实。然而这种回答令人疑窦丛生,因为资源的分配状况可以影响一个人做出不同的选择,进而影响到德沃金所说的"敏于抱负"的问题。

在德沃金的"荒岛模式"②中,假如岛上有大量的芒果和少量的菠萝,或者岛上的土地和气候较适合芒果的生长而不怎么适合菠萝的生长,这导致芒果的数量较多而菠萝的数量较少。再假如有 X 和 Y 两个移民,X 非常喜欢芒果,厌恶菠萝,而 Y 非常喜欢菠萝,没有菠萝的话他就不能生存,并非常厌恶芒果。此时岛上的资源分布状况对 X 就非常有利,他能以很低的价格满足其自身的嗜好,同时,他也可以利用剩余的贝壳去竞买岛上的其他资源。但是这种资源分布状况对 Y 就非常不利,由于他所偏好的资源非常稀少,这导致菠萝的价格上升。Y 的嗜好与 X 的嗜好相比就是一种"昂贵嗜好"。如果 Y 要满足他的嗜好,就要花费大量的贝壳,那么他就会有较少的贝壳去竞买岛上的其他资源,这样他与 X 相比,就会处于一种不利地位。Y 能够获得一定的资源补偿吗? 根据德沃金的观点,Y 肯定不能获得补偿,因为 Y 的嗜好是一种昂贵嗜好,他自己应该为之承担责任。

Y 为其所谓的昂贵嗜好承担责任公平吗? 实际上,这是不公平的,因为岛上的菠萝数量非常之少这样一种资源分布情况,是与岛上的气候或土壤

---

① Ronald Dworkin, *Sovereign Virtue: The Theory and Practice of Equality*, pp. 298 - 299.

② "荒岛模式"是德沃金设计的一个著名的思想实验。假如一群人乘坐一条船在海上航行,这条船遇难了,其中幸存者被海水冲到一个荒岛上,这个荒岛上没有任何人居住,上面的资源丰富。由于这个岛所处的位置非常偏僻,很多年之后才能有救援到来。德沃金设想这些移民到了荒岛之后的一件重要的事情就是通过拍卖的方式对荒岛上的现有资源进行分配。

状况有关的,这不是 Y 所能左右的,也不是 Y 选择的结果。Y 要对其所谓的昂贵嗜好承担责任,当且仅当(1)Y 有意发展了这种昂贵嗜好,并且(2)Y 有其他的替代性选择,即 Y 有选择的自由,他可以选择消费芒果而不是菠萝。除此之外,Y 不应为自己的昂贵嗜好承担责任。Y 对菠萝的嗜好是在到达荒岛上之前形成的,并不是来到岛上知道菠萝的数量非常少之后有意塑造的,同时 Y 缺乏替代性的选择(Y 非常厌恶芒果)。让 Y 对自己的昂贵嗜好承担责任就违背了我们基本的道德常识:自由的行为才是我们为之承担责任的必要条件。虽然在伦理学上人们对何种行为承担道德责任以及是否对某种行为可以承担道德责任争论不休,尤其体现在自由意志和决定论的纷争中,但无论是"不相容论"(incompatibilism)——自由意志和决定论是不相容的,还是"相容论"(compatibilism)——自由意志和决定论是相容的,在"自由的行为才是我们为之承担责任的必要条件"这一道德常识上并不存在分歧。

　　Y 为了满足其自身的嗜好而做出的选择(用大量的贝壳竞买菠萝以满足自身的嗜好)深受一些不可选择的因素(岛上的资源分布状况)即原生运气因素的影响,让 Y 为之承担责任就是不公平的,因此资源分布的总体状况并不像德沃金所说的那样是与资源分配公平与否无关的因素。资源分布状况的公平与否可以影响人们做出什么选择。如果在资源分布本身存在重大差异的情况下,让人们为之承担责任,即"敏于抱负",那么这是不公平的,就会导致"消解责任"这一后果的出现。这里所说的岛上的总体资源分布状况也属于德沃金所说的"环境"因素。我们在判断人们是否应为其自身的选择承担责任时,应该考虑到这些"环境"因素,应考虑到人们在做出选择的过程中是否深受一些不可选择的环境因素的影响,否则,就是过于武断的。我们应在资源总体分布状况较为公平的情况下(在有关 X 和 Y 的例子中,应该是岛上的菠萝和芒果的数量大体相当),主张资源的分配实现"敏于抱负"才是合适的,否则越是"敏于抱负",就越不能实现"钝于禀赋"。倘若 X 和 Y 在来到岛上之前,对芒果和菠萝均没有特别的嗜好,他们在知道岛上芒果和菠萝这些资源分布的状况之后,如果 Y 故意发展出一种对菠萝的嗜好,菠萝数量的稀少致使 Y 的嗜好成为一种昂贵嗜好,那么 Y 应该对此承担责任。考虑到德沃金认为受不了普通自来水味道的人的状况是一种残障状况,如果 Y

有特殊的营养需求，没有菠萝的话，他就会被饿死，那么 Y 的状况是否就是一种残障状况而应该获得补偿呢？不能，因为这会与德沃金的自由主义的国家中立观相违背。可以看出，德沃金的世界资源的总体分布状况与公平无关这一观点是值得怀疑的。

以上我们考虑的是由"自然因素"所带来的稀缺性，下面我们考虑由"人为因素"所带来的稀缺性。在此我们只考虑由他人的嗜好所带来的资源的稀缺，比如很多人共同需要某种物品，在物品数量一定的情况下，这会导致物品价格上升。德沃金认为，我们并不能以别人的嗜好或偏好为由免除我们自身的责任。让我们以德沃金的"荒岛模式"来检验德沃金的上述观点能否证成。假如岛上有 A、B、C 和 D 四个人，他们竞买岛上的同一块土地，A、B 和 C 三个人想利用该土地作为足球场以满足娱乐需要，而 D 想利用该土地作为耕地以满足自身的生存需要。A、B 和 C 三个人每个人起初愿意出价 20 个贝壳竞买这块土地作为足球场，此时 D 只要出价 21 个贝壳就可以竞买到这块土地作为耕地。但后来情况发生了变化：一是如果 A、B 和 C 每个人各自愿意出价 30 个贝壳（比如此时他们更加看重这块土地作为足球场的价值），那么 D 必须出价 31 个贝壳才能获得该块土地，此时 D 的嗜好与以前相比就是一种昂贵嗜好，因为现在他要满足自己的嗜好必须花费 31 个贝壳，以前只需要 21 个贝壳，但 D 的嗜好没有发生变化，发生变化的只是 A、B 和 C 三个人的嗜好。二是如果 A、B 和 C 三个人每个人只要出价 10 个贝壳，一起联合竞买这块土地，那么 D 此时也必须出价 31 个贝壳才能竞买到该块土地。由此可见，此时 D 要满足自己的嗜好，也必须花费更多的贝壳，他的嗜好也成了一种昂贵嗜好。此时 D 的嗜好并没有发生变化，只是他人的购买方式发生了变化。这第二种拍卖方式意味着拍卖面临着"外部偏好"问题。德沃金在进行拍卖设计时，并没有规定必须是个人单独竞买岛上的资源还是人们可以联合起来作为一个集团竞买岛上的资源。如果人们可以联合起来竞买，那么拍卖就会面临"外部偏好"问题。对"外部偏好"德沃金是明确反对的，[①]认为这是不公平的。我们可以由此看出，为了保证资源分配的公

---

① 德沃金对"外部偏好"的拒斥，主要体现在他对功利主义的批判中，具体研究可参见 Ronald Dworkin, *Taking Rights Seriously*, Harvard University Press, 1977, pp. 235 - 238。

平性,德沃金必须对拍卖条件进行进一步限定,比如排除集团购买等。①

上述分析的是由人为原因所带来的稀缺性,就是由他人嗜好的变化所带来的稀缺性,而对他人嗜好的变化,D 是无法改变的,这也不是其自身选择的结果。如果让 D 为其承担责任,那么这也有违公平,因此德沃金所说的我们并不能以他人的嗜好变化为由免除我们自身的责任这种观点需要进一步捍卫。德沃金认为,"正如一些人因为别人的嗜好而处于一种不利地位,不能因此便允许他们的服务在市场上得到额外的补偿,那么另一些人也是如此,他们因为属于某个种族或具有某种生理特点或其他方面的特点而处境不利,他们中相当多的人不喜欢或出于某种其他原因而希望避免这种处境。不错,虽然资源平等对第一种情况中造成不利处境的嗜好持中立态度,但它谴责第二种情况中那种造成不利处境的态度"②。如何理解德沃金的上述观点呢? 实际上,我们要对"他人的嗜好"进行进一步的区分。如果"他人的嗜好"中没有充满"偏见",那么德沃金的上述观点就是可以接受的,反之就是值得怀疑的。比如张三和李四都从事生产某种同样的产品,其中张三生产的产品的质量好于李四的产品的质量,这就可能导致很多人去购买张三生产的产品而不购买李四生产的产品,李四就会处于一种不利的境地,此时李四不能以他的处境是"他人的嗜好"为由获得补偿。但是如果张三和李四生产的产品质量一样,王五非常讨厌李四,故意联合很多人不去购买李四的产品,那么此时李四就会因为"他人的嗜好"而处于一种不利的境地。如果资源平等对李四的处境保持中立,那么这就有违公平,正如裘德·布朗(Jude Browne)和马克·斯蒂尔斯(Marc Stears)所言,"资源平等主义的优势在于其能够把对平等理论的承诺与对人类善的非至善主义解释相结合。在一个由

---

① 德沃金在一定程度上意识到了拍卖中的"集团购买"问题。在德沃金看来,"集团购买"问题属于经济学中的"外部性"问题:"假设一个竞拍人(A)打算在一块地上建个玻璃箱子,而由于另一些也在那儿买了块地的人的嗜好和集体目标,这块土地注定会变成一片农田。如果他的打算被别人知道了,而另一些人数量既多且组织良好,他们也许可以通过集体决定让他在竞拍那块地时出局。"针对这种情况,德沃金在拍卖的自由/限制体系中设计了一种"矫正原则",拍卖者可以针对拍卖中的外部性问题,事先进行矫正。比如针对环境污染问题,可以采取自由/限制体系中的民事侵权法来进行矫正。参见 Ronald Dworkin, *Sovereign Virtue:The Theory and Practice of Equality*, pp. 155 – 158。可以看出,"他人的嗜好"是矫正原则应用的对象之一,但是德沃金又主张"他人的嗜好"是一个同资源的分配公平与否无关的因素,这就与矫正原则不一致。

② Ronald Dworkin, *Sovereign Virtue:The Theory and Practice of Equality*, p. 162.

资源平等调节的国家中,人们能平等地追求他们的善观念,并对他们作出的选择承担责任。但这并不意味着个人就应该承受他人选择的后果——如果他人的选择代表着非正义或者违背平等主义的背景条件"①。"他人的嗜好"对于李四来说属于原生运气的范畴,如果资源平等在此问题上保持中立,那么这就与"钝于禀赋"不一致。

实际上,德沃金在谈到他人的嗜好和偏好的变化以及世界总体资源分布状况并不是公平或不公平的问题时,对运气提出了另一种分类方法。我们知道,德沃金原来将运气分为"选项运气"和"原生运气",但是德沃金此时对运气进行了另一种不同的分类方法,将运气分为"与公平或不公平有关的运气"和"与公平或不公平无关的运气"。第一种运气是与公平与否有关的运气,在资源分配过程中必须注意这种运气,比如一个人天生双目失明就属于这种运气,资源平等必须对这个人进行补偿;第二种运气是与公平与否无关的运气,是一个人必须承受的,比如他人嗜好的变化或世界资源分配的总体状况对一个人来说就属于这种情况,对德沃金来说,资源平等不应该关注这种问题。虽然一个人不能以没有出生在一个家境殷实的家庭为由而获得补偿,但是荒岛上的移民可以以岛上资源的分布状况为由获得补偿,移民不应为之承担责任。

以上我们就从自然的和人为的两个面向探讨了昂贵嗜好的"稀缺性维度"。实际上,人们仅仅选择了嗜好,但并没有选择嗜好的"昂贵性",如果我们不认真对待这种稀缺性维度,简单地以昂贵嗜好为由,就让人们为之承担责任,即实现"敏于抱负",那么这是不公平的,也是有违"钝于禀赋"的。

(三)时间维度

时间维度主要处理"拥有昂贵嗜好"与"嗜好后来变得昂贵"这一问题。德沃金并没有注意到上述问题,实际上,时间维度也可以影响一个人做出的选择。让我们再一次以德沃金的"荒岛模式"为例,假如岛上有 A 和 B 两个移民,岛上有芒果和菠萝两种资源,这两种资源数量相当,其中 A 喜欢芒果,B 喜欢菠萝,此时 A 和 B 的嗜好都不是一种昂贵嗜好,比如都可以以 20 个

① Jude Browne, Marc Stears, "Capabilities, Resources, and Systematic Injustice: a Case of Gender Inequality," *Politics, Philosophy & Economics*, Vol. 4, No. 3, 2005, p. 369.

贝壳满足其自身的需要。但是随着时间的推移,岛上的气候突然发生变化或者菠萝树生了一场罕见的疾病,导致菠萝的产量骤降,而气候的变化或疾病的发生对芒果树没有任何影响,芒果的产量没有发生变化,这会导致一种什么结果出现呢?结果是 B 要想满足自己的嗜好就要花费大量的贝壳(比如花费 60 个贝壳),B 的嗜好与 A 的嗜好相比,就是一种昂贵嗜好。B 的嗜好与其自身以前的嗜好相比,就变得"昂贵"。让 B 为自己的嗜好承担责任公平吗? B 的嗜好自身并没有发生变化,还是对菠萝的嗜好,发生变化的只是气候的变化或疾病的发生而导致的菠萝数量的急剧减少,这是 B 自身所不能控制的,让 B 为之承担责任就是不公平的。而在德沃金看来,由于 B 的嗜好是一种昂贵嗜好,B 不应该获得补偿。德沃金并没有考虑"拥有昂贵嗜好"和"嗜好后来变得昂贵"它们之间的差异,仅仅简单地拒斥对昂贵嗜好进行补偿。当然,如果 B 知道菠萝的数量减少,而重新发展出对菠萝的嗜好,那么 B 的嗜好也就变成了一种昂贵嗜好,让 B 为之承担责任就是正当的。

德沃金没有注意到"拥有昂贵嗜好"和"嗜好后来变得昂贵"之间的差异,[1]而注意到了"拥有昂贵嗜好"和"是否满足昂贵嗜好"之间的差异,但是他给出的理据亦是不能令人满意的。德沃金曾说:"我不能选择我的基本的信念、嗜好和偏好,但是我能选择是否按照某种信念或给定的我所拥有的信念、嗜好和偏好而行动。除非在生病的情况下,我能够做出不同的选择。我在那本书中强调的这种区分,在此再次强调,因为它对本书的整体观点非常重要。资源平等并不假定人们拥有昂贵嗜好或基本的抱负就一定或多或少为此支付成本。它仅仅假定当人们选择去满足那种嗜好或追求那种抱负时,人们应该为此按照他们的选择给别人造成的影响为标准而支付成本。"[2]可以看出,德沃金在此区分了"拥有昂贵嗜好"和"是否满足昂贵嗜好"。当然,"拥有昂贵嗜好"和"是否选择去满足该嗜好"确实是两种截然不同的问题,如果你拥有某种昂贵嗜好,你不去满足它,那么当然你不应为之承担责

---

① 类似的观点亦可参见 Larry Alexander, Mainon Schwarzschild, "Liberalism, Neutrality, and Equality of Welfare vs. Equality of Resources," *Philosophy and Public Affairs*, Vol. 16. No. 1, 1987, pp. 99 – 100。

② Ronald Dworkin, "*Sovereign Virtue* Revised," pp. 118 – 119. 德沃金所提到的著作是 *Sovereign Virtue: The Theory and Practice of Equality* 一书。

任。但是德沃金给出的理由的背后的预设假定了人们的信念和人们的行动是相互分离的，即人们拥有某种信念和是否按照该种信念而采取行动是两种不同的事情。这种假定是有问题的，人们有时会不按信念采取行动，但是在信念非常强的情况下，人们会按信念采取行动。如果一个人"拥有昂贵嗜好"，同时并不采取行动，那么他是否真正拥有该昂贵嗜好就是值得怀疑的。

可以看出，昂贵嗜好是一个非常复杂的问题，要判断在昂贵嗜好问题上是否应该实现"敏于抱负"，就要分析嗜好为何是昂贵的，即分析"昂贵性"的来源。即使人们应对自己的嗜好负责，也不一定对嗜好的"昂贵性"负责，而德沃金简单地认为人们要对昂贵嗜好承担责任。

五、结语：资源平等的张力

由上可见，德沃金调和平等与责任的努力是不成功的。以"敏于抱负"为基点，"敏于抱负"与"钝于禀赋"之间缺乏一致性，它们之间存在一种内在的张力。由于该问题较为抽象，我们在上文以"昂贵嗜好"为例来探究这一问题。通过研究发现，在资源分配过程中，"敏于抱负"实际上消解了"钝于禀赋"。第一，对德沃金的资源平等来说，选择和环境的区分是至关重要的，但德沃金在选择和环境之间做出的区分是不充分的，两者之间既有"真空地带"，也有"交叉地带"；第二，德沃金认为在资源分配过程中应该实现"敏于抱负"，但是德沃金所给出的两点原因是不成立的；第三，选择深受原生运气因素的影响，我们并不能简单地认为人们应对昂贵嗜好承担责任。实际上，人们的嗜好昂贵与否往往受到多种因素的影响，本文主要分析了主观（主要体现在"自愿性维度"上）和客观（主要体现在"稀缺性维度"和"时间维度"上）两个方面因素的影响，从中可以看出，人们的选择往往受到一些原生运气因素的影响。德沃金对昂贵嗜好的"昂贵性"的来源置若罔闻，认为在昂贵嗜好问题上应该实现"敏于抱负"。如果昂贵嗜好的昂贵性源于原生运气因素，那么这就同"钝于禀赋"相矛盾。通过分析德沃金对昂贵嗜好的看法可以看出，资源平等的"敏于抱负"这种理论目标已经消弭了资源平等的"钝于禀赋"这种理论目标，人们在选择过程中往往受到原生运气因素的影响，人们的选择是由个人的人格特征和不可选择的环境因素共同作用的结果，在资源的分配过程中，越是"敏于抱负"，就越不能实现"钝于禀赋"。易言之，选择是承担责任的必要条件，而不是充分条件，德沃金的"选择是承担责任的充分条件"这一观点值得商榷。

平等的资源主义分析路径的内在张力

——罗纳德·德沃金的化解及其困境[*]

高景柱[**]

平等是当代政治哲学和道德哲学中的一种重要的、且极易引起混淆的理论,平等的资源主义分析路径是其中的一种重要分析进路,代表性的理论有约翰·罗尔斯的"基本善的平等"与罗纳德·德沃金的"资源平等"(equality of resources)。平等的资源主义分析路径的内部纷争不断,也面临着激烈的外部批判,德沃金的资源平等理论在很大程度上是为了回应罗尔斯的平等观所面临的批判,正如威尔·金里卡所言:"德沃金的平等理论是对罗尔斯的平等理论中所包含问题的一种回应,正如罗尔斯的理论是对功利主义的平等观中所包含问题的一种回应一样。每一种理论的目标并不是试图拒绝那些促成了先前理论的直觉,而是试图提炼这些直觉。罗尔斯的平等主义既是针对功利主义的一种回应,也是对功利主义核心直觉的一种发展,德沃金的理论与罗尔斯的理论之间的关系也是如此。"[①]德沃金回应了罗尔斯的平等观所面临的哪些批判呢?

实际上,罗尔斯的平等观既面临着右翼的批判,又面临着左翼的批判,其中一个共同的批判在于指责罗尔斯的平等理论忽视了责任因素。这在很

---

    * 本文发表于《政治思想史》,2012 年第 4 期。

    ** 高景柱,天津师范大学政治与行政学院教授。

    ① Will Kymlicka, *Contemporary Political Philosophy：An Introduction(Second Edition)*, Oxford University Press, 2002, p. 87.

大程度上是因为罗尔斯的差别原则在界定处境最差者时仅以"社会基本善"为指标，①忽视了"自然基本善"所带来的不平等。德沃金亦认为罗尔斯的平等观面临着上述困境，其资源平等理论在很大程度上是为了弥补这一缺陷。德沃金试图将责任纳入平等理论之中，以继续拓展罗尔斯的平等的资源主义分析路径，这主要体现在资源平等的理论目标——"敏于抱负"与"钝于禀赋"（ambition-sensitive，endowment-insensitive）——中。②该理论目标意为在分配资源的过程中，由"抱负"等选择因素所造成的不平等是被允许的，个人应该为之承担责任，但是应该排除"禀赋"等原生运气（brute luck）因素对分配的影响，个人不应该为之承担责任。德沃金成功地拓展了罗尔斯的平等的资源主义分析进路了吗？事实上，资源平等的理论目标之间有一种内在的张力，德沃金调和平等与责任的努力是不成功的。德沃金在一定程度上意识到了该问题，并试图以"虚拟保险市场"来化解平等的资源主义分析路径的内在张力，这种努力可行吗？这是本文将要探讨的主要问题。

一、平等的资源主义分析进路的张力

平等的资源主义分析路径认为平等理论关注的对象应当是"资源"，罗尔斯的平等观与德沃金的平等观都是其中的代表性理论，这两种理论可以被统称为"资源平等"，只不过它们在资源的内涵以及应当如何平等分配资源等问题上存在不少分歧。比如"基本善"就是罗尔斯所谓的资源，社会基本善（包括权利和自由、权力和机会、收入和财富，它们深受社会基本结构的影响）和自然基本善（包括人的健康、理智和想象力，这些基本善主要是由自然赋予的）是其主要组成部分。德沃金所谓的资源包括人格资源（personal resources）和非人格资源（impersonal resources），前者包括生理健康、心理健康、力量和才能等，这些资源是不能进行人际转移的，是附着在人的身体上

① See John Rawls, *A Theory of Justice*, The Belknap Press of Harvard University Press, 1971, p. 285.

② See Ronald Dworkin, *Sovereign Virtue*: *The Theory and Practice of Equality*, Harvard University Press, 2000, p. 89.

的;后者包括可以被支配和转让的环境的一部分,比如原材料、土地和房屋等。① 自《正义论》出版以来,罗尔斯平等理论中的"差别原则"一直处于争议的中心。比如在德沃金等人看来,罗尔斯的差别原则忽视了责任问题。德沃金试图调和平等与责任,这主要体现在资源平等的理论目标中:一方面,在资源分配过程中应实现"敏于抱负"。德沃金主要以"昂贵嗜好"(expensive tastes)为例来进行说明,认为人们应对自己的选择以及选项运气(option luck)所带来的结果负责,比如由昂贵嗜好所带来的不平等,不应该获得任何补偿;另一方面,在资源分配过程中应该实现"钝于禀赋"。德沃金主要以"残障"为例来进行论说,认为应当排除残障等原生运气因素对分配的影响,比如应当补偿残障者,让人们为自身的残障状况承担责任是不正当的。② 德沃金调和平等与责任的这一努力成功吗?

第一,"敏于抱负"消解了"钝于禀赋"。我们以"敏于抱负"为基点来看"敏于抱负"与"钝于禀赋"之间有没有内在的一致性。由于该问题较为抽象,我们以"昂贵嗜好"为例来探究这一问题。事实上,在资源分配的过程中,"敏于抱负"已经消解了"钝于禀赋"。一方面,对资源平等来说,"选择"和"环境"的区分是至关重要的。德沃金主张人们应当对由选择因素所带来的不平等承担责任,同时应当排除由环境因素带来的不平等。但是德沃金

---

① See John Rawls, *A Theory of Justice*, pp. 75 – 82; Ronald Dworkin, *Sovereign Virtue: The Theory and Practice of Equality*, pp. 65 – 119. 在当代西方政治哲学中,除了平等的资源主义分析路径,平等的福利主义分析路径也是平等理论的重要分析路径。对这些分析路径的区分主要是依照平等理论的关注对象的不同。平等的福利主义分析路径认为平等理论的关注对象应当是"福利"(welfare),代表人物是理查德·阿内逊(Richard J. Arneson)。在以阿玛蒂亚·森(Amartya Sen)和玛莎·努斯鲍姆(Martha C. Nussbaum)等人为代表的平等的能力分析方法看来,平等的资源主义和福利主义分析路径都是存在缺陷的,平等理论既不应该关注资源,也不应该关注福利,而应该关注处于它们之间的某种东西,即可行能力(capabilities)。具体研究参见:Richard J. Arneson, "Equality and Equal Opportunity for Welfare," *Philosophical Studies*, Vol. 56, 1989, pp. 77 – 93; Amartya Sen, *The Idea of Justice*, The Belknap Press of Harvard University Press, 2009; Martha C. Nussbaum, *The Frontiers of Justice*, The Belknap Press of Harvard University Press, 2006.

② 德沃金将运气分为"选项运气"和"原生运气":"选项运气是一个自觉的和经过计算的赌博如何产生的问题——人们的得失是不是因为他接受自己预见到并本来可以拒绝的这种孤立风险。原生运气是一个风险如何发生的问题,从这个意义上说它不同于自觉的赌博。"(参见 Ronald Dworkin, *Sovereign Virtue: The Theory and Practice of Equality*, p. 73.)比如一个人赌博赌赢了,他就拥有好的选项运气,对选项运气来说至关重要的是,这种运气本来是可以拒绝的。一个人被流星击中,此时这个人就拥有坏的原生运气,对原生运气来说至关重要的是,这种运气是不可以拒绝的。

在选择和环境之间作出的区分是不充分的,人们作出的有些选择往往深受环境因素的影响,如果让人们对深受环境因素影响的选择承担责任,即"敏于抱负",那么这就与"钝于禀赋"相背离。另一方面,我们不能简单地认为人们应对昂贵嗜好承担责任,因为人们的嗜好是否是昂贵的,往往受到多方面因素的影响。就昂贵嗜好而言,有"自愿的昂贵嗜好"与"非自愿的昂贵嗜好"的区分、有"拥有昂贵嗜好"与"嗜好后来变得昂贵"的区分。人们是否应当对昂贵嗜好承担责任,关键在于明晰昂贵嗜好之"昂贵性"的来源问题,比如人们对"非自愿的昂贵嗜好"以及"嗜好后来变得昂贵"就不应该承担责任。德沃金对昂贵嗜好的"昂贵性"的来源视而不见,认为在昂贵嗜好问题上应该实现"敏于抱负",如果昂贵嗜好的昂贵性源于原生运气因素,那么这就同"钝于禀赋"相矛盾。可见,"敏于抱负"已经消解了"钝于禀赋",人们在选择过程中往往受到原生运气因素的影响,人们的选择是由个人的人格特征和不可选择的环境因素共同作用的结果。

第二,"钝于禀赋"消解了"敏于抱负"。我们再以"钝于禀赋"为基点来探讨"钝于禀赋"与"敏于抱负"之间有没有内在的一致性。同样鉴于该问题的复杂性,我们以"残障"为例来探讨该问题。实际上,在资源分配的过程中,"钝于禀赋"已经消解了"敏于抱负"。一方面,德沃金对"选项运气"和"原生运气"的区分过于抽象,往往无法处理复杂的现实情况。在世界上既不存在纯粹的选项运气,亦不存在纯粹的原生运气,选项运气和原生运气往往是交织在一起的,我们并不能想象一个仅存在原生运气而不存在选项运气的世界,反之亦然。另一方面,德沃金的不应为原生运气承担责任这一观点是有问题的,比如就残障而言,德沃金并没有区分"先天残障"和"后天残障",更没有区分人们因何种原因后天致残。对于后天残障,人们可能因自己的原因而致残,应该为此承担责任。如果对此"钝于禀赋",那么这就与"敏于抱负"相矛盾。同时,德沃金对残障和昂贵嗜好的区分是模糊的,并没有将残障与昂贵嗜好真正地区分开来。人的一些状况很难说到底属于残障,还是属于昂贵嗜好,比如一个人的性欲非常旺盛,到底它是残障还是昂贵嗜好?抑或仅属于一般的嗜好?我们很难对此作出准确的判断。如果一种行为是昂贵嗜好,却被归为残障,那么在此问题上的"钝于禀赋",就更会消解"敏于抱负";另外,"钝于禀赋"会产生一些激进的再分配后果,比如强加一种税收机制以补贴一些收入较低者,但是如果收入较低者是因为自己懒惰而处境较差,所产生的结果就是没有实现"敏于抱负"。

因此,德沃金试图将责任纳入平等理论的努力是不成功的,"敏于抱负"与"钝于禀赋"相互消解,其平等的资源主义分析路径的内部存在一种张力。① 实际上,完全的"敏于抱负"和完全的"钝于禀赋"缺乏可行性,人们并不能将"敏于抱负"和"钝于禀赋"推向极端。德沃金在一定程度上意识到了平等的资源主义分析路径的内在张力,正如他所言,就"敏于抱负"和"钝于禀赋"而言,"我们能够设计出一条公式,在这两种明显地相互竞争的要求之间达成一种实际上的或理论上的妥协吗?"②德沃金试图通过"虚拟保险市场"来化解其平等的资源主义分析路径的内在张力。

二、化解张力的尝试:以虚拟保险市场为机制

资源平等的理论目标之一在于在资源分配过程中实现"钝于禀赋",资源平等不但调节由残障因素所带来的不平等,也将不平等的才能(talent)问题纳入考虑的范围。因为在现实生活中,有人拥有很高的才能,有的人才能平庸。才能的高低与一个人的自然禀赋有很大的关系。如果平等理论对该问题视而不见,那么它就是不完全的。德沃金意识到了这一点,认为挣钱才能在很大程度上属于原生运气的范畴,资源平等应该关注该问题。德沃金反对诺齐克式的"自我所有权理论",认为"我们能否可以说,既然一个人拥有自己的大脑和身体,他也就拥有仅仅作为其能力而存在的才能,从而也拥有那些才能所带来的成果? 当然,这是一些不能根据前提得出的推断。这也是一种为自由放任的劳动力市场辩护的常见论调,我们已经断定当人们的才能不平等时,这种论调背离了资源平等理论"③。那么应当如何处理这

---

① 对德沃金的资源平等的理论目标之间张力的详细研究,参见拙文:《选择、责任与资源平等——评德沃金的平等观》,《政治思想史》,2010 年第 3 期;《平等与运气:评德沃金的平等观》,《江苏社会科学》,2012 年第 3 期。

② Ronald Dworkin, *Sovereign Virtue: The Theory and Practice of Equality*, p. 89.

③ Ibid., p. 90.

一问题呢？德沃金利用了市场机制，对市场的利用是资源平等理论的特色之一，"通常认为市场不可避免地产生社会不平等，这促使很多人认为为追求平等主义的目标，必须限制或禁止市场的活动，同时也有人认为（对他们来说）要实现市场利益的最大化必须抛弃平等主义的目标。然而，罗纳德·德沃金的著作《至上的美德：平等的理论与实践》主张市场对实现平等来说是必不可少的"①。德沃金试图通过虚拟保险市场来建立一种公平的市场调节理论，从而处理不平等的才能问题，同时在实践上试图将公平的市场调节理论转化为一种再分配的税收机制，最终实现"敏于抱负"和"钝于禀赋"，以化解这两种理论目标之间的张力。

德沃金认为，在荒岛模式②中，当人们的才能相等时，这并没有为资源平等带来任何问题，能够满足资源平等的嫉妒检验（envy test）标准。倘若在荒岛模式中，拍卖者对荒岛上的资源进行拍卖，当拍卖结束时人们开始进行生产和贸易。人们可以按照自己的意志利用各自所获得的资源，比如张三在自己所竞买到的土地上种植西红柿，张三对种植西红柿尽心尽力，一年之后，他所拥有的资源总量多于岛上其他人。此时岛上的每个移民都更加看中张三所拥有的资源份额，即嫉妒张三所拥有的资源。那么资源平等要求对资源进行重新分配以再次满足嫉妒检验标准吗？在德沃金看来，如果我们把敬业精神看做移民所拥有的物品的一部分，那么其他移民就不会嫉妒张三所拥有的资源，资源平等也不会要求对资源进行重新配置了。③ 简言之，张三和其他移民之间的资源差异是资源平等所容许的。在拍卖结束之后，张三和其他移民都进行生产，只是因为张三更加勤奋，拥有他人所缺乏的敬业精神，而其他人在拍卖结束之后花费大量的时间去从事娱乐活动，他们并不想过张三所过的那种终日"面朝黄土背朝天，滴滴汗水和泥间"的生活。此时如果对资源进行再分配，那么这就有损资源平等，与"敏于抱负"相

---

① Stephen Gough, "Hypothetical Markets: Education Application of Ronald Dworkin's Sovereign Virtue," *Journal of Philosophy of Education*, Vol. 40, No. 3, 2006, p. 287.

② 德沃金设计了一个著名的思想实验"荒岛模式"。假如一群人乘坐一条船在海上航行，这条船遇难了，其中幸存者被海水冲到一个荒岛上，这个荒岛上没有人居住，岛上的资源丰富。由于这个岛所处的位置非常偏僻，很多年之后才能有救援到来。德沃金设想这些移民到了岛上之后的一件非常重要的事情就是通过拍卖的方式对岛上的现有资源进行分配。

③ See Ronald Dworkin, *Sovereign Virtue: The Theory and Practice of Equality*, p. 83.

背离。

但是在现实生活中人们的才能是有很大差异的,德沃金主要利用虚拟保险市场来处理不平等的才能问题。在针对不平等的才能的虚拟保险市场上,人们并不是对自己有何种才能一无所知,而是假定人们不能预测自己的才能所带来的经济收入。① 同时假定有一台超级计算机,在拍卖之前,把每个移民的嗜好、抱负、才能、对待风险的态度以及荒岛上的有关原料的信息都输入到计算机中。计算机对拍卖的结果以及拍卖之后人们开始生产和贸易时所产生的收入结构进行预测。假定每个移民仅知道有关自己的数据以及整个社会的收入结构,并不知道自己所拥有的才能会使他处在哪一种收入水平上。再假定保险公司以合理的保险费提供针对不平等的才能的险种,那么在上述条件下,移民会购买何种水平的关于自己才能的险种呢? 人们会购买一种最高水平收入的保险,当他们没有获得最高水平的收入时,他们会获得保险公司付给的最高收入和实际收入之间的差额吗? 当然,此种险种的保险费亦是最高的。在德沃金看来,购买最高水平的收入的保险是不明智的,人们不会购买。原因在于:一方面,购买最高水平的收入的保险是一种财务上不利的赌博(financially disadvantageous bet)。所谓财务上不利的赌博就是成本超过回报的赌博,而财务上有利的赌博就是成本低于回报的赌博。商业保险公司只会提供针对移民来说的财务上不利的赌博,因为保险公司不但要抵消一旦风险发生时赔付给投保人的费用,而且还要支付自身的运转所需要的成本以及保险公司自身的营利。另一方面,购买最高水平的收入的保险需要极高的保险费,假如该移民恰好具有最大的挣钱才能,那么其处境要比不购买保险时差的多,他不得不尽力劳动以支付高额的保险费。换言之,他可能要把挣钱的才能发挥到极致,成为自己最大挣钱才能的奴隶。因此,购买最高水平的收入的保险是对有才能者的一种奴役。②

因此,在德沃金那里,移民不会购买最高水平收入的保险,只会购买一般收入水平的保险。为处理现实社会中的不平等的才能问题,德沃金把虚

---

① 在德沃金的思想实验中,人们拥有的信息多于处于罗尔斯的"原初状态"和"无知之幕"中的人们拥有的信息,这也是德沃金对罗尔斯的"原初状态"设计持批判态度的原因之一。但是德沃金也利用了罗尔斯的"无知之幕",只不过他的"无知之幕"要薄于罗尔斯的"无知之幕"。

② See Ronald Dworkin, *Sovereign Virtue:The Theory and Practice of Equality*, pp. 94–96.

拟保险市场转化为一种税收方案。在虚拟保险市场上人们愿意花费多少钱来购买针对自己才能的保险,表现的是人们对未来生活的一种态度,在现实生活中就可以把这种保险费转化为一种税率,通过向挣钱才能达不到这一投保水平的人支付该投保水平和他们实际获得的收入之间的差额以进行收入的再分配。这样德沃金就通过针对才能的虚拟保险市场建立了一种"公平的市场调节理论"。在实践上,可以将这种公平的市场调节理论转化为一种再分配的税收机制,以确保人们至少拥有一种最低工资,"如果我们假定虚拟保险市场设计至少给每一个人提供了一种体面的最低限度的生活标准,那么就没有人仅仅因其已经做出的关于早期生活的教育、训练、投资、消费等方面的不利决定而过着一种悲惨的生活"①。针对不平等的才能的虚拟保险市场使选择奢侈生活方式的人拥有较少的收入,同时也确保天生才能较差的人没有较少的收入,在虚拟保险市场上至少可以获得某种水平的最低收入。也就是说,德沃金认为通过针对不平等的才能而建立的虚拟保险市场,可以共同实现"敏于抱负"和"钝于禀赋",并成功地拓展了罗尔斯的平等的资源主义分析路径。德沃金的这一努力成功吗? 这是本文接下来将要探讨的主要问题。

三、虚拟保险市场能否实现"敏于抱负"?

德沃金试图通过虚拟保险市场来化解"敏于抱负"和"钝于禀赋"之间的张力,既实现"敏于抱负",也实现"钝于禀赋"。他主要是通过以针对不平等的才能的虚拟保险市场为例来论说这一点的,并认为人们不会购买针对最高水平的收入的保险,理由在于购买最高水平收入的保险是一种财务上不利的赌博以及购买最高水平的收入的保险是对有才能者的一种奴役。实际上,德沃金给出的上述两点理由均值得商榷,购买最高水平收入的保险不一定是一种财务上不利的赌博,也不是对有才能者的一种奴役。相反,人们会购买针对最高水平收入的险种,这样会导致在人们的抱负存在差异的情况下人们拥有相同的收入,因而虚拟保险市场没有实现"敏于抱负"。

---

① Ronald Dworkin, "*Sovereign Virtue* Revisited," *Ethics*, Vol. 113, No. 1, 2002, p. 114.

（一）购买最高水平收入的保险是一种财务上不利的赌博吗？

正如上文所言，德沃金认为移民不会购买最高水平收入的保险，原因之一在于购买该保险是一种财务上不利的赌博。但是德沃金的这一观点是不成立的。

第一，德沃金认为，购买最高水平收入的保险是一种财务上的不利赌博的主要理由之一在于保险公司为了维持自身的运转，需要成本及获得一定的利润。实际上，这种假定与德沃金对假想的拍卖所给出的限定条件不一致。德沃金认为："在构建资源平等时，与罗尔斯的原初状态一样，要求假想的拍卖是不需要成本的，比如在拍卖中，移民并不需要支付给拍卖者费用或补偿他所花费的成本，拍卖者并不是那些资源的接受者之一。"对于虚拟保险市场而言，德沃金却认为虚拟保险市场"这种反事实的策略如果要取得成功的话，购买保险的人必须考虑实际的保险市场的成本"[1]。可以看出，德沃金为实现资源平等的理论目标而设定的两个重要实现机制——假想的拍卖和虚拟保险市场——其背后的假定并不一致，为什么在假想的拍卖中不需要考虑成本的问题，而在虚拟保险市场上必须考虑成本问题呢？[2] 德沃金必须进行捍卫，否则就缺乏理论上的说服力并有自相矛盾之嫌。实际上，既然虚拟保险市场是一种反事实的论证策略，为进一步简化论证的需要，虚拟保险市场与假想的拍卖一样，也可以不考虑其中的成本问题。如果这种推断合理的话，那么德沃金的购买最高水平收入的保险是一种财务上不利的赌博这一观点就是值得商榷的。

第二，德沃金忽视了社会保险而仅仅关注商业保险。当然在正常情况下商业保险公司必须要营利，否则就会被市场淘汰出局，但是并不是所有的保险都属于这种情况。根据经营保险是否以营利为目的，我们可以将保险分为营利保险和非营利保险，社会保险就属于非营利保险的一种。社会保险主要是政府采用的一项社会政策，不以营利为目的，有公共财政为支撑，

---

[1]　Ronald Dworkin, "*Sovereign Virtue* Revisited," *Ethics*, Vol. 113, No. 1, pp. 109 – 110.

[2]　如果如德沃金所认为的那样，在虚拟保险市场上，我们必须考虑保险公司的运作成本，那么在假想的拍卖中，我们也必须考虑到拍卖公司的运作所需的成本问题，毕竟拍卖公司的运作也需要大量的成本。如果这种推断是合适的话，那么德沃金的在拍卖市场上不需要考虑成本问题这一假定也是站不住脚的。

其目的主要在于当劳动者失业、丧失劳动能力或暂时丧失劳动能力时为其提供援助。就德沃金所说的针对最高水平收入的保险而言,如果政府或政府委托的机构提供这种险种,那么就有可能对劳动者来说是一种财务上有利的赌博。

第三,德沃金忽视了虚拟保险市场和真实的保险市场之间的差异。在真实的保险市场上,实现风险的共同分担是保险的主要功能之一,少数投保人所遭受的损失就为购买同险种的所有投保人所分担。在真实的保险市场上,人们并不能用自己所没有的东西去为自己投保,倘若 A 仅拥有一栋房屋,他想为自己的房屋购买火灾保险,购买这种火灾保险需要 1 万元保险费。如果 A 不向保险公司缴纳 1 万元保险费,那么保险公司是不会受理这种保险的。当火灾发生时,A 不能获得任何补偿。当然 A 也不能对保险公司说,"你们先受理这种保险,等 3 个月以后我再缴纳 1 万元保险费",这实际上等于是为保险公司开了一张空头支票,保险公司显然不能答应。但是在德沃金所设想的针对不平等的才能的虚拟保险市场上,该保险市场的存在条件完全异于真实的保险市场。对购买针对不平等的才能的保险所需要的保险费,德沃金认为,"保险费因选择的保险水平而不同,但任何水平的保险费,必须对每个人都一样,支付保险费所需要的钱不是来自投保人所拥有的最初的资源份额(或贝壳),而是来自拍卖后将来所拥有的收入"[1]。简言之,为购买针对不平等的才能这一险种所需要的保险费源自未来的收入。实际上这非常荒谬,正如上述所说的 A 想为保险公司开出一张空头支票而为自己的房屋购买火灾保险一样荒谬。

可以看出,德沃金的观点是值得商榷的,购买最高水平收入的保险并不一定就是一种财务上不利的赌博,即人们购买最高水平收入的保险并不像德沃金所认为的那样是非理性的。

(二)购买最高水平收入的保险是对有才能者的一种奴役吗?

德沃金认为购买最高水平收入的保险所需的保险费极高,接近于当风险发生时所获得的回报,"因此,购买这种保险的人要面对收益非常少的极高机会。然而假定他赌输了。如果他是具备最大挣钱才能的人之一,那么

---

① Ronald Dworkin, *Sovereign Virtue: The Theory and Practice of Equality*, p. 94.

他现在的处境就会比他不买保险的情况要糟得多,因为他现在为了向没有给他带来任何收益的保险支付高额的保险费,必须把自己的挣钱才能发挥到顶点——也就是说,他几乎要陷入破产的境地。他将是自己的最大挣钱才能的奴隶"[1]。对德沃金来说,购买最高水平收入的保险是对有才能者的奴役。

在德沃金的购买最高水平收入的保险是对有才能者的奴役这一观点中,隐含着一个基本的预设,即能够区分出抱负和才能对一个人收入的不同影响。为什么在德沃金的观点中隐含着上述假定呢?假如在针对不平等的才能的虚拟保险市场上,A 购买了月薪 10 万元这样一种高水平收入的保险,其中保险费是 5 万元。再假定 A 是具备最大挣钱才能的人之一,A 的月收入 11 万元,此时 A 不能获得保险公司的任何补偿,A 的 11 万元月收入在缴纳保险费之后仅剩下 6 万元,此时 A 的状况比不购买保险时要差很多。在德沃金看来,A 必须把其自身的挣钱才能发挥到极致,这种保险对 A 来说是一种奴役。A 的高收入中哪一部分源于其才能,哪一部分源自其抱负(比如个人的兴趣和努力)呢?如果该问题解决不了,那么德沃金怎么能够说最高水平收入的保险是对有才能者的一种奴役呢?如果 A 的高水平收入在很大程度上源自 A 的抱负,比如 A 非常勤奋,我们此时就可以说这种最高水平收入的保险对 A 来说是对个人抱负的奴役,而不是对个人才能的奴役。因此,德沃金的购买最高水平收入的保险是对有才能者的奴役这一观点中,隐藏着能够区分出抱负和才能对一个人收入的不同影响这样一个基本预设。但是能够区分出才能和抱负对收入的不同影响吗?比如 A 的月薪 11 万元中哪一部分源自其才能,哪一部分源自其抱负?显然难以确定。德沃金本身也认识到难以确定才能和抱负对收入的不同影响,他在批判为处理不平等的才能问题而拟用的所得税方案时已经意识到了这一点,"我们无法确定所得税税率,它能够把每个人源自其才能而不是源自其抱负的那一部分收入进行再分配。才能和抱负是密切地联系在一起的"[2]。既然很难确定才能和抱负对收入的不同影响,那么德沃金的购买最高水平收入的保险是对有才

---

① Ronald Dworkin, *Sovereign Virtue: The Theory and Practice of Equality*, p. 96.

② Ibid., p. 91.

能者的奴役这一观点就是不成立的。

（三）虚拟保险市场使人们有相同的收入，没有实现"敏于抱负"

由上可见，德沃金所给出的人们不会购买高收入的保险的两点理由都是不成立的，即人们有可能购买最高水平收入的保险。科林·麦克劳德认为基于以下两点理由人们会购买最高水平收入的保险：一是"罗尔斯的最大的最小值原则"；二是"期望功效最大化原则"。①

第一，罗尔斯的最大的最小值原则推荐购买最高水平的收入的保险。假如 M 有两种选择的可能，一是有 20% 的可能性获得最高的收入，二是有 20% 的可能性获得最低的收入。M 是否购买高收入的保险依赖于 M 对待风险的态度。M 对待风险的态度会影响到 M 是否购买最高水平收入的保险以及购买何种水平上的保险：②如果 M 不能容忍风险，那么 M 就会倾向于购买高收入的保险；如果 M 能够容忍风险，那么 M 就很有可能不购买最高水平收入的保险或者购买很少的保险。假如 M 不能容忍风险，如果获得最低水平收入的话，这种生活是难以忍受的。此时如果根据罗尔斯的最大的最小值原则，那么人们就会购买最高水平收入的保险。因为虽然购买最高水平收入的保险面临着一定的风险，即一是要缴纳高额的保险费，二是当自己恰好具有挣钱的最大才能时，此时的状况就差于不购买最高水平收入的保险的状况，但不购买最高水平收入的保险会面临更大的风险，即如果自己恰好获得最低的收入，那么这种生活是非常悲惨的。考虑以上情况的优劣程度，根据最大的最小值原则，M 会购买最高水平收入的保险。

第二，根据期望功效最大化原则，人们也会购买最高水平收入的保险。假如 N 面临着如下两种选择：一是会获得 20 万元的收入（也就是一种高水平收入的保险），二是既有 80% 的概率获得 15 万元收入的可能性，也有 20% 的概率获得 40 万元收入的可能性。根据期望功效最大化的原则，N 会选择第一种方案。

假如上述分析是可信的，即人们会购买最高水平收入的保险，这会产生

---

① Colin M. Macleod, *Liberalism, Justice, and Market: A Critique of Liberal Equality*, Clarendon Press, 1998, pp. 140 – 141.

② 人们对待风险的态度因人而异，德沃金的人们不会购买最高水平收入的保险这一观点并没有考虑到人们对待风险的态度并不是完全一样的。

什么结果呢？本文认为这会导致正如麦克劳德所认为的那样人们拥有相同的收入，进而与德沃金的"敏于抱负"的主张是不一致的。我们可以再次利用德沃金的针对不平等的才能的虚拟保险市场。假定在一个经济共同体中有 A、B、C 和 D 四个人，同时有四种收入结构，分别为 10 万元、5 万元、2 万元和 1 万元。在上述四种收入结构中，当然第一种为最高收入，第四种为最低收入。只有 25% 的人能获得最高收入，其余 75% 的人将不能获得这一收入。假定 A、B、C 和 D 四个人都购买了最高收入为 10 万元的保险，此时保险费将高达 7.5 万元。在 A、B、C 和 D 四个人中，只有一个人能获得最高收入，因此如果 A、B、C 和 D 四个人都购买最高收入的保险，那么 A、B、C 和 D 四个人最终的收入都将为 2.5 万元。[①]

因此，在针对不平等的才能的虚拟保险市场上，如果人们都购买最高水平收入的保险，那么人们最终将拥有同样的收入。当人们的"抱负"相同时，人们拥有相同的收入同"敏于抱负"是相一致的。实际上，人们的抱负之间是有很大差异的，此时如果人们拥有相同的收入，那么这同"敏于抱负"就不一致。处理不平等的才能的虚拟保险市场如果打算实现"敏于抱负"，必须确保不同的抱负带来不同的收入，而不是带来相同的收入。虚拟保险市场的目的是为了消除由"禀赋"而不是由"抱负"所带来的不平等，就是要使不平等的才能对分配的影响中立化，同时没有损害选择对分配的影响，即同时实现"钝于禀赋"和"敏于抱负"。但是在针对不平等的才能的虚拟保险市场上，如果人们购买高水平收入的保险，会导致人们拥有相同的收入，那么这同"敏于抱负"是不一致的。此时虚拟保险市场就消除了由"抱负"所带来的不平等，这是不公平的，故虚拟保险市场并没有实现"敏于抱负"。

四、虚拟保险市场能否实现"钝于禀赋"？

由上可见，德沃金的虚拟保险市场并没有实现"敏于抱负"，其虚拟保险

---

① 由于 A 是具有最高收入的人，因此他将不能获得保险公司的任何补偿，其购买保险后的实际收入为 10 - 7.5 = 2.5（万元）。B 虽然可以获得保险公司所给的补偿，但是其也要缴纳高昂的保险费，其购买保险后的收入为（10 - 5）+（5 - 7.5）= 2.5（万元）。可以依次类推计算出 C 和 D 购买保险后的收入都是 2.5 万元。

市场能实现"钝于禀赋"吗？其实,德沃金在不平等的才能问题上试图实现
"钝于禀赋",本身就是有问题的。这主要与德沃金对"残障"和"才能"的区
分所存在的含混之处密切相关,他并没有将残障和才能真正区分开来。德
沃金认为才能较低者应该获得一定的补偿,本文认为先天残障应该获得补
偿,但仅仅缺乏某种才能并不能成为获得补偿的理由。在德沃金的针对不
平等的才能的虚拟保险市场上,人们购买不到针对某种严重残障的保险,虚
拟保险市场的程序正义仅是一种表象,即虚拟保险市场没有消除原生运气
的影响,并没有实现"钝于禀赋"。

（一）德沃金对才能和残障区分的模糊性

我们在探讨虚拟保险市场能否实现"钝于禀赋"之前有一个重要问题需
要关注,就是在资源的分配过程中,在不平等的才能问题上是否应该实现
"钝于禀赋"？德沃金认为不平等的才能与残障一样,都属于资源平等应该
关注的范围,由不平等的才能所带来的不平等是不正当的,应当予以消除。
德沃金对才能和残障作了一个基本的区分,但是这个区分本身就是有问题
的。在德沃金看来,"虽然才能不同于残障,它们之间的差异可以被理解为
一种程度差异:我们可以说,不能像威尔特·张伯伦那样去打篮球,不能像
皮耶罗那样去画画或者不能像格宁那样去挣钱,是遭受着一种（特别普通
的）残障"①。倘若我们联系到德沃金在人格资源和非人格资源之间所作出
的区分,我们可以把德沃金的上述观点解释为缺乏某种才能是某种人格资
源的缺乏,残障也是某种人格资源的缺乏,因此缺乏某种才能以及残障都是
某种人格资源的缺乏,只不过程度不同。相应地,拥有某种才能就是拥有某
种人格资源。

德沃金对残障和才能的上述区分是值得怀疑的。

第一,德沃金并没有在不同的人格资源之间进行区分,进而模糊了残障
和才能之间的区分。在德沃金那里,人格资源包括人的生理状况、精神状况
以及创造财富的才能。实际上,就德沃金所说的人格资源的各个组成部分
而言,它们的重要性显然是不同的,一个人的生理状况和精神状况的优劣程
度肯定比一个人创造财富的才能的高低要重要。比如有 A 和 B 两个人,倘

---

① Ronald Dworkin, *Sovereign Virtue: The Theory and Practice of Equality*, p. 92.

若 A 的生理状况或精神状况出现了问题(比如 A 的四肢不健全或患有较为严重的抑郁症),我们通常认为 A 遭受了某种程度的残障,但是倘若 B 的挣钱才能不及比尔·盖茨,我们并不认为 B 是残障的。可以看出,不同的人格资源的重要性是不同的,我们可以依照这种重要性的不同,对人格资源进行进一步的区分:既有一些所谓天才人物拥有的"特殊的人格资源",也有普通人所拥有的"一般的人格资源"。大部分人拥有一般的人格资源,少数人缺乏一般的人格资源,同时极少数人拥有特殊的人格资源。按照统计学的术语来说,人格资源的分布状况是一种"正态分布"。既然德沃金认为才能不同于残障,它们之间的差异只是程度差异,拥有不平等的才能和残障都是某种人格资源的缺乏,那么德沃金就应该在不同的人格资源之间进行区分,而德沃金恰恰在这一点上忽视了不同的人格资源之间的差异,这样他就模糊了才能和残障之间的区分。

第二,德沃金对才能和残障区分的模糊性会产生一些有违道德直觉的后果。一方面,所有人在某种程度上都是残障的。因为世界上没有一个拥有所有的人格资源,人们在某种程度上都拥有一定的人格资源赤字。但是认为所有的人都是残障的是有违道德直觉的,因为缺乏一般的人格资源属于残障,缺乏特殊的人格资源并不属于残障,我们并不会认为自身不能像博尔特一样奔跑就认为自身是残障的。另一方面,人们仅仅因为缺乏某种才能就获得补偿。这也是有违道德直觉的,比如我们并不会向任何政府提出这样一种要求,即我们不能像比尔·盖茨一样挣钱而应该获得补偿。

实际上,人们并不应当因为才能少于他人而要求获得补偿,虽然因先天残障之故要求获得某种补偿是正当的。因为人们缺乏某方面的才能并不会影响到人们对美好生活的追求,比如即使大多数人不能像大卫·贝克汉姆那样踢足球并成为足球明星,仍然有很多生活目标值得人们去追求,同时,实现生活目标的方式亦多种多样。仅仅因为不平等的才能而要求获得补偿就是不正当的,除非缺乏一般的人格资源而不是特殊的人格资源。残障问题显然不同于不平等的才能问题,残障可以给一个人的生活带来严重的障碍。比如一个人先天双目失明这一残障状况就可以影响其对大部分生活目标的追求,比如学习、就业和组成家庭等。这个人因为双目失明而获得补偿就是正当的。因此，不平等的才能和残障是两个不同的问题，德沃金在不平等的才能问题上，不应该主张实现"钝于禀赋"。

（二）虚拟保险市场没有矫正原生运气对分配的影响，没有实现"钝于禀赋"

虚拟保险市场在处理残障和不平等的才能问题时，常常给人以程序正义的印象。比如遭受天生残障或天生就技不如人，这是原生运气带来的结果，个人不应该为之承担责任，但德沃金并不主张直接给予这些人以资源补偿。德沃金采取了虚拟保险市场来处理上述问题，在虚拟保险市场上，人们可以采取某种措施以消除这些坏的原生运气所带来的影响，比如人们可以购买一定水平的分别针对残障和不平等的才能的保险，以消除坏的原生运气所产生的影响。比如有 A 和 B 两个人，如果 A 购买了针对失明的保险，B 没有购买，假如 A 和 B 在同一次事故中都失明了，那么 A 就可以为此获得补偿，而 B 就不能获得任何补偿。[1] 这是虚拟保险市场给人们的程序正义的印象之所在，但该程序正义性仅仅是一种表象而已。在上述例子中，A 能够获得补偿，B 不能获得补偿，这依赖于在保险市场上，A 和 B 都能购买到失明保险。易言之，德沃金的虚拟保险市场试图消除原生运气的影响其中有一个基本预设，即在保险市场上，人们能够购买到保险或能以合理的价格购买到某种保险。但是德沃金的这一预设是值得商榷的，因为人们有时在虚拟保险市场上购买不到保险或不能以合理的价格购买到保险。

德沃金在采用虚拟保险市场这种反事实策略时，经常援引真实保险市场中的情况，并认为他依赖于实际的保险市场。[2] 我们就看看在真实的保险市场上保险公司是如何运作的。在真实的保险市场上，保险公司提供什么险种是由多种因素共同决定的，其主要因素在于是否能够聚集大量的同质性风险。在虚拟保险市场上，移民能购买到某种保险的前提条件是有大量的同质性风险的存在。对人寿保险公司 X 而言，假如只有当 200 人购买该人寿保险时，保险公司才会提供这种险种。此时如果打算购买该保险的人少于 200 人，那么保险公司就不会提供该险种，打算购买该保险的人也不能

---

① See Ronald Dworkin, *Sovereign Virtue: The Theory and Practice of Equality*, p. 77.

② See Ronald Dworkin, "*Sovereign Virtue* Revisited," *Ethics*, Vol. 113, No. 1, p. 108.

购买到它。换言之,人们能否购买到某种保险,也依赖于大多数人的态度和选择。既然购买不到该险种,在虚拟保险市场上,人们将不能获得任何补偿,也就是说,此时并没有消除原生运气对分配的影响。但是人们购买不到该种保险是原生运气而不是选项运气的结果,虚拟保险市场在这一问题上没有实现"钝于禀赋"。

考虑到德沃金在利用虚拟保险市场这种反事实策略时所使用的一些例子,我们更可以看出虚拟保险市场并没有实现"钝于禀赋"。

其一,虚拟保险市场并不考虑严重的残障状况。德沃金在设计虚拟保险市场时,依照真实的保险市场的做法,只考虑大多数人在购买保险时普遍拥有的那些风险。① 易言之,他只考虑一般的风险情况,一些严重残障这样特殊的风险并不在虚拟保险市场考虑范围之内。但是遭受严重先天残障也是不应得的,应在资源平等调整的范围之内,虚拟保险市场恰恰忽视了这一点。

其二,允许电影明星拥有很高的收入。德沃金认为电影明星的收入远远高于普通人,但是在虚拟保险市场上,没有会购买拥有电影明星收入水平的那种保险,电影明星也没有必要购买这种保险,而虚拟保险市场却无法处理这种问题,嫉妒检验在这个问题上彻底失败了。德沃金也认识到这是一个强有力的抱怨,他自己无法回答。② 在罗伯特·范德威恩看来,就"钝于禀赋"而言,如果将"钝于禀赋"的目标贯彻到底,如果所有人都不能拥有电影明星那样高的收入,那么资源平等就不能允许电影明星有那么高的收入。③ 如果范德威恩的观点是正确的,那么德沃金允许电影明星拥有那么高的收入这一观点也就没有实现"钝于禀赋"。

其三,允许父母自由转移遗产给其后代。在德沃金看来,遗传因素的优劣是一个运气问题,比如有的人的父母非常富裕,有的人的父母非常贫穷。为了不产生阶层差别,德沃金建议采用虚拟保险市场来处理遗传因素给人们所带来的影响,但仍然允许父母自由转移遗产给其后代。比如在虚拟保

---

① See Ronald Dworkin, *Sovereign Virtue: The Theory and Practice of Equality*, p. 78.

② Ibid., p. 104.

③ Robert van der Veen, "Equality of Talent Resources: Procedures or Outcomes?" *Ethics*, Vol. 113, No. 1, 2002, p. 62.

险市场上,人们愿意购买何种水平的针对将来遗产的保险,在处理现实问题时,就可以以此水平的保费作为税率向遗产征税,来补偿那些遗产较少的人。① 虽然政府可以通过税收机制对遗产较少的人进行补偿,但是这并没有矫正坏的原生运气对分配的影响,比如有 X 和 Y 两个人,X 的父母腰缠万贯,Y 的父母一贫如洗。虽然 X 在获得遗产时需交纳一定的遗产税,Y 可以获得一定的补偿,但是 Y 最终拥有的资源份额仍然少于 X,这仍是原生运气带来的结果。在遗产问题上,虚拟保险市场仍然没有实现"钝于禀赋"。因此,虚拟保险市场给人们的程序正义这一印象仅仅是一种表象而已。在虚拟保险市场上,人们往往购买不到某种保险,根据德沃金的立场,人们就不能为此获得补偿,因为人们获得何种补偿是以人们购买的保险为基础的,故虚拟保险市场并没有实现"钝于禀赋"。

通过上述分析可以发现,德沃金并没有成功地将责任纳入平等理论之中,其资源平等的理论目标并没有通过逻辑检验,资源平等的理论目标之间有一种内在的张力:"敏于抱负"与"钝于禀赋"相互消解,越是"敏于抱负",就越不能实现"钝于禀赋",反之亦然。德沃金在一定程度上意识到了其平等的资源主义分析路径的内在张力,并试图通过虚拟保险市场来化解它。这种努力主要通过对"不平等的才能"的探讨体现出来,德沃金试图通过虚拟保险市场来建立一种公平的市场调节理论,从而处理不平等的才能问题。但是,虚拟保险市场既不能实现"敏于抱负",又不能实现"钝于禀赋"。简言之,德沃金并没有成功地化解其平等的资源主义分析路径的内在张力。

---

① See Ronald Dworkin, *Sovereign Virtue: The Theory and Practice of Equality*, pp. 346 - 349.

错位的调和

——德沃金政治哲学中的自由、平等与自主*

惠春寿**

　　自约翰·罗尔斯的《正义论》发表以来,自由与平等之间的关系就内化到自由主义理论的内部,成为自由平等主义者和自由至上主义者纷争不休的主要议题之一。在众说纷纭的论述中,罗纳德·德沃金(Ronald Dworkin)的观点最具代表性。作为价值一元论的自由平等主义者,德沃金试图论证自由与平等之间并不存在真实的冲突,这两种价值可以被完美、和谐地统一起来。然而在德沃金精心建构的资源平等(equality of resources)理论中,存在两种相互抵牾的论证,它们分别指向了调和自由与平等的两种不同方式和前景。一方面,德沃金把自由与平等看作两种独立的政治价值,它们的和谐在于两者"是一种人道主义理想中相互影响的两个方面"①。就此而言,资源平等理论其实是对这种更原初、根本的人道主义理想的政治表达(简称为"论证1")。另一方面,德沃金又坚定地表示:"自由和平等之间任何真正的竞争,都是自由必败的竞争。"②这意味着平等作为至高的美德拥有比自由更

　　* 本文发表于《政治思想史》,2013 年第 1 期。

　　** 惠春寿,华东师范大学哲学系副教授。

　　① [美]德沃金:《至上的美德:平等的理论与实践》,冯克利译,江苏人民出版社,2007 年,第134 页。

　　② [美]德沃金:《至上的美德:平等的理论与实践》,冯克利译,江苏人民出版社,2007 年,第128 页。

高的价值,但是,结合他对自由本身缺乏内在价值的论证可见,自由与平等的调和将不再是两种价值紧密合作的调和,而是平等包含自由之后的调和(简称为"论证2")。

与论证1相比,论证2即便不是矛盾的,也是多余的。仅仅从资源平等的字面意义上我们也可以看到,平等之于自由的这种尴尬地位,它是自由与平等紧密协作而共同组成的政治理想呢,还是平等击败并征服自由之后的政治理想?看上去,德沃金只要满足论证1的目标即可,然而对资源平等的深入考察将揭示他在论证1中所能做到的最多不过是自由与平等之间的有限妥协。因此,要想巩固这两种价值间的和谐,德沃金必须走向论证2,否定自由之于平等的独立地位,把它完全融入平等这一最高价值之中。可是,论证2是以一种特殊的自由观念为前提的,尽管这种观念在当代自由主义理论中颇为盛行,但它是对自由及其价值的错误理解。德沃金为调和自由与平等而付出的代价是对自由的曲解和贬低,与此同时,他也不恰当地夸大了平等的价值与作用。事实上,平等的价值归根到底源于自由主义对个人自主的根本承诺,只有在切断个人自主与自由之间的本质联系之后,平等的价值才能得以凸显。因此,德沃金对自由和平等的调和只是建立在错误理解个人自主、自由和平等三者关系基础上的错位调和。

一

作为实现平等待人的最佳分配方案,资源平等是相对于福利平等(equality of welfare)而言的,它的要旨是"在人们中间分配或转移资源,直到再也无法使他们在总体资源份额上更加平等"①。支持资源平等的主要理由来自当代自由主义对"敏于抱负,钝于禀赋"(ambition-sensitive, endowment-insensitive)这一分配原则的承诺,这意味着分配正义必须既尽可能地弥补人们在社会、环境、天资上的不平等,又必须正视并承认由不同个体自由选择所导致的不平等后果。福利平等强调不同个体在最终福利上的平等,没有真

---

① [美]德沃金:《至上的美德:平等的理论与实践》,冯克利译,江苏人民出版社,2007年,第4页。

正尊重个人在平等的位置上作出的不同选择,也忽视了由这种选择而来的个人对自己生活的责任。因此,只有资源平等才是实现平等待人的最佳方案。不仅如此,德沃金还明确规定了资源平等的标准——"妒忌检验(envy test):一旦分配完成,如果有任何居民宁愿选择别人分到的那份资源而不要自己那份,则资源的分配就是不平等的。"①在《至上的美德:平等的理论与实践》中,德沃金详尽地构想了资源平等的具体程序及原则,在此我们将略过他富有创造力的建构,集中关注资源平等作为一种分配理论是如何容纳并协调自由的价值的。

任何分配方案都必须首先确定待分配物的价值,给它们进行定价。资源平等采取的定价标准是待分配物的机会成本,"它把个人所拥有的任何可转移资源的价值,确定为因为他拥有它而使别人不得不放弃的价值"②。然而由于人们面临的资源在表现形式、区分形式上是各种各样的,对资源的不同使用将导致机会成本的变动,因此为了确定它们最真实的机会成本,必须在分配开始之前首先设定一条最能确定和反映这些资源的真实机会成本的原则,以此作为资源平等的背景与底线。这就是德沃金所谓的抽象原则(abstract principle),"它坚持,除了为保护人身和财产安全或为矫正市场的某些缺陷而对人们的自由做出必要限制外,只有当人们享有按自己的愿望行动的法律自由时,理想的分配才是可能的"③。抽象原则体现了自由在资源平等中是作为实现分配正义的必要前提和条件而存在着,这意味着平等理论必须尽可能地体现、落实自由的要求。

抽象原则的必要性证明了自由之于资源平等的必要性,因此"自由和平等作为两种基本的政治美德,不可能发生冲突,因为如果不设想自由的存在,根本就无法定义平等"④。然而这只是一种理想的情形,在现实生活中,

---

① 〔美〕德沃金:《至上的美德:平等的理论与实践》,冯克利译,江苏人民出版社,2007 年,第 69 页。

② 〔美〕德沃金:《至上的美德:平等的理论与实践》,冯克利译,江苏人民出版社,2007 年,第 151 页。

③ 〔美〕德沃金:《至上的美德:平等的理论与实践》,冯克利译,江苏人民出版社,2007 年,第 150 页。

④ 〔美〕德沃金:《至上的美德:平等的理论与实践》,冯克利译,江苏人民出版社,2007 年,第 186 页。

由于资源分配总是不平等的，所以政府必须采取措施矫正这些不平等现象，这些措施构成了对公民自由的冒犯，违背了抽象原则的要求。抽象原则在现实世界中能够实现的最多不过是主张在分配的过程中必须留给人们最大程度的自由去选择、行使这些资源。换言之，理想政治理论中的底线并不等于现实政治行动的底线，反而经常会因平等之故被牺牲。德沃金承认，自由的牺牲乃是不可避免的，但他坚持主张诸如人身自由、言论自由、信仰自由等基本自由权利具有神圣不可侵犯的地位，不论在理想的政治理论中还是在现实的政治行动中。这一主张是以"安全原则"（principle of security）与"真实性原则"（principle of authenticity）的名义提出的，德沃金观察到，作为分配主体的个人是分配正义的起点，他们的人身安全与价值观念等必须先于资源分配得到保障。安全原则要求充分保障人身安全以及个人对自己财产的绝对控制权，真实性原则要求人们形成关于自我、资源等看法所依凭的思想、观念、言论、信仰等不能受到任何制约。这两方面的主张牵一发而动全身，都属于抽象原则中不能被牺牲的核心部分。

至此为止，德沃金基本完成了对自由和平等的调和。然而值得注意的是，德沃金的这种调和只能在非常有限的范围内成立。他可以证明自由和平等在乌托邦的政治理想中不会发生冲突，但却无法证明二者在实际政治生活中也是彼此和谐、相互增进的。他证明了各种基本自由权是实现平等价值的必要前提，但是无法证明这些自由权之外一般意义上的自由不会与平等产生冲突。由于资源的不平等是现实政治生活的永恒事实，因此德沃金所谓的调和也只能是另一种乌托邦式的幻想，这种幻想有多大的吸引力是非常可疑的。

德沃金认为，乌托邦的政治理想虽然不可能得到完全实现，但是可以成为我们现实政治行动的判准。如果我们明白了自己所向往的政治理想是什么，那么我们在实际生活中就不会执着于以平等之名对某些自由的减损，因为这是我们在实现最根本的政治理想时必须付出的成本。然而在伯纳德·威廉斯（Bernard Williams）看来，这种做法完全没有照顾到那些被以资源平等之名剥夺自由的人所切身感受到的"合理怨恨"（reasonable regret）。对这些人而言，尽管政府为促进资源平等而采取的矫正措施的确是正当合理的，但他依然可以"合理地怨恨对其所发生的事情,因为他被迫违背了自己的意志"①。德沃金试图以正当的名义取消他们抱怨自己自由受损的合理性,这在根本上无异于卢梭的做法——宣称这些人对自由的理解是错误的。这里的根本性错误在于,德沃金"模仿宪法判决的模型建立了涉及原则的政治决定的模型"②,"把价值冲突的问题消解到他对文本构成的解释之中"③。

显然,威廉斯与德沃金之间的论争是以对待人类政治生活的不同立场为背景的,后者所预设的政治观在前者看来不但错误地理解了政治的本质,而且会导致事实上的独断与压迫。然而在此我要指出的是,即便我们悬隔这两种根本立场的分歧,德沃金的调和也依然是非常有限的。自由和平等的冲突发生在不同的层面,即便在德沃金的资源平等的理想情形中也存在一些难以化解的冲突。

我们可以设想这种情形:拥有相等资源的三个人 A、B、C,A 愿意把自己的部分资源馈赠给 B,C 在这一过程中保持自己资源总量不变。这是在理想的资源分配情形中也会发生的常见情况,德沃金面临的问题在于,按照抽象原则的要求,他不能对这种馈赠行为施加任何约束,因为这将干扰真实的机会成本。但按照妒忌检验的要求,对资源馈赠不加调节意味着 B 因为纯粹的好运气而获得了比 C 更多的资源。德沃金构建资源平等理论时的确考虑到了这一情形,他试图用一种类似于虚拟保险的税收制度来调节运气对资源分配的影响。但根据理性人的假设,参与分配的社会成员不会同意对资源馈赠征收百分之百的税,因此由于资源馈赠产生的资源不平等依然存在,妒忌检验依旧无法得到满足。与此同时,征收馈赠税的行为本身又侵犯了抽象原则的要求。④ 在这种情形中,我们看到的是抽象原则和妒忌检验这两种彼此冲突的要求之间的妥协,而不是对两者的同时满足。抽象原则和妒忌检验各自代表了自由的价值和平等的价值,是资源平等的两个必要的构

① Bernard Williams, "Conflicts of Liberty and Equality," in G. Hawthorn ed., *In the Beginning was the Deed*, Princeton University Press, 2008, p. 126.

② [美]威廉斯:《自由主义与损失》,载[美]马克·里拉等编:《以赛亚·伯林的遗产》,刘擎等译,新星出版社,2009 年,第 73 页。

③ Bernard Williams, "Conflicts of Liberty and Equality," *In the Beginning was the Deed*, p. 126.

④ See Michael Otsuka, "Liberty, Equality, Envy, and Abstraction," in Justine Burley ed., *Dworkin and His Critics*, Blackwell Publishing Ltd., 2004, pp. 73 – 74.

成条件,但它们之间依然会产生实际的冲突。

因此,无论是在理想情形中,还是在实际政治生活中都存在自由与平等之间的冲突,德沃金调和自由与平等的努力只能取得部分成功。被德沃金与平等相调和的自由,只是能够与平等和谐共处的自由,并不是自由的全部。不论在哪一个层面,德沃金的调和都是有限的调和、暂时的调和,如果他试图克服这一不足、巩固自己的论点,那么他就必须采取论证2,即不再把自由和平等看成两个彼此独立的价值,而是试图把自由寄托在平等之中,证明自由在任何情况下都是附属于平等的次要价值。这一论证的必要前提是从自由的概念和价值中排除那些与平等相抵牾的内容,幸运的是,当代政治哲学领域盛行的自由观恰恰契合了德沃金的这种自由观,不幸的是,这种自由观是错误的。

二

论证2和论证1的共同之处在于,它们都力图"在平等至上主义的理想中赋予自由以无懈可击的永恒地位"[1],因此论证1的失败并非不可弥补。德沃金只需要抛弃自由与平等是两种各自独立的价值的假设,把平等作为至高的价值,论证自由本身没有内在价值,只是因为服务于平等而具有工具性的价值,进而以此证成自由与平等在另外一种意义上的和谐共存。这种论证思路最早源于德沃金的《认真对待权利》,在其《至上的美德》一书中也得到了体现。

人们在两种不同层面使用自由一词。有时候,自由被描述性地使用,比如我们讲"某人的行为是自由的",这里没有任何褒贬,只是对其行为的一种描述。这种自由被德沃金称作"浅显的自由"(flat freedom),浅显的自由本身还不是一种价值,而是对自由本身是什么的描述或定义。德沃金并不讳言事实层面的自由的确可能与平等发生冲突,然而由于浅显的自由本身没有任何价值负荷,因此这个层面的冲突只是事实的冲突,不是价值的冲突,毋宁说它们恰恰是价值要去解决的冲突。在另外一个层面,自由被规范地

---

[1]　Colin Macleod, *Liberalism, Justice and Markets*, Clarendon Press, 1998, p. 168.

使用,这时自由就变成了一种价值,人们在政治生活中诉诸的正是这种价值层面的自由。事实层面的自由回答的是"自由是什么"的问题,德沃金遵循伯林的消极自由传统,把浅显的自由定义为没有障碍。价值层面的自由回答的是人们应该拥有什么自由的问题,德沃金认为自由的价值就体现为各项基本的自由权利。我们在前面部分已经展示了德沃金的确成功地论证了不论在理想情形还是在实际政治生活中,各项基本的自由权利都不会与平等发生冲突,因此,假如德沃金的自由观是正确的,那么看上去他的确调和了自由与平等这两种价值。

对自由的这种划分显然是以休谟的事实与价值之间的二分为依据的,休谟经典命题的另外一层含义是:我们无法从事实中推出价值,因此浅显的自由自然无法给自由的价值提供依据。那么对于作为价值的自由,它是从哪里得到规范性的力量呢? 德沃金认为,赋予自由以价值的是平等而不是自由本身,这意味着自由本身没有任何内在价值(intrinsic value),只是因为服务于资源平等这一至高的美德而拥有工具性的价值。德沃金注意到,自由是因为它所关照的人类利益而被珍视的,但在日常生活中人们经常为了其他方面的利益牺牲一些自由,比如,为了出行的安全而牺牲随便过马路的自由,可见并不存在一种普遍自由权利,只存在那些因关照特殊重要利益而不容侵犯的具体的自由权利,后者构成了价值层面的自由。但是何以它们所代表的利益是特别重要的呢?

虽然德沃金也曾经声明过,论证1"本身没有提出有关自由的基础的主张"①,但基于在上一部分提到过的理由,结合他对自由没有内在价值的主张,我们完全可以把论证1中的主干部分理解为对自由价值的一种奠基。在这个意义上,自由的价值就在于它是实现资源平等的工具,作为其构成要素的各项基本自由权是资源平等由以出发、必须捍卫的前提和条件。因此,特殊利益并不是相对于个人的主观判断而言的,而是相对于资源平等而言的。由此可见,自由的价值完全是被资源平等所赋予的,我们之所以珍视自由,不过是源自我们对更为核心和根本的资源平等的关切和渴求。通过证明安

---

① ［美］德沃金:《至上的美德:平等的理论与实践》,冯克利译,江苏人民出版社,2007年,第186页。

全原则和真实性原则的不可侵犯性,德沃金的确成功地证明了各项基本自由权不可能与平等发生冲突。至于这些权利之外的其他自由,正如抽象原则虽然被平等所要求但也会遭受合理的牺牲一样,这些一般的自由当其是资源平等的前提时是被赋予价值的,但当其成为资源平等必须牺牲的成本,甚至是必须克服的障碍时,自然就不再具有价值。因此,只要自由本身没有内在价值,而是完全仰赖平等对其的赋值,自由和平等之间就的确不会发生任何真实的冲突。

与德沃金一脉相承的沃尔德隆(Jeremy Waldron)曾经把这种自由观形象地比喻为"原子－分子"(atom-molecule)的模型,浅显的自由是自由的核心,它本身是非道德的,并且为我们谈论自由提供了准确客观的对象,而作为价值的自由则是基于这种原子自由的分子自由(molecular freedom out of the atomic freedom),它以自由本身为核心,后者确保了它是自由的价值而非其他价值,但比原子自由(atomic freedom)更多的是,这种分子自由(molecular freedom)拥有特定的规范性力量,并且这种力量是由异于原子自由的其他成分所植入的。① 然而"原子－分子"这一模型并不适用于自由与自由的价值,因为根本不存在一种纯粹描述性的、没有任何价值负荷的浅显自由,自由与自由的价值之间也不应该是原子与分子的关系。

德沃金把自由定义为没有障碍,认为这一定义本身不负担任何价值,是一个纯粹的描述词。可是障碍这个词的正确使用却包含了一定的规范性成分,在正常语境中,我们会把他人的阻止看作是一种障碍,却不会把机会、财富等看作一种障碍。同样,我们在正常情景中也不会谈论人们有没有挨饿的自由、死亡的自由。可见,只有在针对某些有意义的行为时我们才能谈论自由,换言之,并非所有纯粹没有障碍就是自由,只有那些满足特定标准的没有障碍才是自由的对象。那么这些标准是什么呢? 考察自由的日常用法不难发现,它们就是选择的可能性,只有在存在选择的情形中把没有障碍描述为自由才符合我们对自由的使用。② 因此,自由是以选择为前提的。资源

---

① See Jeremy Waldron,"Pettit's Molecule,"in G. Brennan, R. Goodin, F. Jackson, M. Smith eds., *Common Minds:Themes from the Philosophy of Philip Pettit*,Oxford University Press,2007,p.156.

② 参见刘训练编:《后伯林的自由观》,江苏人民出版社,2007 年,第 64~77 页。

平等理论虽然把选择置于核心地位，但是完全忽视了选择是内在于自由定义之中的构成要素，反而费尽心思去证明选择是因为被平等所要求而被额外加入到自由之中的。

不仅如此，从人类能动性（agency）的角度来看，选择本身就是有价值的。假设以下两种情况：①我们只拥有一种选项 A；②我们面临包括 A 在内的 10 个选项，但 A 是其中最好的选项。在这两种情况中，正常的行动者会做出同样的选择，然而不同之处在于，在面临更多选项时，我们自由选择的结果不仅是选择了那个最好的选项，而且也包括没有选择那些次好的选项。这意味着，拥有更多选择的行动者是一个更加扩展的行动者，他为自己生活的更多事实负责。① 作为人类行动固有的特点，选择具有这种内在的重要性，本身就是一种价值被资源平等所要求。因此，具有工具性的价值只能增强选择在资源分配中的地位，不能取代它本身的内在价值。

选择是内在于自由的固有成分，这意味着自由只能是基于自主的自由，不可能是纯粹摆脱他人干涉的消极自由。尽管以赛亚·伯林对消极自由的倡导的确被当代许多自由主义者所认同，但把自由理解为无干涉，从其中排除自主的要素却的确不符合我们对自由的理解。因此，既然选择本身就是有价值的，并且是内在于自由概念之中的，那么德沃金必须承认自由拥有独立于平等的内在价值，自由本身的定义与自由的价值之间也不是实然与应然的关系。德沃金对自由的两个层面的划分本身就是错误的，建立在这一区分基础之上的对自由没有内在价值的论证自然也是不成功的，即便平等的确拥有更重要的地位，自由与平等这两种价值之间的冲突却是不争的事实。

不论在论证 1 还是在论证 2 中，德沃金对自由与平等的调和都是以自由的退让为代价的。我们已经证明了自由的这种让步本身的确是自由在价值上的损失，所谓的调和完全是以一种不公正的起点为基础的。更进一步说，这种不公正的起点不仅体现为自由的退让，而且体现为平等的夸大。

---

① See Thomas Hurka, "Why Value Autonomy?" *Social Theory and Practice*, Vol. 13, No. 3, 1987, pp. 361－388.

三

资源平等只是分配正义的一种具体方案,赋予它以重要地位的是更为抽象的政治理想——政府应当平等地关切、尊重全体公民。按照德沃金的观点,平等待人是所有政治理论共同分享的最根本原则,不同政治主张都是对这一原则的不同诠释与发展。资源平等是其中最能落实平等待人的抽象理想的方案。因此,平等在所有政治道德中都毋庸置疑地占有最高地位,是权衡其他价值的最终标准。可是,正如自由有浅显的自由和根本性的自由权利之分一样,平等也有形式平等与实质平等之分。德沃金所谓的至高德性显然不可能是缺乏足够吸引力的形式平等,而如果他指称的是某种实质平等,那么这种实质平等显然不可能适用于所有的政治理论,因为不同立场的政治理论显然对平等有着截然不同的理解和诠释。德沃金必须证成自己中意的实质平等,而不能采用这种明修栈道、暗渡陈仓的做法,先抛出一个所有政治理论都必须满足的形式平等,接着以此作为基础来论证资源平等是实现某种特定的实质平等的最佳方案。事实上,德沃金在论述平等的至高地位时,他所诉诸的不是平等本身的力量,而是平等的修辞性力量。

约瑟夫·拉兹以其精湛的分析向我们展示了平等何以具有这种修辞性的力量。在他看来,所有政治原则都是对普遍理由的论述,在这里普遍性意味着这些理由平等地适用于那些满足其应用条件的人,因此可能存在把平等主义原则与其他政治原则混淆的情形。比如,当我们说"满足条件 A 的人被授予 B"时,我们也隐含了对"所有满足条件 A 的人都被平等地授予 B"的承认,但这个原则本身并不是平等原则。真正的平等原则必须"以其他原则缺乏的方式与平等联系起来……还要能够解释平等主义理论的特性"①。符合这种描述的平等原则的范围远远小于一般的授权原则——它声称把特定的好处授予满足特定条件的人——只有对特定稀缺资源的平等主义解决方案才可能是真正的平等原则。在这个意义上,德沃金视之为最根本原则的平等待人显然不是严格的平等原则,他对这一原则的论证也只能是修辞性

---

① Joseph Raz, *The Moral of Freedom*, Clarendon Press, 1987, p. 218.

和语境性的，他所关心的其实并不是不平等本身，而是"饥饿者的饥饿，需求者的需求，病痛的折磨"①。

由此可见，虽然"平等待人"的确是所有政治理论都必须承认的根本原则与理想，德沃金却找错了这一原则的关键所在，过分夸大了平等的地位。事实上，不是"平等"而是"人"才是左右这一原则诸多表现形式的根本所在。自由主义异于其他理论之处在于，它分享的是一种关于人的特殊观念，这种观念赋予平等以实质内涵，使它关注的不再是福利平等而是资源平等。那么，这种关于人的观念究竟是什么呢？它就是康德意义上"作为目的的人"，作为目的的人意味着人不是任何事物的工具，他的生活是由自己创造、谋划并实施的。这样的人是一个自主的行动者，自由主义的根本原则——对个人行为的任何干涉都必须被证明——预设了自主行动者的这种观念。② 德沃金虽然没有明确承认这种关于人的观念，但他的资源平等的主张却的确预设了自主行动者的观念。这里的吊诡之处在于，不论是被曲解并贬低的自由也好，还是被过分夸大的平等也好，归根到底都是以自主作为其前提和基础的，自由与平等的冲突在某种意义上不过只是自由主义的"双手互搏"。

我们还可以从另外一个角度来证明自主对于平等的决定性作用。与资源平等相对立的是福利平等，作为落实平等待人的两种方案，它们都以某种方式完成了这一目标。它们的不同之处在于，资源平等并不要求所有人在最终福利上保持平等。德沃金用来取舍这两种分配方案的标准是"敏于抱负，钝于禀赋"，这意味着，一方面，自由主义要求个人必须承担起自己生活的职责，为自己的选择负责；另一方面，自由主义必须防止由外部环境产生的不公正后果，杜绝个人为并非由自己选择所带来的后果承担责任。因此，从实质内容来看，所谓"敏于抱负，钝于禀赋"不过是对个人自主或肯定或否定、或正面或反面的阐发，支持资源平等的最根本理由就是自由主义对自主行动者的设定和捍卫。

自主的这种根本地位之所以得不到承认，或许是因为长期以来，它一直

---

① Joseph Raz, *The Moral of Freedom*, Clarendon Press, 1987, p. 240.

② See Gerald Gaus, "The Place of Autonomy within Liberalism," in John Christman, Joel Anderson eds., *Autonomy and the Challenges to Liberalism*, Cambridge University Press, 2005, p. 272.

被视作某种实质性的善观念,强调自主往往会背离自由主义在各种人生理想之间保持中立的承诺。但是除了作为善观念的强自主之外,还存在另外弱版本的自主,后者作为"自由民主社会毋庸置疑的背景文化特征"是与自由主义中立性完全相容的。① 既然德沃金承认"自由主义平等……来自一种有关良善生活的有吸引力的观念"②,那么他完全可以接受自主在自己政治哲学中的核心地位。在《至上的美德》一书中,德沃金推崇的良善生活观念是一种挑战模式,他主张个人生活的成功就在于对周围环境的恰当回应,这实际上又一次证明了自主对于平等的决定性作用。③

综上所述,当代自由主义羞于承认自由主义最根本的要素是对自主的个人的承诺,力图避开这一真正原初性的根本政治理想,纠结于为自主的个人提供尽可能合宜的环境与背景,这无疑是本末颠倒,"蔽于物而不知人"。事实上,不论是自由还是平等,它们都源自个体自主的根本政治理想与政治原则,德沃金对平等的地位及作用的夸大是由于受平等的修辞性力量所迷惑,忽视了自主的根本作用,他对自由的曲解和贬低也是由于忽视了自主的根本作用。而只有在切断自主与自由之间内在的本质联系之后,平等的地位及作用才能得以凸显,才能成为完全击败并容纳自由的至高价值。因此,归根到底,德沃金对自由与平等的调和只是一种错位的调和。

---

① Alan Apperley,"Liberalism,Autonomy and Stability,"*British Journal of Political Science*,Vol. 30,No. 2,2000,p. 291.

② [美]德沃金:《至上的美德:平等的理论与实践》,冯克利译,江苏人民出版社,2007 年,第251 页。

③ See Patrick Neal,*Liberalism and Its Discontents*,New York University Press,1997,p. 168.

▼正义理论

论罗尔斯对全球分配正义原则的拒斥

——基于"基本结构"的视角*

谭 研**

在《万民法》中,约翰·罗尔斯拒绝运用全球分配原则来持续调节富裕社会与贫穷社会之间的经济不平等,他所提出的援助义务仅仅在于确保贫困社会的基本需要,罗尔斯这种拒斥全球分配正义的立场招致了世界主义者们的批评。他们认为,面对全球贫困和不平等问题,罗尔斯所提出的援助义务是不充分的。查尔斯·贝兹(Charles R. Beitz)认为,全球化进程强化了国际政治与经济的相互依赖性,联合国、世界银行与国际货币基金组织等全球性机构有效调节着国际交往活动,这些足以表明全球性"基本结构"与全球合作体系是存在的;如果差别原则能用来调节国内合作体系中的经济不平等,那么它也应当被用来调节富裕社会与贫困社会之间的经济不平等,进而形成全球分配正义原则。① 在这种全球性"基本结构"的存在性论证的基础上,科克-肖·谭(Kok-Chor Tan)等人提出了全球性"基本结构"的可欲性论证:即使全球性"基本结构"并不存在,自然义务也要求我们去创建全球

---

* 本文发表于《政治思想史》,2018 年第 1 期。

** 谭研,湖南大学马克思主义学院助理教授。

① See Charles R. Beitz, *Political Theory and International Relations*, Princeton University Press, 1999, pp. 151 – 152.

性"基本结构",从而为实现全球分配正义创造必要条件。[①] 针对世界主义者们所提供的论证,本文将为罗尔斯的立场提供如下辩护:首先,从强制性和相互性两个维度来论证全球性"基本结构"是不存在的;其次,从可行性和可信性两个角度来论证全球性"基本结构"是不可欲的;最后,在辨明社会贫困内外根源的基础上来回应世界主义者所提出的质疑。

一、全球性"基本结构"是不存在的

所谓社会的"基本结构"(the basic structure of society),是指由政治制度与社会经济制度融合而成的规范性体系,它是罗尔斯从民主社会公共文化中提炼出来的基本理念,其功能是规定基本权利和义务的分派,并决定社会合作的负担与收益的划分。值得注意的是,正义原则所规范的正是由"基本结构"所决定的背景制度,而非社会个体的交往活动,"基本结构"的正当性就在于它能在多大程度上满足正义原则的要求。与正当性维度相比,罗尔斯并没有过多强调"基本结构"的强制性维度,但这并不意味着它不重要,相反,强制性维度对于社会合作体系的形成与维系具有重要意义。无论是保障叛教者的良心自由,还是确保公民受教育机会的公平,或者抑制贫富分化对平等政治地位的损害,"基本结构"的强制执行力都是不可或缺的。[②] 换言之,无论是规定机会平等的社会制度,还是确保自由竞争的市场体系,它们都是建立在立宪民主政体的基础上并由政治制度背后的强制权力所保障的。[③] 因此,政治制度与社会经济制度并不是并列关系,而是统摄关系,"基本结构"最好被视为由政治制度及其统摄的社会经济制度融合而成的规范

---

① 相关论述参见[美]科克-肖·谭:《没有国界的正义:世界主义、民族主义与爱国主义》,杨通进译,重庆出版社,2014年,第170页。

② "尽管教会可以革除其异端成员的教籍,但是它们不能烧死他们;这种强制力将确保良心自由。大学不能以某种方式采取歧视政策:这种强制力将有助于建立机会的公平平等";与此同时,这种强制力还确保"一种自由市场体系建立在政治和法律制度的框架之内,这种制度框架用来调整经济力量的长期趋势,以防止财产、财富以及那些特别容易导致政治统治的力量过分集中"。(参见[美]罗尔斯:《作为公平的正义》,姚大志译,中国社会科学出版社,2011年,第18、56页。)

③ "政治权力永远是由国家及其强力机构所使用的强制性权力,但在一个立宪政体中,政治权力同时也是自由和平等公民作为一个集体的权力。"(参见[美]罗尔斯:《作为公平的正义》,姚大志译,中国社会科学出版社,2011年,第53页。)

性体系,由它所规范的交往活动才有可能形成社会合作体系。然而由联合国、世贸组织、世界银行等国际机构及其制度所构成的"全球结构"是否真有能力对国际交往活动进行有效协调和规范,从而形成全球合作体系?

面对质疑,世界主义者们一方面诉诸国际交往中的依赖性及其强化。一般而言,合作关系必然有相互依赖的一面,但依赖关系并不必然是合作关系,正如某种依赖性极强的奴役关系并不能被视为合作关系一样,从国际依赖性推导出全球合作体系,这显然是倒果为因。另一方面,他们也会就"全球结构"缺乏规范性这一点进行反驳,主张经济全球化催生了相关的国际组织及其制度规范,这些组织和制度调节着国际交往活动,私有财产、自由贸易、竞争性市场等观念在全球领域也逐步获得了认可,如果说全球机构及其制度体系并不具备国际性的制约力,这显然是不合乎事实的。

对此,本文将提供两点回应。首先,所谓"全球结构"并不具备"基本结构"那样的强制执行力,由于"基本结构"通过法律强制网络垄断了对强力的使用权,因而它能有效执行国内社会的法律与政策,但在国际交往体系中,垄断强制力使用的全球性机构并不存在,这一点集中体现在退出权利上。如果某个社会不愿接受国际组织及规章制度的约束,可以选择退出该国际组织,英国脱欧以及跨太平洋伙伴关系协定(TPP)流产就是典型案例。然而在国内合作体系之中,人们"生出其中,死出其外",虽然有权利退出特定团体,但难以退出"基本结构"所规范的社会合作体系。其次,即便某些全球制度获得了国际社会的承认与遵守,这也不是源于"全球结构"自身的制裁力,而是依赖于不同社会的意志。确切地说,"全球结构"是各个国家自愿协议的产物,它附属于国内社会的"基本结构"。例如,塞缪尔·弗里曼就认为:"国际市场上有关于商品与劳动力的商业协议,以及由这类协议所衍生的权利和义务等,都是依据特定社会的法律来予以解释和执行,例如依据各个社会自身的财产制度、合同法、商业规定、公司与安全法等。"①由此看来,在国内社会中,"基本机构"独立地规范着社会合作体系;但在全球领域内,保障国际交往活动顺利进行的,并不是所谓的"全球结构",而是各个社会的"基

---

① Samuel Freeman, "Distributive Justice and the Law of Peoples," in *Rawls's Law of Peoples: A Realistic Utopia*, Rex Martin and David A. Reidy eds., Blackwell Publishing Ltd., 2006, p. 246.

本结构"。

以上论证均诉诸"基本结构"的强制性,这极易让人觉得全球分配义务之所以不存在,乃是因为缺乏全球强制机构而难以被执行。实际上,真正原因是全球合作体系的缺乏导致全球分配义务根本没有产生。在罗尔斯看来,分配义务产生的充分条件是社会合作体系的存在,而强制力作为社会合作的必要条件,并不必然导致社会合作,因为社会合作的本质属性不在于制度的强制性,而在于制度的相互性(reciprocity),后者包含了相互尊重、互惠互利与共同善等相关内容。也就是说,只有当参与者所提出的合作条款满足相互性要求,社会合作的负担与收益的分派才可能是公平的,这样的社会交往体系才称得上社会合作系统。不只如此,相互性还为国内强制提供了合法性标准:当公民提出某种法律强制以保障基本自由的时候,需要考虑让所有人都能合理地接受,以便在法律实施强制时,所有人都能获得平等对待。因此,全球性"基本结构"的存在性论证,不仅要从强制性角度来看待,更要从相互性角度来看待。

"基本结构"的相互性维度蕴含了相互尊重与合作互惠等理念,它们不仅将社会合作与交往活动区分开来,也为分配正义适用于国内社会而非全球领域提供了另一个理由。在国内社会,即使公民在经济方面存在不平等,但其政治自主性可得到"基本结构"的有效保障,这也就意味着当公民提出合作条款时,任何人都不能运用欺骗、压制或自身优势地位等不正当方式将不公平的条款强加给其他人,这种保障限制了经济不平等的消极影响,进而确保了公民能平等地相互对待,最终为达成公平的合作条款创造条件。然而,所谓的"全球结构"是否如"基本结构"一般,也能有效地限制国家之间严重的国力不平等,最终确保各社会的自主性而使其具有公平的机会去追求其成员最期待的目标? 戴维·米勒以全球环保合作为例,说明了"全球结构"难以实现这种功能。① 由于在全球环境领域内存在着共同利益,民族国家有必要相互合作,但在合作条款的谈判中,严重的国力不平等将损害弱势国家的自主性,因而环保合作的负担与收益分配将更多地反映强势方的诉求,这种条款显然难以满足相互尊重与平等互惠等要求。在国内社会,"基本结

---

① See David Miller, "Against Global Egalitarianism," *The Journal of Ethics*, Vol. 9, 2005, p. 75.

构”的相互性体现为它可以通过强制征税、社会保障、平权政策等方式来限制甚至消除严重的经济不平等对于公民自主性的损害,但这些方式都难以直接推广至全球领域。由此看来,能规范国际交往活动的全球性"基本结构"是不存在的,国际交往体系也不是严格意义上的社会合作体系;既然应用差别原则的前提是存在社会合作体系,那么世界主义者将差别原则全球化的做法也就缺乏相应前提。

二、全球性"基本结构"是不可欲的

如上所述,"基本结构"所规范的社会合作体系是分配正义的前提,由于国际领域并不存在全球性"基本结构",故而贝兹等人的论证是不成立的。对此,许多世界主义者反驳道,即使全球性"基本结构"事实上不存在,也并不意味着它应当不存在。科克－肖·谭与涛慕思·博格(Thomas W. Pogge)等人援引罗尔斯的"自然的正义义务"①,认为全球性"基本结构"的缺位并不能成为拒斥差别原则全球化的理由,相反,"在不存在制度的地方,我们有义务——罗尔斯称为'自然的正义义务'——去建立恰当的制度。因此,正义不仅不受现存之制度边界的限制,它反而要求我们去扩展这些制度的边界,而且,如果有必要就创建新的制度"②。然而这种自然义务是否真要求人们不计代价地去创建全球性"基本结构"? 对此,我们需要理解自然义务的两种属性:第一,自然义务与具体的社会制度及实践无关,它具备超越制度情景的约束力,是对所有人类的道德要求;③第二,自然义务并不是不计代

---

① 相关论述参见[美]博格:《康德、罗尔斯与全球正义》,刘莘、徐向东等译,上海译文出版社,2010年,第177页。

② [美]科克－肖·谭:《没有国界的正义:世界主义、民族主义与爱国主义》,杨通进译,重庆出版社,2014年,第170页。

③ "在此意义上,自然义务不仅归之于确定的个人,比方说,那些在某种特殊的社会安排中共同合作的人,而且归之于一般的个人。"〔参见[美]罗尔斯:《正义论》(修订版),何怀宏、何包钢、廖申白译,中国社会科学出版社,2009年,第88页。〕

价、不受外在力量制约的绝对命令。① 因此,如果人们要创建规范性的全球制度,那就需要考量到这样做的代价,若付出的代价过大,人们就不负有这种自然义务。

从实现途径来看,全球性"基本结构"可通过以下方式来创建:比较极端的方式是通过某个世界国家的权力来保障全球制度的规范性,相对温和的方式是通过某个自由国家对全球社会形成有效控制。一方面,就全球性"基本结构"执行力的形成而言,托马斯·内格尔认为,全球分配正义的执行需要"全球利维坦",而只有当"全球利维坦"建立后,社会才会逐渐产生正当性要求来规范这种压倒性权威,进而确立起全球性"基本结构",但这一过程"就是通往公然不正当和不具有合法性的全球权力结构的道路,这种权力结构只会给目前最强有力的国家带来好处"②。另一方面,从"基本结构"所需的支持来看,罗尔斯认为,只有经历相对激烈的社会化过程,全球性"基本结构"才有望获得人们的持续性支持,而这一点只有通过世界国家才可能达到,③但创建世界国家所造成的后果,要么是形成全球专制,要么就是经历频繁内乱后最终形成脆弱的统治,这一路径不但被罗尔斯拒绝,也遭到了世界主义者的排斥。

世界主义者更倾向通过某个自由国家对全球社会形成有效控制来确保由它所主导的全球制度体系具备强制执行力。他们认为,自由国家推行某种具备规范性的全球分配制度,并不会遭到非自由社会的抵制;相反,后者会接受全球分配方案,因为这会给后者带来经济补偿与收益。然而全球经济再分配的目的是最大限度地改善世界范围内最贫穷人们的处境,如果通过贫困国家的政府来进行这种经济分配,那就难以避免某些政治精英中饱私囊,从而使分配效用大打折扣。如果通过国际组织进行分配,贫困国家的

---

① 例如,推动产生更多善的义务,"只有在我们这样做相对容易的时候,如果代价过大,我们就不负有这样的义务";去推动建立"基本结构"的自然义务,"至少当我们这么做的时候,不要付出过大的代价"。〔参见[美]罗尔斯:《正义论》(修订版),何怀宏、何包钢、廖申白译,中国社会科学出版社,2009年,第88页。〕

② Thomas Nagel, "The Problem of Global Justice," *Philosophy & Public Affairs*, Vol. 33, No. 2, 2005, p. 146.

③ 参见[美]罗尔斯:《万民法》,陈肖生译,吉林出版集团有限责任公司,2013年,第154~155页。

统治精英可能会认为这有损其政治自主权,因为它所涉及的不只是富裕社会与贫困社会之间的经济性分配,它还会附加很多条款要求贫困社会改革其国内制度,贫困社会很可能从维护传统与政治自主性出发抵制这种改革,这样一来,全球经济分配方案很可能会落空。

世界主义者会认为,仅从创建正义制度的代价来反驳全球性"基本结构"的可欲性,这不足以驳倒全球分配正义的理想。例如,克里斯蒂安·巴里等人认为:"批评者正确地指出了创造一个全球国家的风险,那么这也只能说明,一个全球差别原则将不能选择全球国家来作为自己所设想的制度措施,这一原则可以转而寻找任何别的能够更好地实现它的分配目标的方式。"①换言之,即使"全球利维坦"方案不可行,世界主义者完全可以提出其他替代方案,博格就设想通过分散性的非绝对主权来推进全球分配正义。②因此,世界主义者声称,无论哪种版本的可行性批评,都不能成功地论证全球平等主义是不可信的。然而情况并非如此,差别原则全球化的尝试不仅在现实可行性方面受到限制,而且在理论可信性方面也存在疑问。

从理论属性来看,差别原则是针对现代民主社会"基本结构"而提出的"政治性"的正义观念③,与功利主义、至善主义等完备性学说相比,它的应用范围要狭小得多。④ 首先,这种"政治性"表现为国内正义具备逻辑优先性;向内可以影响局部正义,向外可以影响全球正义。其次,这种"政治性"还意味着正义原则并不具备普遍适用性,它不能无视对象特性而不受限制地应用于社会内部机构和国际领域。与此相应,以功利主义为代表的完备性观

---

① Christian Barry, Laura Valentini, "Egalitarian Challenges to Global Egalitarianism: A Critique, "*Review of International Studies*, Vol. 35, No. 3, 2009, p. 509.

② See Thomas W. Pogge, "Cosmopolitanism and Sovereignty, "*Ethics*, Vol. 103, No. 1, 1992, pp. 61 – 69.

③ 所谓"政治性"的正义观念有如下内涵:一是应用于"基本结构"这一特定主题而不具有普遍适用性;二是不以任何完备性学说为基础;三是根植于民主社会的公共文化之中。参见[美]罗尔斯:《作为公平的正义》,姚大志译,中国社会科学出版社,2011年,第52~53页。

④ "它首先应用于基本结构,并且认为局部正义的问题和全球正义的问题需要按照它们各自的特性分别加以考虑。"(参见[美]罗尔斯:《作为公平的正义》,姚大志译,中国社会科学出版社,2011年,第18~19页。)

念可以不考虑对象特性而直接应用至所有领域,①这可被称为"完备性扩张";但如果将适用于"基本结构"的正义观念扩展至全球领域,则须考虑正义原则的优先次序和全球领域的特性,②这可被称为"政治性运用"。换言之,只有在基本权利获得制度性保障的前提下,差别原则才能被应用于社会的"基本结构"。值得注意的是,差别原则虽然着眼于互惠性的经济分配,但其最终目的却不是实现经济平等,而是确保自由原则所规定的政治自主性,即为了确保社会最不利者获取必要的物质手段来行使自由原则所规定的权利。因此,就消除社会不正义而言,最优先的不是进行经济再分配,而是确立基本权利的制度性保障。在此意义上,世界主义者所主张的全球分配正义违背了自由原则的优先性,他们将差别原则当成了独立适用于所有领域的完备性经济分配原则。

从自由原则的优先性来看,要解决全球贫困等现实问题,最为紧迫的并不是通过经济再分配来消除全球不平等,而是帮助贫困社会建立起保障自由的基本制度。当下欧洲难民危机从反面说明了这点。由于内战或恐怖主义灾难,某些中东和北非国家沦为"失效国家",进而丧失其保障公民安全的能力,这些国家的公民为躲避战火而背井离乡,成为名副其实的"无国之人"。是否存在着某种全球制度为这些国际难民的基本权利提供保障?显然,欧洲边境上所上演的人道主义危机足以表明,一旦国内制度失效,难民们将难以指望某种全球性制度来为其公民权提供保障,尽管他们能得到某些国际人道主义救助。既然差别原则全球化的前提是人的基本权利获得全球性的制度保障,而在国际领域中有相当数量的贫困社会未能确立起保障基本权利的背景制度,因而差别原则的这种应用缺乏相应前提。不只如此,应用差别原则还要求辨别出谁是"全球最不利者"。"在秩序良好的社会里,

---

① 功利主义主张每个人的幸福都被赋予以同等的分量,然后依据"最大多数人的最大幸福"来设计相应政策与制度。这种功利原则的完备性体现为它既可适用于个体选择,也可适用于制度设计;既可应用于国内领域,也可应用于国际领域,其普遍主义承诺使其可以运用到所有主题。(参见[美]罗尔斯:《作为公平的正义》,姚大志译,中国社会科学出版社,2011年,第22页。)

② "这种优先性意味着,正义的第二原则应该永远在一套背景制度内加以使用,而这套背景制度满足了第一个正义原则的要求(包括确保政治自由之公平的要求),恰如根据定义它们在一个秩序良好的社会里将做的那样。"(参见[美]罗尔斯:《作为公平的正义》,姚大志译,中国社会科学出版社,2011年,第60页。)

所有公民之平等的基本权利、自由和公平的机会都得到保证,最不利者就是指拥有最低期望收入的阶层"①,因而"国内最不利者"可以等同于"拥有最低收入与财富的阶层"。然而"全球最不利者"并不等同于"全球最贫困者",比起从"失效国家"中逃出来的缺乏基本人权保障的国际难民,那些生活在合宜社会中的贫困者并不会更有资格成为"全球最不利者"。

由此看来,差别原则的全球化应用违背了正义原则的优先次序,忽视了全球领域的基本特性,这种做法既在现实可行性方面受到限制,也在理论可信性方面存在疑问。然而如何通过"政治性运用"的方式,将正义观念从国内社会扩展至国际领域并有效处理全球贫困问题呢?

三、"基本结构"缺失下的国际正义

从正义观念的"政治性运用"来看,世界主义者论证全球分配正义的几种路径都存在着完备性误用的问题。除贝兹等人所提出的制度主义路径外,博格提出了个体主义的论证路径。具体来说,他是从平等的道德个体出发,将"原初状态"的理念直接运用到国际领域而获得"全球原初状态",并认为在"全球原初状态"下,差别原则能获得所有道德个体的一致同意。② 然而"原初状态"和"自由而平等的人"都是从民主社会公共文化中提炼出的理念,但国际社会既不存在民主的公共文化,也没有完全确立起基本权利的制度保障。个体主义路径无视这些深刻差异,直接将这两个理念扩展到全球领域,这是典型的完备性误用。另外,还存在着一种类比式论证方式,它认为如果允许持有不同善观念并尊重他人权利的个体进入国内分配体系,那么也应当允许持有不同善观念并尊重其他国家权利的社会进入全球分配体系。这种路径看似合理,但它忽视了个体与国家两者所处背景存在的重要差别。在国内社会中,尽管公民持有不同的善观念,但这是合理多元的善观念状态,背景制度对基本权利的强制保障会促使各种完备性善观念放弃其

---

① [美]罗尔斯:《作为公平的正义》,姚大志译,中国社会科学出版社,2011 年,第 75 页。

② See Thomas W. Pogge,"An Egalitarian Law of Peoples,"*Philosophy & Public Affairs*,Vol. 23,No. 3,1994,p.197.

不合理的诉求,因为这些诉求会侵犯到其他公民的权利。这种强制保障促成了各种完备性观念的合理化,这为公民之间达成公平的合作条款创造了条件。然而由于缺乏规范性的全球制度,某些社会的完备性善观念将难以获得合理化。由各个社会完备性观念聚合而成的并不是合理多元状态,而是一般多元状态,它们很可能陷入冲突中,最终导致全球合作缺乏必要前提。

实际上,全球合作所要求的并不是各社会之间的经济平等,而是世界范围内对人权的基本尊重。既然由世界国家来实现基本权利的全球保障是不可行的,那么由各社会自身来实现这种保障则是值得期待的。所以罗尔斯首先选择在基本权利获得保障的自由社会之间运用"原初状态"理念,并通过自由社会的代表来制定万民法的基本条款;然后通过对"原初状态"理念的第二次运用,他将万民法扩展至能基本保障人权的合宜社会,并确信万民法能获得后者的认可。针对全球贫困的问题,万民法所规定的义务是富裕社会对贫困社会的援助义务,而非分配义务;其着眼点不在于消除全球经济不平等,而在于帮助贫困社会建立起保障人权的基本制度。这种路径既没有违背正义两原则的优先次序,也充分考虑了国际领域的基本特性,因而它是正义观念在国际领域的一种"政治性运用"。

为了回应世界主义者关于援助义务不充分的质疑,我们需要辨析社会贫困的内因和外因,从而确定谁是消除全球贫困的义务承担者,同时辨明这种义务与国内分配义务、人道主义义务的区别,进而为解决全球贫困问题提供切实的指导。简单来说,社会贫困可归结为以下三种原因:一是社会的资源禀赋、气候环境和地理位置等物理原因,二是社会文化传统和政治制度等国内原因,三是贸易和投资模式等国际经济秩序的外部原因。① 博格认为,国际秩序的不公正鼓励了发展中国家内部的腐败与压迫,如果贫困社会处在合理的全球秩序下,那些导致社会贫困的国内因素将很可能不会出现或不起作用。② 因此,社会贫困的主要原因在于不公正的国际秩序,而非不正

---

① 参见[英]米勒:《民族责任与全球正义》,杨通进、李广博译,重庆出版社,2014 年,第 241 页。

② See Thomas Pogge, "Human Rights and Human Responsibilities," in *Global Resposibilities*, A. Kupper ed., Routledge, 2005, pp. 22 – 23.

义的国内制度;这种秩序是由发达国家所主导的,他们应当承担起消除全球贫困的主要义务。米勒对博格主张的国际秩序——外因的解释路径提出了质疑:首先,他指出,这一路径存在推论不当的问题,即从判断(1)"在不同的背景制度下,A 的行为将不会造成它过去所造成的那种灾难性后果"推导不出判断(2)"导致灾难的责任因而落在背景制度而不是 A 上"①;其次,他以马来西亚和加纳这两个起点相同的国家为例指出,同样面临不完美的国际秩序,前者取得了明显进步并成功脱贫,后者却发展停滞而深陷贫困,这种路径难以说明同样的国际秩序为何促进了某些国家的富裕,却同时加重了其他国家的贫困。②

与博格相反,米勒提出了国内制度——内因的解释路径,他将社会贫困的主要原因归结为社会内部的文化传统与政治制度,这种看法与罗尔斯的观点接近。在罗尔斯看来,包括社会贫困在内的人类苦难,最主要的原因在于国内政治制度的不正义,消除政治不正义是社会繁荣的前提。一方面,公民的基本权利没能获得制度性保障,这既是政治不正义的主要体现,也是社会贫困的内在根源;另一方面,国际秩序的不公正则是社会贫困的外在根源,它确实加重了某些社会的贫困。就消除全球贫困而言,最紧迫的并不是着眼于经济不平等而进行全球再分配,而是针对社会贫困的内在根源,通过履行援助义务来帮助贫困社会建立起保障基本权利的背景制度,使其有能力通过自我发展来摆脱贫困。

尽管罗尔斯持有国内因素优先的观念,但这既不意味着其国际正义理论不关注国际交往的不正义与国际秩序的不公正等问题,也不意味着其理论无法有效应对社会贫困的外在根源。显然,罗尔斯并不会认为富裕社会只负有援助义务,而殖民主义政策和不公正的国际秩序给贫困社会造成的严重伤害与其国际正义理论毫无关系。相反,罗尔斯认为:"不损害或者伤害另一个人的义务……是否定性的义务——即要求我们不要做不好的事的

---

① 〔英〕米勒:《民族责任与全球正义》,杨通进、李广博译,重庆出版社,2014 年,第 256 页。
② 参见〔英〕米勒:《民族责任与全球正义》,杨通进、李广博译,重庆出版社,2014 年,第 236~237 页。

义务。"①很显然,"勿伤害他人"作为消极义务,虽然不能从中推导出"应善待他人"的积极责任,但它内含了"若伤害,则应补偿"的矫正义务。换言之,行为主体因自身行为不当,对其他主体造成了伤害,就有义务去补偿其他主体;这种补偿须是公平的,应当与造成的伤害相称。由于自然义务具备超越制度情境的道德约束力,从它推导出的矫正义务也不依赖于"基本结构",并独立于分配义务。所以面对世界主义者的质疑,可作出如下回应:如果国际交往中确实存在诸如殖民主义、种族压迫等历史非正义问题,或者现行不公正的国际秩序使贫困社会遭受了富裕社会的剥削和侵害,富裕社会应当就先前的不当行为给贫困社会所造成的伤害予以合理补偿,以纠正先前的不正义。这种义务既非贝兹等人所论证的全球分配义务,亦非博格所论述的帮助贫困社会的积极责任,而是存在于国际交往体系中的矫正义务,它是从"勿伤害"的自然义务中阐发出来的,既不依赖于"基本结构",也有别于政治性的援助义务,而是一种自然性的义务。

总体来看,罗尔斯的国际正义理论能有效应对全球贫困和不平等等现实问题。与社会贫困的内在根源相对应,罗尔斯提出了政治性的援助义务,作为国内正义理念在全球领域的"政治性运用",它着眼于贫困社会的政治不正义问题,通过帮助贫困社会建立起保障基本权利的制度,使贫困社会有能力通过自身发展来摆脱贫困,这为解决全球贫困问题提供了根本途径;与社会贫困的外在根源相对应,我们可从罗尔斯理论中"勿伤害"的自然义务出发,阐发出自然性的矫正义务,以补偿历史交往的非正义和现行国际秩序的不公正给贫困社会造成的伤害,这是解决全球贫困问题的必要途径。因此,在缺乏"基本结构"的全球领域,政治性的援助义务与自然性的矫正义务相互补充,两者共同构成了罗尔斯国际正义理论的基本内涵。

---

① [美]罗尔斯:《正义论》(修订版),何怀宏、何包钢、廖申白译,中国社会科学出版社,2009年,第88页。

多元文化主义的正义理论与多元文化治理[*]

常士闿[**]

现代西方国家为公民国家,但是这些国家目前又拥有数量众多、形态各异的族群,因此现代西方国家面临着新的问题,即公民身份与族群身份之间的矛盾。如果仅仅承认公民身份,将所有的社会成员都置于统一的法律和规范下,那么对那些土著的民族、少数民族或族群的权利或文化将是一种否定;如果完全将国家建立在差异文化的基础之上,否定现代国家成员的共同身份与文化纽带,那么现代国家无疑将回归到"部落国家"时代。如何处理这一问题,就成为当代多元文化正义理论所要回答的重要课题。

在西方政治思想史上,对正义的探讨由来已久。1971 年,罗尔斯的《正义论》的问世,更使这一问题成为人们探讨的中心议题之一。就西方国家而言,卷入到这场争论中来的不仅有来自自由主义内部的学者,而且也有来自其他领域的学者,如保守主义者、社群主义者和多元文化主义者,多元文化主义者对自由主义的分析更是独树一帜。正如人们所知,就罗尔斯正义论的前提而言,罗尔斯对"正义"的分析是建立在中立主义和非历史主义基础上的。罗尔斯正义理论中的"无知之幕"设计反映了他在正义问题研究上的学理出发点,这一出发点恰恰又是自由主义一贯具有的普遍主义精神。当正义问题涉及"权利"这一关键问题时,个人的自由权利也就具有了优先地

---

   * 本文发表于《政治思想史》,2011 年第 4 期。

   ** 常士闿,天津师范大学政治与行政学院教授。

位。这种优先地位不是从罗尔斯开始的，而是近代以来的传统，延续这一传统，罗尔斯的正义理论也由此展开。不过与古典自由主义不同的是，罗尔斯的两个"正义原则"在承认个人平等自由权利优先地位的基础上引入了"差别原则"，[1]弱势群体中的个人也就成为其中所考虑的问题。但是这依然是"个人权利"思想的发展。然而在一个由不同文化群体构成的大规模社会中，如美国，特别作为其中最具有代表性的族群社会来说，如何看待这些具有不同文化背景的群体也就成为思想家所探讨的问题，在此方面，最具有代表性的思想流派自然是多元文化主义。

多元文化主义概念产生于上世纪前半叶。美国犹太人学者霍拉斯·卡伦（Horace Kallen）在1915年发表的《民主与熔炉》和1924年出版的《文化与民主》中，系统阐述了多元文化主义的思想，但是由于当时整个西方世界处于帝国主义阶段，这种刚刚萌发的新思想并未获得人们的积极响应。二战后，随着亚、非、拉等国家民族独立运动的发展、美国民权运动的展开以及加拿大社会内部法裔民族和英裔民族之间矛盾的加深，多元文化主义重新成为热门话题之一。加拿大开风气之先，于1971年率先制定了多元文化主义政策。在此之后，澳大利亚、新西兰和荷兰等国家纷纷仿效，西方国家在较大范围内采取了多元文化主义政策。伴随多元文化主义政策的实践，多元文化主义作为一种政治理论也在西方学界展开，并逐渐在西方学界成为"显学"。

什么是多元文化主义？目前人们对此有不同的解释，加拿大学者克林·坎贝尔认为："多元文化主义是一种意识形态，它认为加拿大是由许多种族和少数民族团体组成的，作为团体，他们在介入财富和富裕上都是平等的。"[2]查尔斯·泰勒认为，多元文化主义就是一种"承认的政治"[3]。奎多·伯拉菲（Cuito Bolaffi）认为："多元文化主义涉及一个团体或具有不同文化经

① 参见［美］约翰·罗尔斯：《正义论》，何怀宏等译，中国社会科学出版社，1988年，第302～303页。

② C. Campell &Christian, *Parties, Leaders, and Ideologies in Canada*, McGraw – Hill Ryerson Limited, 1996, p. 250.

③ See Nathan Galzer, *We are all Multiculturalism Now*, Harvard University Press, 1997, p. 35.

历的社团的共存。"①本文认为,多元文化主义是一种以追求文化群体、特别是族群地位平等与权利保护为目的的一种思想观念与学说,是当代西方一种新兴的政治思想。它产生于加拿大,但是对美国、澳大利亚、英国和德国等国都产生了重要影响。作为一种以追求文化群体、特别是族群权利与地位平等为目的的思想,它所表现出来的一个重要取向就是争取族群文化身份的"承认"和"保护"。但是这种取向必然与以个人权利为先的正义理论发生矛盾。在此,有三种正义理论值得关注。

一、多元文化主义的正义理论

"正义"一词最早源于古埃及,传入希腊后表示的是"直线上的东西",后来加入了伦理的内容,引申为"真实、公平和正义"。在古罗马,正义(jus)有公正、公平、正直、法、权利等多种含义,并影响到法国、德国、意国和英国等国,今天,法文中的"droit"、德文中的"recht"、意大利文中的"diritto"都兼有正义、法、权利的含义。英文中的"justice"和"right"是两个词,前者解释为正义、正当、公平、公正之意,后者表示的是权利和正确的意思,虽然这两词各有所指,但是当思想家在探讨到正义时总少不了涉及"权利",多元文化主义也莫不如此。

首先,多元文化主义发展了权利的正义观点。正义和权利密切相关,但是自由主义和多元文化主义对权利的认识不同,对正义的认识也呈现出差异。在自然权利论者看来,权利从来是个人的,唯有个人是实在的。罗纳德·德沃金曾指出,权利从本质上说是个人的,关于社群或族群权利的强调实际上是一种误导,因为所有权利只能落实到个人权利,"个人权利是个人手中的政治护身符。当由于某种原因,一个集体目标不足以证明可以否认个人希望什么,享有什么和做什么时,不足以证明可以强加于个人某些损失或损害时,个人便享有权利"②。正义也只有以个人权利为本时才是正义的。在

---

① Guito Bolaffi ed., *Dictionary of Race, Ethnicity and Culture*, SAGE Publications, 2003, p. 183.

② [美]罗纳德·德沃金:《认真对待权利》,信春鹰等译,中国大百科全书出版社,1998 年,第6 页。

对待权利上应当只有普遍原则,没有差异或区别对待,否则带来的就是偏见和特权。

在多元文化主义看来,个人拥有权利,但是权利并不是与生俱来的,不是先于社会而存在的。个人拥有权利并不仅仅意味着个人可能自由地做出什么,而且也意味着"拥有一种权利,就是隶属于一个共同体。这个共同体的规范规定或界定这个特别的权利作为任何人都可能维护、任何人都承认的权利"①。共同体不仅是个人权利的源泉,而且共同体本身在协调各种矛盾、对外进行交往与沟通、实现多个共同体的联合行动中,都在行使着判断、协调、裁决和作出决定的权力。一旦共同体失去这种权力,如被歧视、被剥夺权利或被"种族清洗",这种集体也就不能再行使这些权利,作为集体的成员当然也就谈不上分享什么权利。在国际社会中,联合国公约授予"人民"的法律,授予民族共同体的法律,联合国的行动等需要通过授予这些共同体而生效。这些事实表明,共同体并不像自由主义者所构想的那样是一个虚幻的集体,而是具有集体权利的共同体。

什么是集体权利? 在多元文化主义政治思想家看来,可以从两方面加以说明:一是从主体上看,集体性的权利是通过其代表所享有的权利;二是从正当性上看,指的是权利为集体所享有,其正当性应该是为集体利益和集体目标的。但这样一种认识存在着技术上的问题,如何确定被代表的群体? 该群体的集体意志是如何形成的? 该群体在哪些公共机构中拥有代表席位并应当占有多少席位或多大比例? 诸如此类的问题尚无一个科学的回答。尽管有这些问题,集体权利的存在是毫无疑问的。但问题是多元文化主义所说的"集体(群体)"究竟指什么集体? 在这一问题上,主张少数人权利的自由主义思想家威尔·金里卡比较审慎。他所主张的集体并不是一些以文化之名而要求团体权利的集体,这些集体并不具有他所说的少数群体的特征。他认为,所谓的集体主要是指少数人群体,他们"把自己当做一个国家内部的民族的族裔文化群体"②。其所要求的集体权利主要有两个方面:一

---

① [美]贝思·J.辛格:《实用主义、权利和民主》,王守昌译,上海译文出版社,2001年,第73页。
② [加拿大]威尔·金里卡:《少数的权利:民族主义、多元文化主义和公民》,邓红风译,上海世纪出版集团,2005年,第240页。

是国家以少数民族权利的名义"对不同的少数民族文化采取特别的措施"，给予他们"特殊地位"，如土著人集体权利。在文化多元的社会里，"需要不同的公民权来保护文化共同体免受不必要的解体"①。如对待土著民族而言，他们"应该有一种超出平等权利和平等财力的特殊的宪法地位"。另一是规定给这些群体的权力。他指出："依照'集体权利'的许多定义，只有当一种措施明确规定了某一社群自身可以行使确定的某些权力时，才可以把它视为一项集体权利去看待。"②

站在维护集体权利的立场上，多元文化主义思想家批判了自由主义的个人权利学说。在他们看来，自由主义的个人权利学说主张对所有个人采用同样原则，形式上看这是公正的，但是"基于个人权利并不足以保证族裔文化公正"。就移民定居政策而言，向少数民族地区移民不仅占有了少数民族地区的自然资源，而且使少数民族在自己的领土范围内成为了少数人，因而失去了政治权力；政治单位的划分打乱了少数民族的区界，削弱了少数民族在自己地区的权力，民主选举摧毁了少数民族地区产生自己领导机构的方式；至于语言权利，国家确立了官方语言的地位，而官方语言的确立也就意味着少数民族的语言将永远地失去其在社会生活中的地位，甚至剥夺了少数民族开办自己民族语言学校的权利。显然，"人权标准不足以防止族裔文化不公正，甚至实际上可能使情况更糟。主流群体完全可以行使人权原则进入少数群体的领地，废除传统的咨询和调节机制，废除那些旨在保护少数群体在其领地上的活力的语言政策"③。除了这一问题外，自由主义还有另一更大的文化不公正，他们主张人权优先地位，而对少数人的权利置若罔闻，这样做并非出于偶然。"他们明白少数人全体权利问题向后推迟的时间越长，主流群体得到的时间越多。他们可以侵占少数群体的土地，削弱其教育和政治体制。"而且推迟的时间越长，少数人族群与主流群体之间的差距

---

① ［加拿大］威尔·金里卡：《自由主义、社群与文化》，应奇、葛水林译，上海世纪出版集团，2005年，第146页。

② ［加拿大］威尔·金里卡：《自由主义、社群与文化》，应奇、葛水林译，上海世纪出版集团，2005年，第133页。

③ ［加拿大］威尔·金里卡：《少数的权利：民族主义、多元文化主义和公民》，邓红风译，上海世纪出版集团，2005年，第77页。

就越大,一旦超过一定时间之后,它也许弱小到没有能力再去要求或享受切实的少数群体的权利,"再也无力作为一个有活力的文化个体存在下去并实行有效自治"①。

多元文化主义反对用个人权利取代一切。作为自由主义的多元文化主义提出了一种折中的方案,即在承认公民自由权利的前提下保护少数民族。但现实社会是具体的、多元的,它并不像自由主义所设想的那样,是一些形式上的东西或是一种机会的问题。仅仅从机会原则考虑问题,表面上看是正义的,但真正落实起来存在很多的不正义。如对一些人来说是权利,对另一些人来说是负担。一些人通过分配获得了资源,另一些人则失去了资源。在一个多元文化的社会中,简单地采取削足适履的方式去对待具有不同文化特征的少数人族群本身就存在很多不公正。因此,在权利分配的原则上,形式正义的问题显然存在着很多问题。如何解决这种矛盾呢? 作为社群主义的多元文化主义提出了复杂正义的观点。

其次,作为社群主义的多元文化主义提出了复杂的分配正义原则。在罗尔斯的正义理论中,所谓的正义是一种权利的分配制度。这种制度的一个基本前提就是把人和他所处的文化背景(如人的身份)与义务等分割开,使人成为"原子式的个人",并公平对待所有的人。而国家则在竞争的"善"的面前保持其中立性,它的主要任务是为个人提供一个框架,个人可以在这样的一种环境下作出选择。按照这样一种认识,正义远离了文化和身份,以此表示对平等和自由的尊重,国家在此不能支持或反对任何特定的认同或文化。这样一种正义被社群主义者迈克尔・沃尔泽视为是"简单的正义"。在沃尔泽看来,对于这种"简单的正义"必须弃之不顾,代之以"复杂的正义"。因为"正义原则本身在形式上就是多元的;社会不同善应当基于不同的理由、依据不同的程序、通过不同的机构来分配;并且,所有这些不同都来自对社会诸善本身的不同理解——历史和文化特殊主义的必然产物"②。换句话说,在社会诸多的物品分配中,不同的物品应遵循不同的分配原则,其

---

① [加拿大]威尔・金里卡:《少数的权利:民族主义、多元文化主义和公民》,邓红风译,上海世纪出版集团,2005 年,第 78 页。

② [美]迈克尔・沃尔泽:《正义诸领域:为多元主义与平等一辩》,褚松燕译,译林出版社,2002年,第 4 页。

中复杂的文化背景是一个重要依据。

在这里,社群主义不再像自由主义那样去建立一个普遍的正义原则,而是主张不同社会物品的分配遵循不同的分配原则,正义的原则本身源于附加在这些物品的文化中所表现出来的意义。因此,"不存在可想象的跨越全部精神和物质世界的唯一一组首要的或基本的物品"①。其实,正义的概念是极为特别的,并随着特定社会的意义的变化而变化。沃尔泽指出:"确实除了生命和自由还有别的权利,但这些权利并不源自我们共同的人性,而是来自共享的社会物品观念,它们在特性上是局部的、特殊的。"②按照这一观点,"如果一个社会是以某种特定方式——也就是说,以一种忠实于成员们共享知识的方式过实质生活的"③,那么这一社会就是公正的。按照沃尔泽的这一观点,正义需要维护差异,即维护不同团体的人由于不同的原因而分配不同的物品。④ 由于人类首先是文化的产物,一个人构想、创造然后拥有和使用社会物品的方式构成了男人和女人的具体身份,所以尊重这种具体的个人的身份,也就意味着尊重附着于社会物品上的文化。这样,对个人的尊重需要对他们的文化共同体的价值、判断和正义原则的尊重。

从该角度出发,社群主义的多元文化主义反对普世的正义原则。"从来不存在一个适用于所有分配的单一标准或一套相互联系的标准。功绩、资格、出身和血统、友谊、需求、自由交换、政治忠诚、民主决策等等,每一个都有它的位置,都与许多别的标准不那么和谐地共存,并被竞争集团所利用,彼此之间混淆在一起。"⑤由于由特定社会所评价的各种社会物品都有自己的特定含义,都有各自的规范,这种状况反映出存在于社会物品背后的意义决定着这些物品的分配。因此,在一个公正的社会中,与每一种社会物品相

---

① [美]迈克尔·沃尔泽:《正义诸领域:为多元主义与平等一辩》,褚松燕译,译林出版社,2002年,第8页。

② [美]迈克尔·沃尔泽:《正义诸领域:为多元主义与平等一辩》,褚松燕译,译林出版社,2002年,第7页。

③ [美]迈克尔·沃尔泽:《正义诸领域:为多元主义与平等一辩》,褚松燕译,译林出版社,2002年,第418页。

④ See M. Walzer, *Thick and Thin: Moral Argument at Home and Abroad*, University of Norte Dame, 1994, p.33.

⑤ [美]迈克尔·沃尔泽:《正义诸领域:为多元主义与平等一辩》,褚松燕译,译林出版社,2002年,第3页。

联系的分配领域应该是自治的。易言之,一个人在一个领域中的地位不应该影响到他在另一领域中的地位。比如一个人的能力保障了他在政治领域中担任了公职并获得了成功,但是这不能给他进入另一个领域提供任何便利。同样,其他领域也应如此。沃尔泽承认,假如各种领域的自治得到了保护,公民就会从他们的特定才能中获益,享受到他们自己的成就所带来的奖励。尽管在每一个领域所持的物品上都可能有合法的不平等,但是没有特定的物品可以转换到其他领域去。具体而言,人们在收入与消费能力方面的被动的不平等是允许的,但是不能允许人们通过市场的不平等来购买政治影响力、基本的公共服务或公众认同,如果那样就会摧毁公共领域的平等。这种只保留在一定的领域中的平等状况,沃尔泽将其称之为"复杂平等"。对此,他解释说,假如不同的物品是根据不同的标准分配的,不同的人就会在不同的领域中获得成功。然而由于没有一个人能够把他们的优势从一个领域转移到另一个领域,也就没有一个人能够主宰其他的领域。① 尽管一个公正的社会要求与每一个社会物品相联系的分配领域是彼此自治的,但是在大多数社会中,"一种善或一组物品在所有分配领域都具有支配和决定性作用。而这种善或这种物品通常都是被垄断的,它的价值被它的拥有者们的力量和凝聚力所维护。如果拥有一种善的个人因为拥有这种善就能够支配别的物品的话,那么,我将称这种善是支配性的"②。

最后,激进的多元文化主义提出了差异的正义原则。在激进的差异的正义理论看来,社会正义的概念应该超越分配的正义。它所包含的内容要广泛得多,其中决策、劳动分工和文化应该成为正义所涉及的内容。如果将正义局限在某些特定的规则、习惯或文化意义上,这种正义实际上是错误的,甚至是非正义的,应该加以纠正。激进的多元文化主义把社会正义看作

---

① See D. Miller, "Introduction," in D. Miller and M. Walzer eds., *Pluralism, Justice and Equality*, Oxford University Press, 1995, pp. 1 – 16.

② [美]迈克尔·沃尔泽:《正义诸领域:为多元主义与平等一辩》,褚松燕译,译林出版社,2002年,第11页。

是"一个社会所包括和支持的用来实现这些价值的必要的制度条件"①。其中,如何对待平等问题构成了社会正义的一个重要内容。在激进的多元文化主义者看来,平等是近代正义理论的基石。这种理论认为所有的道德状况应该根据同等的规则对待。它通过提供所有主体都要适应的基点,否定了不同主体之间的差异。它在提出一个统一的普遍的道德观点时,产生了一个理性和感情之间的二元对立。这种普遍主义的平等观在近代社会的形成过程中具有两个重要的职能:一是通过把特定的经验和专门权利团体的发展标榜成普遍主义的,并将平等的要求纳入到文化帝国主义系列中去;二是相信官僚和专家可以以平等的方式制定决策,并将权威等级合法化。因此,建立在这种平等基础上政治是一种否定差异的政治。

激进的多元文化主义反对这种正义观点,主张正义的概念应该向这种制度上的统治和压迫提出挑战,应该把承认团体差异为内容的异质性共和国作为理想。实现这种理想的现实主体就是现实西方国家的黑人、印第安人或其他被压迫性团体,他们的目的就是要向旨在消灭差异的自由化提出挑战。正是从这些团体的活动中,扬提出差异政治的基本原则是平等对待,但是这种平等应该是在公共政策上。在有关经济的政策和程序中,应该承认团体的权利,以减少实际的和潜在的压迫。这些政策具体体现在社会生活中,就是要承认不同团体的权利。因为唯有它才能促进他们的充分参与。此外,这种差异的政治也要求"一种鼓励公共生活中的团体自治组织化的政治决策原则。这就需要建立通过团体代表的制度保障每一个团体的声音都能在公共生活被听到的机制"②。

二、多元文化治理

多元文化主义在对自由主义的批判中不仅建立了以承认和保护族群权

---

① See Iris Marion Young, *Justice and the Politics of Difference*, Princeton University Press, 1990, p. 37. 在后面的分析中,扬又进一步定义了正义的概念。她指出:"正义不仅涉及分配问题,而且也涉及对个人和集体的沟通与合作所需的制度条件。"See Iris Marion Young, *Justice and the Politics of Difference*, p. 39.

② Iris Marion Young, *Justice and the Politics of Difference*, p. 12.

利为内容的正义理论,而且也对多元文化社会的治理提出了自己的构想。

首先,在对国家的权利分配上,多元文化主义在权利与利益分配上提出了不同的构想。按照自由主义传统,国家是个人的结合,国家是维护个人权利的工具,个人也就由原来的"自然人"成为具有公民权利同时又享有义务的"公民",因而国家理所当然地是"公民国家"。显然,自由主义思想家在设计这种国家时,首先是政治解放。所谓政治解放不过是一种政治形而上学,也就是将个人和他所属的文化以及各种背景分离开,使其成为"单子"。这种抽象化的过程既是去差异化的过程,又是同质化过程。近代国家就是要通过这种同质化过程,将所有社会内部的成员都塑造成具有同一民族心理、文化与语言的过程,实际上,这不过是民族国家的建构过程。自由主义试图通过这种民族国家的建构过程,按照统一的规则分配权利,使国家建立高度的同质性基础上。然而自由主义的这一构想过于理想化了,不仅移民国家在此方面的努力随着一波又一波的移民浪潮的到来而被冲破,就是素有民族国家建设传统的欧洲国家在开放社会的今天也碰到种种移民问题。针对这种变化,今天的国家不能再像以往那样采取一种简单的方式加以治理,相反,利益和权利的分配一定是复杂的。在此,正如沃尔泽所分析的,当代国家不是个人的联合,而是建立在共同意义上的共同体,正是通过这种共同意义,公民发展了他们之间的相互性感觉。正是由于政治共同体的存在,"语言、历史和文化共同产生了集体意识"①。这是一种共同的感觉。政治共同体不过是一个舞台,在这一舞台上,人们在社会物品的不同意义作出决定与区分,并划出不同的分配领域。政治权力就是用来使对物品是什么、它们的用途是什么的理解生效,就是要保护所有分配领域的界限。如果分配正义需要一组共享的意义、感觉和知觉,重要的是每一个政治共同体能够维护它的特征,政治共同体的成员具有一定集体的权利去保障他们特定文化的生存。对沃尔泽来说,如果在国家层面上存在一定的封闭,文化生存的目标是能够达到的。因此,一定政治共同体的成员有权使他们特定的文化永久。例如,政治共同体的成员有权决定是否或什么样的外人可以被接受而进入

---

① [美]迈克尔·沃尔泽:《正义诸领域:为多元主义与平等一辩》,褚松燕译,译林出版社,2002年,第35页。

到政治共同体中来,政治共同体也可以被看作是民族家庭的俱乐部。尽管根据法律,国家通过接受不同民族成员而组成了民族俱乐部,但是政治社会的道德生活如同家庭的道德生活,像家庭成员一样,公民依靠一种道德的纽带而结合进国家和族群的关系中。

其次,发展比例代表制度,为不同族群表达自己的意见建立平台。不仅不同族群的权利要有一个不同的分配方案,就是政治社会的安排上也要体现出多民族或多族群的特点。就民主政治体制的建构而言,古典民主政治的理论就大多涉及政治参与、投票、选举、代议制和分权等。二战后,程序民主在相当长的时间里占据着重要位置。作为程序民主的重要代表,熊彼特认为:"民主方法就是为作出政治决定而实行的制度安排,在这种安排中,某些人通过争取人民的选票取得作决定的权力。"①在民主政治过程中,公民的主要任务就是依据制度按照程序进行投票。在金里卡看来,这种"以投票为中心的民主"只是"提供了一种公平的决策程序或合计程序",②这种民主过程并不能履行民主政治合法性的规范要求。因为公民拥有的个人偏好被当作是独立于政治过程而预先已经形成,那么在程序民主过程中就无法提供这样的机会,即"试图说服他人接受自己观点的长处或说服他人承认自己要求的合法性,以使他人把基于自私、偏见、无知或情绪冲动的要求与那些基于正义原则或基本需要的要求区分开来"③。金里卡认为异质社会少数群体的劣势和不平等必须在政治上通过"诚恳的协商和民主政治的妥协"④来解决,"民主决定程序的公正性意味着少数的利益和观点应当被倾听和被考虑"⑤。只有少数人在民主政治过程中真正产生影响,那么所形成的民主决定才能真正具有合法性,他引用西蒙·乾伯斯(Chambers)话说:"是声音而不是选票才是授予权力的工具。"⑥民主决定的公正性必须"确保少数群体的

---

① [美]约瑟夫·熊彼特:《资本主义、社会主义与民主》,吴良健译,商务印书馆,1999年,第395~396页。

② [加拿大]威尔·金里卡:《当代政治哲学》(下),刘莘译,上海三联书店,2004年,第522页。

③ [加拿大]威尔·金里卡:《当代政治哲学》(下),刘莘译,上海三联书店,2004年,第523页。

④⑤⑦ See Will Kymlicka,*Multicultural Citizenship:A Liberal Theory of Minority Rights*,Oxford University Press,1996,p.131.

⑥ Will Kymlicka and Wayne Norman eds.,*Citizenship in Diverse Societies*,Oxford University Press,2000,p.9.

声音"⑦。

在此，包容性民主为解决多元社会的冲突提供了一种可行的路径，这种包容性不仅体现在相互协商、讨论的过程，而且也体现在差异团体的充分被代表的要求。选举人与代表之间的矛盾一直是民主政治中被重视的内容。在规模大、人口多的国家中，在时间和空间上都不可能实现每个人直接参与政治生活，此时就必须选举出代表作为自己权利的执行者去进行决策。金里卡认为这种"镜式"代表制在某种特别的环境中是正当的，但是它还有很多弊端，比如一个白人男人不理解一个女人或一个黑人男人的利益，因为他们并没有相同的经历。即使一个白人男人能理解女人和黑人的利益，也不能信任他会促进那些人的利益；假如被选举的代表认真地尽力去促进选举人的利益，但是也不可能完全站在选举人的立场上去考虑问题。因此，金里卡提出，差异团体代表制以对原来的代表制进行补充，这种制度以团体为背景，通过提供公共资助、保障团体的代表席位，在关系到该团体的利益问题上拥有投票和否决权利等制度性措施，为那些处于边缘的团体提供政治参与机会。团体代表制显示一个人只有真正是一个团体的成员，才能站在他自己的立场上去代表团体的利益，因为一个人必须能感同身受其共同体的所有经历才可能真正代表这个团体的所需。

金里卡提出团体代表制，其目的是为确保少数的利益和观点得以充分的表达，意将更加包容的民主政治过程作为解决多元文化多民族的冲突的方式。这种包容性民主体现着民主过程和民主决定方式的显著变化，它是对民主过程中简单多数表决原则的进一步改进。在简单多数表决过程中，投票表决形式的合理性被默认，投票产生的"多数"性结果对于"少数"具有绝对的权威性，这种普遍性的结果并没有为少数留下空间，少数的差异需求和意见被一致性结果所忽略和同化，"少数人"唯一的结果就是对"大多数人"意志的"权威性"的"普遍服从"。金里卡提出团体代表制，通过让少数人参与充分的讨论、沟通、协商，以确保在作决定前少数人的声音被听到，这种过程不再将投票作为唯一的手段，而是更加重视投票前的讨论、沟通和协商，这种民主过程包容了更多的差异。也就是说，虽然一致的结果仍然是由多数原则决定，但是这种一致并不是简单的多数表决，而是在冲突和差异的基础上协商的结果，前者可能导致极权状态，后者可以对权力的运行形成一种制约力量。一致是在包容差异和分歧的基础上形成的，当然协商的内容、范围和场所仍需要认真斟酌，涉及国家本身保存的问题可能被排除在协商的范围内，真正的阶级对立和意识形态对立的双方也很难达成妥协，一些具体制度的安排方面，也有许多不应妥协的内容。另外，一致的结果也会产生不同的影响。民主同质化的结果对所有人（包括少数人）都产生强制的力量，民主化过程产生对于少数人压迫性结果，少数人被迫接受这种结果，由此可能产生消极情绪。虽然由共识达成的一致仍然会产生结果中的少数人，但是在形成共识前经过充分的讨论，自己的声音已经充分被倾听，那么即使在这次投票的结果中可能是少数，但是下一次可能将会成为多数，产生消极的不满的情绪可能性要小。

再次，发展协商自治。在差异群体权利中，最有分离倾向的是少数民族自治权。少数民族认为自治权是一种内在固有的权利，它们保留在大的政治共同体中，只是让渡自治权的某个方面，如果大政治共同体用强制性的同化政策去抹杀它们独特的认同，那么极端的结果可能引起少数民族的分裂运动，对国家统一造成严重的冲击。金里卡认为解决这种分离倾向的自治权的最有益的方式是采用民主的国家结构形式，即联邦制。民主联邦制不仅更高程度地保护了国家的经济繁荣和公民的个人自由，而且以和平、民主的方式平息了民族认同问题上引发的冲突，缓解了极端民族主义情绪。

在金里卡看来，联邦制度是指，"包括中央政府与两个或两个以上的次级单位（省份／州／邦／地区）彼此依据宪法而确立分权。这种体系建立在领土的基础上，因此，每一级政府在支配特定的问题上拥有一定的自主权"①。在联邦制度中，各级政府都因其法定的权利而拥有一定自主权，而非简单地以指派、并随时可撤销的权力为基础。中央政府与各邦政府都在一定的政策领域拥有绝对自主权，任何一级政府若侵犯另一级政府的权力，则构成违宪。中央政府无权收回属于各邦的权力，因为这些权力原本就不属于中央政府。在联邦制国家中，少数民族集中居住，通过划分邦与邦之间的

---

① Will Kymlicka, *Politics in the Vernacular: Nationalism, Multiculturalism, and Citizenship*, Oxford University Press, 2001, p. 94.

界限,使少数民族在邦内占比例上的多数。金里卡认为在这种情况下联邦制度可以为少数民族提供广泛自治,保证他们在某些方面有决定权,不至于在更大的社会范围内被投票否决掉。

不过金里卡认为,目前联邦制在包容少数民族的自治权方面仍存在很多困难:①"非对称性"的联邦制度存在很多矛盾。非对称结构是指以地区为基础的单位和以民族为基础的单位,这两种形式的共存导致权力划分的两难困境,大多数多民族国家里的成员都倾向于要求一定形式的政治自主或领土管辖权,用以保证充分自由地发展其民族文化,使其成员得到更多的利益。另一方面,联邦体制中其他各省都是以地区为基础的共同体,在一些涉及联邦和地区的共同的公共事务处理上,各省有意将这些权力的行使集中于中央联邦政府,因此使中央政府的权力更加集中。但是以民族为单位的共同体谋求更大的自治权,从而希望一个权力更为分散的中央政府。②分离倾向的情感合理化。金里卡认为:"少数民族的要求不只是作为文化上差异的政治共同体,而是要求比政治共同体更多的、整个国家的权威不能优先于组成的民族共同体的权威。"①因此,"一个多民族联邦体制在调和民族性少数群体权利越成功,就越加强这种意识即少数民族是具有内在自治权的独立民族,他们参与整个国家是有条件和可以撤销的"②。即使在成功地包容了少数民族之期望的联邦制度里,它们的成功也仅仅是使分离主义的情感合理化,而不是减弱这种情感。

最后,在教育与文化政策上,语言政策构成了多元文化管理的重要内容。多元文化论者认为,在大多数民主国家里,政府通常规定或者默认主流文化群体的语言为"官方语言",即行政机关、法庭和学校等使用的语言。全体公民被迫在学校里学习这种语言,在政府工作或与它沟通时还需具备流利地运用该语言的能力。这种官方语言政策经常打出"效率"的大旗,但是其目的在很大程度上是为了同化少数民族,使之融入主流群体。当今世界各国,一种语言除非能够在公众生活中运用,否则很难长存。因为,事实表明,"政府决定哪些语言为官方语言,实际上就是决定哪些语言将继续存在,

---

① Will Kymlicka,*Politics in the Vernacular:Nationalism,Multiculturalism,and Citizenship*,p. 114.
② Ibid.,p. 115.

哪些语言将死亡"①。因此,官方语言的规定是对少数文化群体权利的一种严重侵害。

为了纠正主流群体推行语言统一所造成的不公正,少数民族需要范围广泛的、保护性的语言政策。事实证明,如果使用一种语言的人在某个地区占有数量上的优势,并且使用这一语言在当地意味着拥有很多就业、提职等机会的话,那么语言群体就能代代相传。但是维持一种少数民族语言的优势地位十分困难,特别是当新来者能够在使用主流语言的情况下获得教育和工作机会时,例如魁北克的新移民能用英语学习和工作。因此,少数民族仅仅拥有在公共场所使用本民族语言的权利还远远不够,他们还必须把自己的语言作为其所在区域的唯一官方语言。因为如果移民或来自主流群体的迁居者能在公共生活中使用主流语言,那必将削弱少数民族语言的主导地位,并最终威胁这种语言的生存。换句话说,少数民族最需要的也许不是国家范围内的双语制,个人在整个国家都有说自己语言的权利并非最重要,更加需要的则是区域范围内的双语制,迁居到少数民族区域的人接受少数民族语言作为其区域上的唯一官方语言才至关重要。

三、几点评价

多元文化主义对正义的理解以及多元文化治理上的构想,无疑对当代多族群国家提出了一个严肃的话题,即在一个多民族的或多族群的国家中,如何平衡公民身份与族群权利之间的关系?围绕这一关系的建构如何进行有效的治理?这里需要回答几个问题。

多元文化主义在解决这一问题上的基本思路是否可以推广?是否可以适用于中国?正义理论从古到今走过了几千年的历史,在此过程中,西方的政治思想家从不同的角度对其进行了研究,提出了不同的观点和学说。这里我们不妄加对哲学上的、伦理学上的正义理论学说进行评论,就政治学意义上的多元文化主义而言,西方思想家在研究上有着他的一般思想的思维

---

① [加拿大]威尔·金里卡:《少数的权利:民族主义、多元文化主义和公民》,邓红风译,上海世纪出版集团,2005年,第75页。

逻辑。

正如本文最初讲到的,"正义"在最初的意义上和一定的度量联系在一起,由此引申出的意义自然很多,但是有一个重要的方面,即正义与"界限"有着密切的联系。界限也就是一种"度",以它为准划出了你与我、个人和国家、国家和国家,可以说界限也就是构成了权利所需要的基本因素。正义与界限、正义与权利可以说相互论证。因为一定界限的确立,意味着在界限范围内的主体拥有了自己的自由,同时也意味对己是一个边界。有了这一边界,就有了自己的空间,同时也意味着有其他主体不能逾越的障碍。权利正生成于这种空间中,然而现实中的权利主体是流动的、交往的。要交往不可能没有矛盾,在和平的方式下解决矛盾的方式只能是协商,并最终建立一定的"协定",这种协定也就构成了正义的体系。在政治社会中,这种协定体现为宪章、法律等,因而西方就有了"法律是正义的体现"的说法。同时,也有了西方国家的"大宪章传统""五月花号"精神。显然,由于"正义"必将延伸出"权利"与"宪政"。

多元文化主义正义理论所体现的正是这种精神的运用,其起点恰恰是"权利"。这种权利不是个人权利,而是作为"集体的权利"。它们之所以争取这种权利,就是要防止自身不仅不被个人为先的权利环境所淹没,而且力图在国家中获得到应有的承认,而这些努力都要落实到"边界"的确立上。从这种意义上说,在当代西方多元文化主义政治思潮中,"分"具有了重要意义。与这种"分"相结合的就是"非同化",也就是说不同族群在自己的范围内保留自己的文化特色,他们可以有自己的语言、宗教信仰和文化习俗,甚至可以在自己的领域中建立自己的学校。显然,在这种对"分"的强烈的诉求中,含有受文化与利益驱动的族群的不屈意志。在主流社会的包围中,在激烈竞争的商业社会中,这些弱小的族群试图抵制来自强大族群的挤压,以从中获得自己的一个空间。在这种强大力量的驱动下,对外部机制的要求自然产生。在多元文化社会中,培育和发展的不是伦理精神,而是西方延续下来的法理精神。在这里理性以及在此基础上而形成的宪法与宪政具有了重要地位。宪法是法律之本,它将个人和国家、群体和国家之间以硬性的规定,划出各自的空间。宪政的核心就是规范权力,权力不再是脱缰的野马,占优势地位的民族也不能对弱小族群以势欺人，一切都在规范下，和平共存。同时，一旦不同族群之间发生矛盾，所诉诸的是对话和民主的机制。这样，族群权利、利益划分与宪政规范也就构成了西方多元文化主义正义理论以及多元文化治理的基本思路。有了这一思路，多元文化主义在解决多族群国家公民与族群身份上找到了它们的平衡点。在这种平衡点中，族群的权利与文化得到了保护，公民身份与国家秩序也得到了维护。

长期以来，人们对多元文化主义有两种不同的看法，一种是将多元文化主义视为是导致国家分裂的根源。2009年，一位加拿大多元文化主义研究中心的学者给了笔者一份研究报告，报告中说加拿大的多元文化主义政策是好的，构想得也比较完善，但是它强调"多元"缺乏共同价值观念的引导，往往容易导致社会的分裂和"虚假联合"（false association）。① 尼尔·比松达斯认为："文化多元主义除了引导一个已经分裂的国家沿着进一步分裂的道路走下去之外，什么也没有做。"② 不能不承认，这种担忧当然有其理由，但是这也容易走向极端，似乎只要有"界分"或"多元"，国家就走向分裂。其实，当今世界是一个利益多元、复杂多样的世界。市场经济的发展、不同文化的交流、多元文化的存在是当代每个国家不可避免的事实。在这种条件下，不少国家顺应潮流，对多元文化的存在采取了更为灵活和务实的态度。多元文化不再是被排斥的对象，而成为了被宽容和引导的对象，因而国内的民族关系也出现了较好的转变。持多元文化出现必将陷入对抗甚至分裂观点的人，放大了多元文化推行中存在的问题，简单地将"分"和"裂"连在一起。其实，一个社会的"分"，也就是对一个国家的多民族权利的保护和差异文化的承认，并不必然导致分裂。由"分"到"裂"中间有很多环节和条件。只要对"分"的消极方面和存在条件给予积极的规范和防范，"分"不会带来"分裂"，倒会使"合"变得更为容易。

另一种极端的观点认为，多元文化主义具有普世的价值。金里卡曾在《多元文化主义可以输出吗？》中尝试将多元文化主义推广到世界上去，后来

---

① See Jean Lock Kunz, *From Mosaic to Harmony: Multicultural Canada in the 21st Century*, PRI Project Cultural Diversity, 2009.

② ［美］马丁·N. 麦格：《族群社会学》，祖力亚提·司马义译，华夏出版社，2007年，第465页。

他与何包钢教授合编的《亚洲多元文化主义》一书反映出这样一种思想倾向。在国内，也有学者研究到东亚多民族状况时，提出："东南亚多民族和谐共存局面的维持只能寄希望于多元文化主义。"①甚至在此之前也有学者提出："多元文化主义具有超越时空的价值蕴涵，它的价值影响所及，将惠及现时人类的一切民族、种族、文化集团，荫其子孙。"②其实，分析起来，多元文化主义不是多民族国家治理族际矛盾的灵丹妙药。毕竟多元文化中对"差异"的追求、对刚性界限的关注，都可能导致国内政治出现矛盾和冲突。历史学家杰佛里·伯莱尼认为，从前南斯拉夫、黎巴嫩、斐济和其他一些民族纷争不断的国家和地区看，"把多样化放到至尊地位将会葬送共同的价值观"，"多样性越是凸显，长远的危险就越大"。③ 亨廷顿指出："文化共性促进人们之间的合作和凝聚力，而文化的差异区却加剧分裂和冲突。"④这些学者的观点不能不说明不同文化之间可能存在的"冲突"。在多元文化主义国家，这些国家已经实现了民族国家的建构，经济、政治与文化的一体化为不同族群的共存提供了保障，加之采取多元文化主义的国家多是在世界上占有相当地位的国家，世界的财富和本国的良好资源缓解它们彼此之间的冲突，因而它们尚能共存一体。但是在多族群的发展中国家，情况迥然不同。在这些国家，经济落后、资源占有紧张、传统社会作用以及殖民主义带来的影响，决定了这些国家无论在经济一体化、政治一体化和文化同质性上都存在着严重的分裂。在这种高度分殊的社会中，推进多元文化主义只能导致分裂。

由此，发展到对中国的认识上，中国的族际政治整合的精神是"和而不同"。中国人对正义的理解重在公道上，这里的公道恰恰是伦理的，即强调各种关系基本达到平衡。在这里不是"分"居统治地位，而是"兼和"，也就是"你中有我，我中有你"。在此基础上，中国建立一种以权威为核心的有机整体。核心和整体之间不是绝对的区分，而是一种相互支持的关系，同样，处

---

① 陈衍德：《多民族共存与民族分离运动》，厦门大学出版社，2009 年，第 277 页。

② 陈云生：《宪法人类学》，北京大学出版社，2005 年，第 549 页。

③ 转引自陈云生：《宪法人类学》，北京大学出版社，2005 年，第 516 页。

④ ［美］塞缪尔·亨廷顿：《我们是谁？——美国国家特性面临的挑战》，程克雄译，新华出版社，2005 年，第 10 页。

在整体中的各个部分之间也是相互联系的关系。在这里，"界限"不是重要的，"合和"才是重要的。易言之，有了这种整体，中国发展了一种以权威为核心的多元一体格局。

承认谁的什么

——论承认与社会正义 *

陈晓旭**

一、导论

在当代英美政治哲学中,关于社会正义问题的争论主要围绕分配问题展开。争论集中在两个核心问题上:第一,分配什么? 第二,如何分配? 在各种分配正义理论中,罗尔斯的正义理论给出的答案最有影响力。在《正义论》《政治自由主义》和其他著作中,他提出并辩护了两条正义原则,用以回答这两个问题。① 罗尔斯的答案可以大致理解成:分配的是基本善品,包括自由、机会、收入、财富以及自尊的社会基础,分配的方式是两条正义原则,这两条原则指导了主要的政治、经济和社会制度的建立与改革。② 罗尔斯理

---

* 本文发表于《政治思想史》,2015 年第 2 期。

** 陈晓旭,武汉大学哲学学院副教授。

① John Rawls,*A Theory of Justice*,Clarendon Press,1971,p. 60;Political Liberalism,Columbia University Press,1993,pp. 5 – 6. 这两条原则在《正义论》的第一版和后来的著作中有差别。在《政治自由主义》中,这两条原则陈述如下:第一,每个人都享有与其他人相容且平等的基本权利和自由的体系,在这一体系中平等的政治自由并且只有那些自由要得到公平的保障。第二,社会和经济的不平等要满足两个条件:(1)在机会平等的条件下职位和工作机会向所有人开放;(2)它们必须能使社会中处在最不利地位的人获益最多。第一原则又被称为自由原则,第二原则又被称为差别原则。本文中所引英文的中文翻译均为作者根据英文原文所译。

② 本文预设读者对罗尔斯的正义理论有必要的了解,因此不会在正文中专门讲述罗尔斯理论的细节,只有在为其辩护时会提到相关论证。

论的批评者大都同意这两个问题是社会正义的核心问题，但是却提出了不同的答案，比如，效用主义认为分配的是效用，分配原则是促进最大多数人的最大幸福；资源主义认为分配的是各种资源；能力方法（capabilities approach）认为分配的是能力，而基本善品只是达成能力的必要手段。这一争论仍在继续。[①] 不管答案为何，这些理论关注的是对于物质和非物质的东西的分配和再分配。

但是，不同于上述几种理论，还有一类对罗尔斯理论的批评认为，上述两个关于社会正义的问题本身是错的：分配不是（至少不仅仅是）社会正义的正确焦点，承认才是更为重要的社会正义问题。本文将检视这类批评的两个代表性观点及其论证，即伊莉丝·杨（Iris Young）的身份（identity）承认概念和南希·弗雷泽（Nancy Fraser）的地位（status）承认概念。[②] 本文将论证说，杨和弗雷泽对罗尔斯的批评可以通过对罗尔斯观点更为宽容的解释来回应，而她们所提出的以承认为中心的社会正义概念并不是比分配正义理论更好的选择。最后，本文将重新检视，对社会正义而言，承认为何以及如何是重要的，并提出一种底线承认概念，这种最低限度的承认概念并不直接挑战分配正义对分配的关注，而是认为承认与社会正义的相关性在于承认的界限决定了正义的界限，界限的设定不能是任意的。笔者会论证，较之前两个概念，底线承认概念更能得到辩护。

本文的论证将分三步展开。首先，简单澄清承认的概念，通过对承认的初步解释来为本文的讨论设置一个框架。其次，分别检视杨和弗雷泽的承认概念，并对它们进行批评。最后，勾画一个底线承认概念，并通过例示底线承认概念会如何评论罗尔斯的正义理论，来显示它较之另外两个承认概念的优势。

---

① See Harry Brighouse and Ingrid Robeynes eds., *Measuring Justice: Primary Goods and Capabilities*, Cambridge University Press, 2010.

② 需要注意的是，霍耐特也提出了以承认为中心的正义概念。但这一正义概念并不是基于霍耐特对分配正义理论的反思提出的，而是由他在对马克思、黑格尔以及社会批判理论对社会的理解之基础上提出的，在理论前提与问题意识上与分配正义理论相差较远，因此这里不作考虑。参见 Axel Honneth, *The Struggle for Recognition: The Moral Grammar of Social Conflicts*, Polity Press, 1995; Axel Honneth, "Recognition and Justice: Outline of a Plural Theory of Justice," *Acta Sociologica*, Vol. 47, No. 4, 2004, pp. 351 – 364。

首先,对于承认概念的初步解释。在使用"承认"这个词的时候,我们通常使用的形式是"把 X 承认为 Y"。这里"X"指个体的人,而"Y"则指的是人的某种特定身份。但 Y 是哪一种身份呢? 至少有两种可能的答案:第一,作为一个团体的成员(或更准确地说,是社会团体成员之一)的身份;第二,作为人类这个族群成员的身份。当然也会有人说,Y 也可以是作为生物成员之一的身份,以及作为存在物成员之一的身份。对于这些说法,本文将不予考虑,因为这些"身份"并不必然会产生政治哲学问题。我们会看到,不同的承认概念主要在于对"Y 是什么"有着不同的看法。

其次,承认是如何与社会正义问题相关的? 为什么对社会问题是重要的? 对这两个问题的理解和回答也有两种方式。第一种理解认为,非正义问题并不是由(或者仅仅由)错误分配或错误再分配产生的,而是(或者还是)由错误承认产生的。错误承认可以导致压迫、强制和不平等等非正义状况,这些非正义问题无法通过公正分配来解决。因此,承认也与社会正义问题相关。第二种理解则认为,我们把我们的承认范围伸向何处,就决定了正义的范围在何处。如果一个人认为同性恋者不是完全的人,不配拥有人的尊严和正义的考虑,这个人的正义理论就会把同性恋者排除在自己正义理论的视野范围之外,否认他们是正义的恰当行动者和接受者。事实上,所有的正义理论都有个视野范围,有的视野更广阔,而有的更狭窄。民族主义的正义理论将正义的视野范围限定在一个民族内部;社群主义认为社群的边界应该是正义理论的边界;而世界主义者则试图消除所有边界,试图论证每个以及所有个人应该是正义的首要和最终关注单位,正义只能是全球性的。本文要检视的两个承认理论用第一种方式理解承认与正义的关系,而本文则建议用第二种方式理解。

二、身份承认概念

杨主张一个人的社会团体身份需要被公正地承认,对团体身份的错误承认会导致宰制和压迫。那么何为社会团体? 杨认为,所谓的社会团体要区别于随机的人的集合,比如某天听一个学术讲座的人的集合就不是一个社会团体。社会团体还要区别于俱乐部、公司以及政党等非随机的人的集合。那么社会团体是什么呢？在杨看来："社会团体是这样一个人的集体，这个集体在文化形式、实践或生活方式上至少与另一个团体不同。一个团体的成员互相之间由于相似的经验或生活方式，有一种特别的亲近，而这使得他们比起那些并不认同这个团体的人或者用不同的方式认同这个团体的人更愿意互相之间结社。"①杨认为，一个人的身份和自我感虽然独立于他作为一个社团的成员的身份，但是他的团体身份却构成了他的身份同一以及自我感。不过，杨并不认为一个人的团体身份是固定的，而是采纳了所谓的团体身份的流动概念。也就是说，一个人可以属于几个团体，如妇女、工薪阶层和同性恋者。因此，一个人可以是女人、工薪阶层的女人和女同性恋者，即团体身份之间可以有交叉。

基于这样一种社会团体的概念以及社会团体对于个人的重要性，杨对自由主义的正义理论（尤其是——但也不仅仅是——针对罗尔斯的正义理论）提出了批评。杨的批评主要有三点，本文将逐一检视和回应。

第一个批评所针对的是自由主义正义理论所隐含的个人概念。她认为，社会团体对"一个人特定的历史感、亲近感或分离感"有重大作用，"甚至一个人的论证模式、评价模式以及表达感情的模式，也是部分地由他/她的团体关系决定的"②。而以分配为中心的自由主义正义理论都建立在"原子化"个人的基础上，它们是"方法论个人主义或原子主义"的，并且都预设了个人在本体论上先于社会。③ 自由主义的个人概念否认了社会团体的重要性。

但是这一批评是对自由主义个人概念的误解，本文将以罗尔斯的理论为例作出回应。这一回应也适用于其他自由主义的社会正义理论。首先，在《正义论》开篇，罗尔斯便写道："正义是社会制度的第一美德。"④他的理论的一个基本特点，就是对基本社会结构和主要制度的集中关注。他的正

---

① Iris Marion Young, *Justice and the Politics of Difference*, Princeton University Press, 1990, p. 43.

② Young, *Justice and the Politics of Difference*, p. 45.

③ 所谓方法论个人主义，就是在解释社会现象时，所用的方法预设了个人行为是社会现象的最终解释。而个人在本体论上先于社会，顾名思义就是个人先于社会而存在。

④ Rawls, *A Theory of Justice*, p. 3.

义概念致力于改革和建立主要的社会、政治和经济制度,而非指导个人的行为。因此,他并不是方法论个人主义的,也非本体论个人主义的。如果非要说的话,罗尔斯在方法论上是制度主义的。他的个人主义是伦理的或道德的个人主义,也就是把个人当作伦理或道德关注的终极对象,建立公正社会的最终目的是为了个人能够选择过自己认为的好生活。

因此,杨和自由主义者之间的真正争论可能在于:到底社会团体只是有衍生的道德价值,还是具有首要的道德价值? 或者从另一个角度问:个人是不是伦理或道德首要的和终极的关注对象?

自由主义对这两个问题的答案很明确:社会团体只具有衍生的道德价值,而非首要的道德价值。社会团体之所以重要,是因为它们对其个体成员的自由、福利、好生活的观念等有贡献。也就是说,社会团体的道德重要性须由它们对个人的道德重要性来决定,是派生的。相反,个体则具有首要的道德价值。从这个答案推不出自由主义没有看到社会团体的重要性。但是杨对这两个问题没有给出明确的答案。她试图显示的是,个人都是社会存在,而非原子化的"单子"。换言之,通过指出社会团体在形成个体身份中所起到的重要作用,杨至多给出了一个在经验上信息更加丰富的对个体身份的理解,而这与自由主义将个人看作道德关注的首要和最终对象是完全相容的。

杨的第二个批评是对自由主义正义理论只关注分配的批评。杨认为,个人的有些社会团体身份被以不同的方式错误承认,从而致使这些社会团体遭受了压迫和宰制之苦。社会正义的首要任务,是减轻并最终消除各种形式的压迫和控制,而非分配物质的东西。这样,杨试图把社会正义的内容由分配转向承认,并以承认为中心的正义观来取代以分配为中心的正义观。杨列举了三个非分配正义的问题:作决定的权力(decision-making power)、劳动分工(division of labour)和文化(culture)。她论证说,在这三个例子中,每一个领域都有非分配性的不正义。不平等的决定权可能会歪曲分配过程,并对有些团体的人造成偏见。不同社会团体之间的劳动分工(如男人和女人)使得一些团体获益而对另一些团体不利。很多文化和宗教团体独特的表达经验以及互相交流的方式没有被承认,所以变得边缘化了。对于杨来说，这些全都是非分配的问题，但是又与社会正义相关。

对于这一批评，笔者的回应如下：关于劳动分工问题及文化和宗教团体的问题，罗尔斯的两个正义原则完全可以从制度上达到这个要求。在通过第一原则保障了所有人基本的权利和自由后，劳动分工很可能是个人根据兴趣选择的结果，而结社、言论等自由也保障了文化宗教团体中的个人表达经验和情感的自由。他们的被边缘化可能只是不同团体自由竞争的结果。而从社会基本结构中获益最少的人，则可以通过罗尔斯的第二个原则即差别原则获得补偿。在不平等决定权的问题上，杨把哈贝马斯的民主协商决议程序借鉴了过来，希望通过这个过程来消除作决定权力上的不平等。但罗尔斯的正义原则里也包含了民主决定的程序。第一原则要求确保所有人的平等权利和平等自由，这些权利和自由（包括选举权、言论自由、结社自由等）都致力于保障一个公民可以通过政治参与来影响决定过程。如果在作决定的方面确实存在不平等"权力"的问题，杨的理论也不能免受批评，至少不会比罗尔斯所受的批评更少。

杨的第三个批评指出，仅关注物质分配对于正义理论来说是不充足的。当自由主义的正义理论将关注延伸至非物质的东西时，"分配的逻辑就是错误的表述"[1]。她问道："分配权利是什么意思？"这是一个合理的问题，但是很难构成对罗尔斯等人的自由主义正义理论的反对。它所指出的至多是，"分配正义理论"这一标签并没有恰当描述当代自由主义的正义理论。

综上所论，杨的批评并不足以使得自由主义的正义理论被替代。至多，她只能试着论证自由主义的正义理论需要用以承认为核心的正义理论来补充。而这是弗雷泽试图做的，即用承认的正义理论补充分配的正义理论。

三、地位承认概念

弗雷泽首先批评了杨的身份承认概念。她认为，"身份承认概念包含了关于种族主义、性别主义、殖民化以及文化帝国主义对人的心理影响的真知

---

① Young, *Justice and the Politics of Difference*, p. 18.

灼见",但是它"在理论上和政治上都是有问题的"。① 在弗雷泽看来,杨的理论至少有两点问题:第一,它试图用文化正义理论替代分配正义理论,把分配正义问题看作是从属于文化正义问题的。事实上,市场机制有其自身的逻辑,它的分配能力独立于文化正义,不完全与身份承认相关。因此,分配正义需要单独处理,不能还原为文化正义。第二,它固化了人的团体身份,把单一的、强烈简化了的团体身份强加给个人,否认了人类生活的复杂性以及它们关系的多样性。②

基于这两个批评,弗雷泽发展出了自己的承认概念,即地位承认概念。她借用了韦伯的地位概念,发展出地位团体的概念。她在两个地方对地位团体作了不同的概括,这两个概括都不能看作严格意义上的定义:"一个地位团体通过与其他团体相比所享受的荣誉、威望和尊重将自己区分开来"③;"地位表征了一种主体间的主从秩序,这一秩序由文化价值的制度化模式所派生,而这些模式却使得社会中的某些成员在互动中无法成为完全参与者(full partners)"④。也就是说,个人因其在荣誉、威望、尊重方面所处的地位而成为地位团体,处于从属地位的团体是社会互动的不完全参与者,即没有得到公正承认。

弗雷泽举了两个例子说明地位团体如何被错误承认。一是婚姻法把同性伴侣排除在外,认为这种同性婚姻是非法的和不正常的。二是社会福利政策把单身母亲污蔑为不负责任的性放纵者。⑤ 在这些例子中,同性恋及单亲妈妈在社会参与中没有被给予完全的参与人身份,他们的地位被错误承认。并且这种错误承认还被婚姻法和社会政策制度化,因此破坏了他们的"参与平等"(participatory parity),而"参与平等"则是社会正义理论所要达到的目标。与杨不同的是,弗雷泽认为,错误分配也会导致参与不平等。一个被剥夺了各种资源的穷人也不是社会互动的平等参与者。因此,参与平

① Nancy Fraser, "Rethinking Recognition," *New Left Review*, Vol. 3, No. 3, 2000, p. 110.

② Fraser, "Rethinking Recognition," p. 112. 笔者同意弗雷泽对杨的第一个指责,但是不同意第二个指责。因为正如上文显示的,杨的身份概念是个流动的身份概念,并没有强加单一身份给个人。

③ Fraser, "Rethinking Recognition," p. 117.

④ Nancy Fraser and Axel Honneth, *Redistribution or Recognition? A Political - Philosophical Exchange*, Verso, 2003, p. 49.

⑤ See Fraser, "Rethinking Recognition," p. 114. 这里主要指的是美国的婚姻法和社会福利政策。

等的达成就既要求公正的承认，也要求公正的再分配。错误承认和错误分配都因为破坏了参与平等而与社会正义问题相关。由此，弗雷泽把"承认"和"分配"两个问题包含在了她的"参与平等"概念之下。她将其称为在社会正义问题上的"视角二元主义"（perspectival dualism）。对弗雷泽来说，承认和再分配之间的区分只是概念分析上的区分，在现实中它们相互纠缠在一起，很多问题需要从两个方面解决。有了这样一个二元主义框架，弗雷泽认为，自己能够解决杨没能解决的社会正义问题在文化要求（即公正承认的要求）和经济／物质要求（即公平分配的要求）之间的"困境"。

那么弗雷泽的框架是否能够提供一个比以分配为中心的正义概念更充足的社会正义概念呢？我认为不能，理由如下。第一，将社会正义问题用承认和再分配的方式提出是有误导性的。既然它只是一个概念分析上的区分，如果现实中不能作出如此区分，这个区分对理解和解决社会正义问题有什么帮助呢？这更像是先创造了一个困境，然后再去消解困境。第二，所谓分配范式的社会正义理论并不只是关注物质的分配，因为在罗尔斯的基本善品中，权利和机会并非物质的东西。而且在罗尔斯的两条正义原则中，强调平等的基本权利和自由的第一原则要优先于指导再分配的差别原则，即基本权利和自由的达成要先于物质的和非物质的东西的（再）分配。第三，有的分配主义的正义理论（比如能力方法）很明确地在"分配什么"这一问题上与罗尔斯的正义理论区别开来，强调分配的是非物质的能力。

弗雷泽要想表明自己的视角二元主义优于分配正义理论，就必须论证她的"参与平等"概念比以分配为中心的正义概念能更好地诊断和解决社会正义问题。那么"参与平等"概念真的比罗尔斯第一原则中的平等自由和权利以及机会要更好吗？拿上文中弗雷泽举的同性恋婚姻及单身母亲的例子来说，如果罗尔斯的两条正义原则完全施行，会不会导致改革婚姻法和改变社会福利政策，从而解决她们的不公正状况？我认为有可能。单身母亲在获得了平等的基本权利和自由后，如果还是最少获益的人群，便可以通过差别原则获得补偿。而同性恋者只是婚姻关系没被婚姻法承认，但他们的社会伴侣关系可以获得与异性婚姻一样的保障。除此之外的参与平等如果得到罗尔斯的第一原则保障，那么在事实上，他们除了没有所谓的婚姻关系之外,伴侣之间的权利和义务与异性夫妻之间的权利和义务没有实质差别。从弗雷泽的论证中看不出来,为什么参与平等要比罗尔斯的两个原则能在这个问题上做得更好。

如果试着加强一下弗雷泽的观点的话,她的意思或许是说,即使给了一个残疾人平等的权利、平等的自由和平等的机会,她也无法获得平等的参与社会互动的能力。但问题在于,即使给予残疾人的地位以完全的承认,完全的参与平等也是无法达到的。其实,森和纳斯鲍姆所提出的能力方法,恰恰试图通过论证"被分配的应该是能力"来解决这一问题。他们正是看到,即使给一个残疾人和一个身心健全的人相同的基本善品,他们转化这些善品的能力仍然非常不平等,才试图将分配正义理论推进一步。因此,分配正义将焦点放在分配本身上面,并不必然会导致忽视错误承认所带来的问题。相反,通过恰当地回答"分配什么"的问题,分配正义理论完全可以解决错误承认的问题。但是,即使它们都能解决相同的问题,分配正义理论也是更好的理论,因为它更为简洁,视角二元主义则更复杂。不过,本文接下来会论证,承认概念仍然与社会问题相关,只是相关的方式与杨和弗雷泽所预设的方式不同。

四、底线的承认概念

本文已经论证了,出于不同的理由,杨和弗雷泽的以承认为中心的社会正义概念都没能提供一个比分配主义的社会正义概念更充足的概念。她们所关注的,只是作为社会正义内容的承认,而非作为正义的视野范围的承认,并且都给予了"团体"以特别的关注,使得这两个承认概念本身没有充分跃出"团体"的边界。对于杨来说,即使我们采用一个流动的、弹性的团体身份的概念,我们承认一个人有各种团体身份而非固定的一种,那么如果这个人的不同的团体身份具有相冲突的承认需要时,社会正义理论应该满足的是哪种承认需求? 比如,一个信仰伊斯兰教的同性恋者。她的承认需求应该由团体强加给她还是让她自己作决定? 如果是前者,我们就可以批评这个团体的边界本身就会导致非正义,对团体身份的承认不仅没有导致正义,反而导致了非正义，即对其同性恋身份的错误承认。而如果让她自己作决定，这就恰恰是罗尔斯的自由主义正义理论所要求的。所以将承认限定在团体身份上，并不能产生一个充足的正义概念。弗雷泽的"团体"虽然不是身份团体，但地位团体的参与平等问题却可以通过视角上更为简单的分配正义理论解决。

本文认为，这两个理论困难的产生，是由于两个哲学家都多少预设了或明确认为，承认应该是社会正义的内容或原则。而如果把承认理解为决定社会正义的视野范围的概念，就会避免上述问题。这就是本文所提议的"底线承认"概念，它所涉及的是"如何不去预设任意的正义边界"的问题。根据底线承认概念，我们可以把承认的要求概括为拒绝任意的边界的要求。比如，某个社会团体或团体身份的边界，甚至一个民族、一个国家的边界，如果没有给出恰当的理由，就都是任意的。根据这样一种承认的概念，错误承认会在这种情况下发生：一个人或一个特定的人群（people）因为预设的边界而被拒绝给予正义的考虑。

之所以叫"底线承认概念"，是因为它只关注"不因为任意的理由排除人"，而另外两个概念则关注"因为某些理由包括人"。本文在第二、三部分的论证中试图表明，她们给出的包含人的理由和包含人的方式是得不到辩护的，甚至还可能通过提出承认的概念而设置新的边界（如社会团体的边界）。

接下来，本文将用罗尔斯的正义概念作为例子，来解释底线承认概念会如何评论罗尔斯的正义理论。我们已经看到，杨和弗雷泽批评说，罗尔斯的正义概念没有对"团体"的错误承认问题给出满意的处理，而底线承认概念则会批评罗尔斯正义概念所预设的边界，即自由民主社会的边界。但是因为罗尔斯的第一原则要求所有公民在基本自由、权利以及机会上平等，实现这一原则就意味着所有公民的基本权利和自由都会在社会、政治和经济制度中无差别、无歧视地得到确保，所以本文不认为第一原则本身就自动包含杨和弗雷泽所谓的错误承认，她们在这一点上也应该会同意。

那么罗尔斯的第一原则什么时候会包含错误承认？这里有必要区分两种情况。在第一种情况下，尽管第一原则被很好地实施和实现，仍然有些人处在不利地位，正如杨和弗雷泽可能担忧的那样。不过，这种担忧并不必然导致我们要把承认当作正义的唯一原则。他们处于不利地位的理由是至关重要的，因为他们有可能选择不参与到制度安排中。生活在美国和加拿大的阿米什人就是个例子。[①] 阿米什人对教育以及好生活的理解，使得他们可能无法从罗尔斯的正义原则中获益。但是我们不能说他们受到的错误承认或他们没有像其他公民那样获益是社会正义问题，因为他们没有被罗尔斯的原则排除在外。当然，这并不是说社会什么都不用为他们做了。我们可以为他们设立一些特殊的制度安排，或者通过非政府的力量做一些让他们获益的事。不管怎样，罗尔斯的正义原则本身并没有被挑战。底线承认概念并不认为这里有与正义相关的问题。

第二种情况是，因为罗尔斯的第一及第二原则的实施，导致了某个团体的人处于严重不利地位。这时候我们就可以说个人的团体身份被错误承认了，因为他们仅仅因为是那个团体的成员，就被排除在了正义考虑之外。换言之，正义原则本身预设了任意的边界。因此，并不是对"团体"本身的错误承认与正义相关，而是对这个团体内部个体的排除才与正义相关，也因此底线承认概念才判断这里发生了不公正的事情。

简言之，底线承认概念预设了正义理论的考虑不排除任何人才是正常的，如果要排除就要给出理由，不然就是"任意"的。所谓"给出理由"不能仅仅是表达意见，而是必须为普遍理性所支持，不能只被界限内的人的理性所支持（如只被一国人的理性支持，或只被异性恋的理性支持）。[②] 底线承认概念好在什么地方？好在它是一个底线概念，除了"不任意地排除人"这一要求之外，没有作其他更实质性的要求。"不去任意排除人"并不能告诉我们用什么方式去承认人，因此更容易得到辩护。它坏在什么地方？也坏在它是底线概念，没有提供很多实质性的内容。但是它却有足够的力量阻止严重的非正义的发生。

---

① 在生活习惯方面，阿米什人与现代科技格格不入。在教育方面，阿米什人不让子女接受初中以上的教育，认为到这个阶段的基本知识就足够应付阿米什人的生活方式。所以阿米什人几乎没几个人上高中，读大学的就更罕见。八年级结束以后，他们会教男孩木匠的技术或是农业上的事情，女孩从 12 岁开始学习料理和家事，16 岁能有男朋友。阿米什人的具体问题，参见 John A. Hosteler, *Amish Society*, 4th ed., John Hopkins University Press, 1993。

② 这一点需要另外撰文论证。由于篇幅所限，这里只能简单提及。

根据本文的论证,杨和弗雷泽的承认概念以及在其基础上对分配正义理论的批评不能得到辩护,并且她们基于承认概念的正义观并不比分配正义观在解决社会正义问题上更优越,相反还会面临更多的问题,比如设定了新的正义边界的问题。但是本文仍然认为,承认对社会正义是重要的,因为它要求不基于任意的理由把一些人排除在正义的考虑之外。这一承认的概念被称作底线承认概念。底线承认概念自身不能作为正义的独立原则,却可以检视正义理论的视野范围。

正义原则的功能及其在中国传统思想中的实现

——一个比较研究的案例 *

唐士其 **

"礼之于人也,犹酒之有蘖也,君子以厚,小人以薄。故圣王修义之柄、礼之序,以治人情。故人情者,圣王之田也。修礼以耕之,陈义以种之,讲学以耨之,本仁以聚之,播乐以安之。"①

一、功能还原与比较研究

比较研究面临的一个困难是某种文化传统中的观念和制度,大多数情况下很难在另一种文化传统中找到严格意义上的对应物。比如,西方政治史上的政体理论、混合政府理论、正义原则及相关的制度,在中国历史上都不存在。这种情况并不会因为把某些概念从一种语言翻译为另一种语言而有所改观。我们即便把"democracy"翻译为中文的"民主",也并不意味着中

* 本文发表于《政治思想史》,2017 年第 1 期。

** 唐士其,北京大学国际关系学院教授。

① 《礼记·礼运》。

国古代就因此拥有了关于民主的观念与制度。① 当然有学者按图索骥，在中国古代政治思想与制度中寻找"民主"的因素，像"天视自我民视，天听自我民听"②，"水能载舟，亦能覆舟"③的观念，或者禅让的制度等，与西方民主相对比。不能说这种比较完全不成立，但总的感觉是缺乏系统性，且除去罗列之外，几乎没有说明任何更深层面的问题。

但从另一个角度来看，所有文化传统都是一些自身完备的体系。它们要维持其存在，都必须满足某些基本的功能，如维持个体成员的生存与繁衍，以及系统成员之间及整个系统与外部环境之间的物质与能量交换等，虽然实现这些功能的具体机制会有所不同。如果对不同政治制度与观念进行功能性的还原，并在此基础上对它们进行比较分析，那么研究中就会得出一些富有意义的成果。还是以源于西方的民主为例。民主当然既是一种观念，也是一种制度。对作为制度的民主进行功能性还原之后可以发现，在西方的民主政体或者混合政体（包含部分民主制的因素）之下，民主将实现以下几个方面的基本功能：通过汇聚民意制定国家法律、形成公共政策、选举各级政府官员，以及实施政治监督，等等。反观中国传统政治体系，这些功能同样存在，但它们得以实现的具体制度安排与民主政体相比又相当不同。中国的王朝政体事实上也需要汇聚民意，但仅限于官员对民情的"体察"，或者数量极为有限的民众向官员的直接诉求，而排除了民众直接的、常规性的参与形式；官员的产生基本上是通过世袭与科举（唐代以后），由于他们并不直接由民众选举产生，所以并不存在对后者予以回应（accountability）的问题，不过民众的评价也会对官员的升迁产生一定的影响；④政治监督主要在体制之内，并且主要是自上而下的监督，当然还有一种最根本的自下而上的

---

① 中国古代有"民主"二字连用的情况，如《尚书》有云："乃惟成汤，克以尔多方，简代夏作民主。"（《尚书·多方》）不过，"民主"在此是两个词而非一个词，意为"民"之"主"。另外，《左传》中也说："赵孟将死矣，其语偷，不似民主。"（《左传·襄公三十一年》）语意略同上例。据目前可查证的资料，最早用"民主"对译"democracy"的是翻译《万国公法》的传教士惠良。参见惠顿：《万国公法》，丁良译，中国政法大学出版社，2003年，第25页。

② 《尚书·泰誓》。

③ 《贞观政要》卷一，《政体第二》。

④ 有意思的是，唐代以前实行过的"察举制"中可能包括了更多下层参与的因素，但结果带来了严重的腐败和不平等的因素，这是后来转而采用科举制的一个重要原因。

监督甚至否决政府的形式,即民众暴动,但这会导致极高的社会政治成本。从总体上看,虽然民主制在西方社会中所发挥的政治功能,在中国传统政治体系中也大致能够由不同的机制加以实现,但效果的确存在很大的差异。

通过这种建立在功能性还原基础之上的比较,研究者可以得出两个方面的结论。首先,对于不同的社会和政治体系而言,类似的功能可能会由相当不同的机制加以实现,甚至这些机制会分散在不同的子系统中,因此单纯的制度或者观念比较就有可能不得要领,甚至误入歧途。比如,根据西方标准,无论简单地认为中国传统制度中存在或者不存在民主因素都是如此。其次,比较研究的重点主要并不在于考察一个系统中是否存在另一个系统中某些行之有效的制度或者观念,而在于更具体地分析在实现一些基本的社会政治功能方面,两个系统哪一个更稳定、更有效,以及在发挥每一种功能方面,两种制度安排各自的优劣之所在。这样一种研究,对于人们认识并克制自身制度中的不足,以及吸收其他制度安排的优势都更有意义。同样在民主的问题上,研究者们就不必一般性地争论民主是好还是坏,或者民主是否适合中国的国情,而应该更具体地去探索在实现上述基本的政治功能方面,根据中国的具体环境,哪一种制度安排更可取,或者原有的制度安排需要如何完善,等等。

本文就是上述功能还原方法的一个研究案例,将主要考察源于西方的正义原则所发挥的社会政治功能,以及类似功能在中国传统政治中的实现方式。

二、正义原则及其功能

与民主一样,正义(justice)也是一个源自西方的政治范畴,其历史可以说与西方政治思想同样古老。在西方语境中,正义指的是社会价值(权力、财富、身份、地位、名誉等)的分配原则,以及对这些社会价值实际分配状态的主观判断。显然,如果按照美国政治学家戴维·伊斯顿的定义,把政治理解为对价值的权威性分配,那么,正义就是政治中最基本的原则或者标准。①
对这一点,西方政治思想的奠基人之一亚里士多德有充分的体认,他明确表
示,"公正是为政的准绳"②,因为"政治上的善即是公正,也就是全体公民的
共同利益"③。

亚里士多德对正义问题的研究代表了古希腊正义理论的最高水平,同
时也是对后者的总结。在他看来,正义原则的功能,从根本上说就是处理人
与人之间必定存在的平等与差异两种关系,对平等的因素同等对待,对差异
的因素区别对待。这两种处理平等与差异因素的原则,他分别称之为"算术
上的均等"与"比例上的均等"。正义的实现,就在于通过上述两项原则的结
合与平衡,使每一个人都得到他们的应得之物。④

与亚里士多德其他方面的主张一样,这一看似平庸的理论包含了相当
丰富而深刻的内涵。原因在于,亚里士多德并不限于一般性地讨论正义原
则,而是考虑到在不同政体之下这一原则的体现形式。总体而言,亚里士多
德对古希腊实际存在的不同政体并没有特殊的偏好,因为他认为,不同政体
乃是不同环境的结果,或者说,在政体的选择上存在一些人力所不及的因
素,所以政治理论主要不在于寻找"最佳政体",而在于为每一种实际存在的
政体探索最适宜的完善之道。在他看来,抽象地谈论正义原则并不难,真正
的困难在于根据具体的环境和对象,确定两种正义原则的结合形式,这才是
政治中的最高智慧,即"phronesis"所在。⑤

亚里士多德的一个基本观点是,政体是城邦的"形式",亦即城邦最根本
的决定因素,它规定了一个具体的城邦中何为正义以及何为不义。由此出

---

① 伊斯顿认为,政治是"对整个社会中价值的权威性分配"。参见 David Easton, *The Political System*, Knopf, 1953, p. 129。

② [古希腊]亚里士多德:《政治学》,颜一、秦典华译,载《亚里士多德全集》(第IX卷),中国人民大学出版社,1994年,第7页。

③ [古希腊]亚里士多德:《政治学》,第98页。

④ "平等有两种:数目上的平等与以价值或才德而定的平等。我所说的数目上的平等是指在数量或大小方面与人相同或相等;依据价值或才德的平等则指在比例上的平等。"参见[古希腊]亚里士多德:《政治学》,第163页。另参见[古希腊]亚里士多德:《尼各马可伦理学》,苗力田译,载《亚里士多德全集》(第VIII卷),中国人民大学出版社,1992年,第107页。

⑤ See Aristotle, *The Nicomachean Ethics*, J. A. K. Thomson trans., Penguin Books Ltd., 2004, pp. 140–141.

发,在不同的政体之下,人与人之间哪些方面相互平等、哪些方面彼此相异也就会有所不同。也就是说,并非人们之间先天存在的平等与差异的关系决定了政体的不同,而是不同的政体使人们彼此相同或者彼此相异。① 基于政体的差异,上述正义原则也将进行相应的调整,体现为两种不同的正义,即分配的正义与矫正的正义。前者指按照政体所要求的原则(身份、财富、品德、贡献等)对价值特别是政治权力进行分配,后者则通过在分配中参考其他因素,以实现对前者的矫正或者补充。

这就意味着民主政体、寡头政体或者贵族政体都有它们各不相同的分配正义和矫正正义。民主政体要求在城邦重要的机构中平等地分配政治权力,同时考虑财富、贡献等使人们相互差异的因素,并使之在一些次要机构的权力分配中有所体现;寡头政体或贵族政体则要求按照财富或者身份的差别分配城邦中最根本的权力,同时考虑人与人之间相互平等的一面,使每一个人也都能够有机会参与某些并不那么重要的决定。在亚里士多德看来,上述不同的分配方案恰恰体现了这些政体的内在要求,但关键在于它们采用不同的分配正义的同时,还必须兼顾补偿的正义。只有两者相互平衡,政体才能稳定持久。②

在亚里士多德之后两千多年,美国政治哲学家罗尔斯再次重申正义原则。在正义问题的重要性方面,他与亚里士多德的观点如出一辙,认为:"如同真理性之于思想体系一样,正义乃是社会结构的第一要义。"③也就是说,正义是政治的最高准则。罗尔斯与亚里士多德的另一个相同点,是他也认

---

① "一种政体就是关于一个城邦居民的某种制度或安排。"([古希腊]亚里士多德:《政治学》,第73页。)这意味着,从政治和社会意义上说,人与人之间的平等与差异很大程度上是社会建构的结果,这就使在一般意义上谈论正义原则十分困难。下文谈到的罗尔斯曾经宣称,他在设计正义理论的时候通过"屏蔽"使人们之间相互区别的社会、政治、经济、宗教等因素(所谓"无知之幕"的效应),得到了一种可以超越不同社会政治立场的正义原则。但有相当一部分罗尔斯的批评者认为,他的正义原则体现的仍然不过是"西方资产阶级自由主义"的价值体系(参见 Michael Sandel, *Liberalism and theLimits of Justice*, Cambridge University Press, 1987, p. 27。),甚至不过是"对典型的美国自由主义原则及其制度进行系统化"(Richard Rorty, "The Priority of Democracy to Philosophy," in *The Virginia Statute for Religious Freedom: Its Evolution and Consequences in American History*, Merrill D. Peterson and Robert C. Vaughan eds. , The Cambridge University Press, 1988, p. 268)。

② See Aristotle, *The Nicomachean Ethics*, pp. 118 – 119.

③ John Rawls, *A Theory of Justice*, revised ed. , Harvard University Press, 1999, p. 3.

为正义原则的基本功能,就是在社会价值的分配过程中平衡处理人与人之间平等的一面与差异的一面。至于他们两人之间的不同,如果不考虑罗尔斯关于在"多元异质"的社会中通过寻找"重叠共识"确立正义原则的各种说辞,①则在于他作为一位自由民主主义的支持者,对政体具有明显的党派偏向。因此,在他对正义原则的表述中,把平等原则,即"每个人都拥有平等的权利,以尽可能多样化的方式享受平等的基本自由,只要不与其他人对自由的类似享受相冲突"放在首位,并且要求只有这项原则优先得到满足之后,其次才考虑差别原则,即"对社会与经济的不平等应该按如下方式加以安排,以保证:①有理由期望这种安排对所有人有利;②只与对所有人开放的地位和职位相关"②。套用亚里士多德的概念,我们可以认为,罗尔斯是在一个自由民主的社会中,非常恰当地把平等原则作为分配的正义,而把差别原则作为矫正的正义,尽管出身分析哲学的罗尔斯,其语言表述也许比亚里士多德更为严谨。

可以看出,从古希腊到当代,正义原则的内涵及其功能在西方世界几乎都没有什么变化。这似乎表明,对正义的追求大约是西方人本性中一个不变的部分。不过,也可以说这种追求的产生是出于某种无奈。英国哲学家休谟认为,人类的实际处境,使他们不可能摆脱正义原则的约束。这种处境有两个方面的特点,即资源的相对匮乏和仁爱的相对匮乏。前者使人们不可能尽取其所需,后者则使人们不可能为满足他人的要求而无限地消除自己的欲望。③ 就此而言,对正义的追求就不是人性的荣耀而是人性的悲哀。④

---

① 罗尔斯认为,他的正义理论的要点,不仅在于提出了一套平等优先的正义原则(即所谓"作为公平的正义"),而且也在于他的这套正义原则可以超越人们的党派偏见,体现多元社会中的所谓"重叠共识"(overlapping consensus)。参见 John Rawls, "Justice as Fairness: Political not Metaphysical," *Philosophy and Public Affairs*, Vol. 14, No. 3, 1985, p. 225. 对后一点的批判见上注。

② Rawls, *A Theory of Justice*, revised ed., p. 53.

③ 参见[英]休谟:《人性论》,关文运译,商务印书馆,1980年,第3卷第2章第2节"论正义与财产权的起源"。在这一点上,马克思关于共产主义社会物质条件的理论在逻辑上是彻底的。共产主义的前提是物质生产极大丰富,从而在根本上解决了资源相对匮乏的问题,这样后一个相对匮乏也就自然消解。反过来说,第二个相对匮乏之所以会产生社会后果,根本原因还是前一个相对匮乏。

④ 休谟表示:"在栖息于地球上的一切动物之中,初看起来,最被自然所虐待的似乎是无过于人类,自然赋予人类以无数的欲望和需要,而对于缓和这些需要,却给了他以薄弱的手段。"(参见[英]休谟:《人性论》,关文运译,商务印书馆,1980年,第525页。)

当然,两种匮乏的相对性使得人们在正义问题上有可能达成共识,如果两种匮乏是绝对的,那么正义原则也就无从谈起,人与人之间为了争取必须的生存条件只能以性命相搏,如同霍布斯笔下自然状态中"一切人反对一切人的战争"。

三、儒家思想对"平等"与"差异"的平衡

中国传统社会给人两个相互矛盾的印象:一方面,它十分注重平等,所谓"不患寡而患不均,不患贫而患不安"①;另一方面,它又十分注重纲常伦理,表现出严格的等级秩序。不过,无论如何解释这种印象,它们至少说明在中国传统社会中同时存在人与人之间的平等和差异两个面向。实际上,如果休谟所言不谬,人类的处境从根本上说就是"正义的处境",那么在西方由正义原则加以处理的人与人之间平等与差异的关系问题在中国社会同样存在,而且同样也需要某种协调机制。概而言之,从功能的角度看,中国传统社会,特别是在儒家思想中,对这一关系的处理,是通过"仁""礼""义"三项基本原则彼此支撑、相互为用实现的。

"仁"是对他人之爱(孔子说"仁者""爱人"②),在儒家的价值体系中处于核心地位,所以孔子说:"志士仁人,无求生以害仁,有杀身以成仁。"③"仁"的基础则是对亲人之爱,所谓"仁者人也,亲亲为大"④。有子也说:"孝弟也者,其为仁之本与!"⑤孟子进一步指出:"孩提之童,无不知爱其亲者……亲亲,仁也。"⑥孟子并且认为,这种爱的基础,是"不忍人之心"⑦,即同情心。同情即同样的感情,是"人同此心,心同此理"这一心理事实的体现。因此,"仁"的生发机制,是一个推己及人,由近及远的过程,即把对亲人之爱扩展

① 《论语·季氏》。
② 《论话·颜渊》。
③ 《论语·卫灵公》。
④ 《中庸》。
⑤ 《论语·学而》。
⑥ 《孟子·尽心上》。
⑦ "今人乍见孺子将入于井,皆有怵惕恻隐之心。……由是观之,无恻隐之心,非人也。"《孟子·公孙丑上》。

为对邻人之爱、再到对天下人之爱,也就是孟子所说的:"老吾老,以及人之老;幼吾幼,以及人之幼。"①"仁者以其所爱,及其所不爱;不仁者以其所不爱,及其所爱。"②明代的王阳明则进一步把"仁"的原则概括为"视天下犹一家,中国犹一人"的"大人"情怀。③ 由此可见,"仁"体现的是人与人之间相同的或者相通的一面。曾参总结孔子的思想认为:"夫子之道,忠恕而已矣。"④所谓"忠",就是:"己欲立而立人,己欲达而达人。"⑤"恕"则是:"己所不欲,勿施于人。"⑥忠恕之道体现了"仁"的精神实质,即"爱人如己"。可以说,在中国传统思想中,忠恕之道具有类似于康德的绝对命令⑦在西方思想体系中的地位。

需要说明的是,上述王阳明对"仁"的扩展性解释,与孔孟的思想可能稍有出入。严格地说,孔孟讲"仁",既体现人与人之间相通、相同的一面,同时也注重区别、差异的一面。因此,儒家的"仁"与基督教的"博爱"、墨家的"兼爱"都有所不同。孟子批评墨家的兼爱思想,认为,"杨氏为我,是无君也;墨氏兼爱,是无父也。无父无君,是禽兽也"⑧,原因也在于此。或者也可以认为,儒家的"仁"已经内在地具有"礼"的约束,是"发乎情,止乎礼"的人间关爱。

---

① 《孟子·梁惠王上》。

② 《孟子·尽心下》。

③ 王守仁:《王阳明全集》,上海古籍出版社,2011年,第1066页。

④ 《论语·里仁》。

⑤ 《论语·雍也》。

⑥ 《论语·卫灵公》,并参见《公冶长》。

⑦ 康德的"绝对命令"有三种不同的表达方式。1.普遍化原则:"你的行动,应该把行为准则通过你的意志变为普遍的自然规律。"2.以人为目的的原则:"你的行动,要把你自己人身中的人性和其他人身中的人性,在任何时候都同样看作是目的,永远不能只看作是手段。"3.自律原则:"每个有理性的东西的意志的观念都是普遍立法意志的观念。"参见[德]康德:《道德形而上学原理》,苗力田译,上海人民出版社,2002年,第39、47、49页,以及Immanuel Kant, *Groundwork for the Metaphysics of Morals*, Allen W. Wood ed. and trans., Yale University Press, 2002, pp. 37, 46 – 47, 49。大致说来,康德的"绝对命令"强调人的自由、平等和相互尊重。不过,由于这些原则都是形式化的,或者说是程序性的原则(不表达实质内容,即具体要做什么事),所以一个人要按"绝对命令"行事,就必须使他的行为通过这三项原则的检验。康德相信,一种行为如果满足这个严格的要求,就能够成为得到道德认可的行为。不论康德的主张是否成立,"绝对命令"的要求对一般人而言恐怕太难以企及。相比之下,"忠恕之道"可能更简单易行,也更平实可亲。

⑧ 《孟子·滕文公下》。

与"仁"所体现的"合和"精神不同,"礼"强调的是人与人之间尊卑贵贱(纵向)、亲疏厚薄(横向)的差秩格局和纲常秩序,反映"别"与"分"的一面。所以"仁近于乐,义近于礼。乐者敦和,率神而从天;礼者别宜,居鬼而从地"①。"礼"在儒家思想中的重要地位是一个众人皆知的事实,"礼,国之干也"②。"夫礼,天之经也,地之义也,民之行也。"③"经国家、定社稷、序人民、利后嗣者也。"④"礼"提供了一套基本的政治架构,对中国传统社会的稳定有序具有举足轻重的作用,后者因此也被称为"礼治社会"。孔子甚至把"礼"和"仁"一体视之。"颜渊问仁,子曰:克己复礼为仁,一日克己复礼,天下归仁焉。为仁由己,而由人乎哉?"⑤

用以平衡"仁"与"礼"的就是"义"的原则。在中国传统文献中,"义"是一个含义比较丰富的概念。很多时候,它指一种最高的伦理原则,所以孔子说:"君子之于天下也,无适也,无莫也,义之与比。""君子喻于义,小人喻于利。"⑥"见义不为,无勇也。"⑦在这个方面,最有代表性的是孟子的这段话:"鱼我所欲也,熊掌亦我所欲也,二者不可兼,舍鱼而取熊掌者也。生亦我所欲也,义亦我所欲也,二者不可得兼,舍生而取义者也。生亦我所欲,所欲有甚于生者,故不为苟得也。死亦我所恶,所恶有甚于死者,故患有所不辟也。"⑧

但是"义"还有另一方面的含义,那就是在不同的,甚至彼此冲突的行为准则之间进行的权量与选择,即"义者,宜也"⑨。《说文解字注》认为,"义"兼有"度""宜"之意,又说:"义之本训谓礼容各得其宜,礼容得其宜则善矣。"且引董子云:"仁者人也,义者我也。谓仁必及于人,义必由中断制也。"⑩孟子举过一个例子:"嫂溺不援,是豺狼也。男女授受不亲,礼也;嫂溺

---

① 《礼记·乐记》。
② 《左传·僖公十一年》。
③ 《左传·昭公二十五年》。
④ 《左传·隐公十一年》。
⑤ 《论语·颜渊》。
⑥ 《论语·里仁》。
⑦ 《论语·为政》。
⑧ 《孟子·告子上》。
⑨ 《中庸》。
⑩ 段玉裁:《说文解字注》,中华书局,2013年,第639页。

援之以手者,权也。"①权即是宜,也就是义。正是在这个意义上,孟子表示:"大人者,言不必信,行不必果,惟义所在。"②只要是出于某项更高的道德原则的要求,言而无信,行而不果也未必不能接受。显而易见,"义"就是审时度势,对某个具体情境之下的行为原则进行选择和判断。

在本文讨论的人与人之间的关系问题上,以合和平等的"仁"为一方,等级差异的"礼"为另一方,根据情势在两者之间作出最佳的平衡,就是"义"的功能。荀子非常深刻地指出:"(人)力不若牛,走不若马,而牛马为用,何也?曰:人能群,彼不能群也。人何以能群?曰分。分何以能行?曰义。"③这里,"群"指人们之间的团结协作,"分"则是分工与差别,有"分"才能有"群","分"的目的是"群"。荀子此文中所说的"义"接近于孔孟所说的"礼"的含义,而"群"与"分"的结合恰恰需要"义"的权量。正是在这个意义上,有子认为:"礼之用,和为贵。先王之道,斯为美;小大由之,有所不行。知和而和,不以礼节之,亦不可行也。"④这里的要点,在于"和为贵"。儒家强调"礼"治,但目的不是造成一个等级森严、上下隔阂的社会,而是通过"礼"的规范与约束,实现社会的和谐和睦。荀子关于"群"与"分"的理论,可以说真正抓住了孔学"礼之用,和为贵"的思想精髓。

孔子实际上并不是一个僵化不知权变的人。他对比自己与 7 位先贤的区别,认为:"我则异于是,无可无不可。"⑤孟子对这句话的解释是:"可以速而速,可以久而久,可以处而处,可以仕而仕,孔子也。"⑥孔子对管仲的一段评价非常典型地体现了他的权量之道:"子贡曰:'管仲非仁者与?桓公杀公子纠,不能死,又相之。'子曰:'管仲相桓公,霸诸侯,一匡天下,民到于今受其赐。微管仲,吾其被发左衽矣。岂若匹夫匹妇之为谅也,自经于沟渎,而莫之知也。'"⑦孔子在回答子路同样的问题时更明确地指出:"桓公九合诸侯,不以兵车,管仲之力也。如其仁,如其仁!"⑦以通常的标准来看,管仲不

---

① 《孟子·离娄上》。
② 《孟子·离娄下》。
③ 《荀子·王制》。
④ 《论语·学而》。
⑤ 指伯夷、叔齐、虞仲、夷逸、朱张、柳下惠、少连 7 人。参见《论语·微子》。
⑥ 《孟子·万章下》。
⑦⑦ 《论语·宪问》。

能为旧主殉难,就是不"忠"不"仁",当然也谈不上守礼。但孔子认为,管仲有大功于国家人民,可算是"惟义所在",所以也可以被视为"大仁"之人。

从总体上看,在儒家的价值体系中,"仁"是根本目标,"礼"与"义"都是手段,是达到"仁"的途径,因此孔子一再表示:"人而不仁,如礼何! 人而不仁,如乐何!"①又说:"礼云礼云,玉帛云乎哉? 乐云乐云,钟鼓云乎哉?"②礼乐都是形式,人们固不可因文灭质,忘记根本。实际上,孔子有大量的言论表明,"仁""礼"和"义"原本就是三位一体的关系。他曾就周礼指出:"正君臣之位,贵贱之等焉,而上下之义行矣。有司告以乐阕。王乃命公侯伯子男及群吏,曰:'反,养老幼于东序。'终之以仁也。"③又从个人修养的角度表示:"君子恭俭以求役仁,信让以求役礼。不自尚其事,不自尊其身,俭于位而寡于欲、让于贤,卑己而尊人,小心而畏义,求以事君,得之自是,不得自是,以听天命。"④总起来看,"仁""义""礼",再加上"智"四者的关系就是:"恩者仁也,理者义也,节者礼也,权者知也。仁义礼知,人道具矣。"⑤

程颢正是在这个意义上认为:"学者须先识仁。仁者浑然与物同体,义礼知信皆仁也。识得此理,以诚敬存之而已,不须防检,不须穷索。"⑥朱熹也认为,在"仁""义""礼""智""四者之中,仁义是个对立底关键。……仁义虽对立而成两,然仁实贯通乎四者之中。盖偏言则一事,专言则包四者。故仁者仁之本体,礼者仁之节文,义者仁之断制,智者仁之分别。犹春夏秋冬虽不同,而同出乎春。春则春之生也,夏则春之长也,秋则春之成也,冬则春之藏也"⑦。

---

① 《论语·八佾》。

② 《论语·阳货》。

③ 《礼记·文王世子》。

④ 《礼记·表记》。

⑤ 《礼记·丧服四制》。

⑥ 程颢、程颐:《二程集》,王孝鱼点校,中华书局,1981年,第16~17页。

⑦ 朱熹:《答陈器之问〈玉山讲义〉》,载朱杰人、严佐之、刘永翔主编:《朱子全书》(第二十三册),上海古籍出版社、安徽教育出版社,2002年,第2780页。朱熹这一观点之所本仍然是孔子的思想。在《礼记》中,孔子至少有两次以不同的季节比喻"仁""义""礼"之间的关系。其一:"春作夏长,仁也。秋敛冬藏,义也。仁近于乐,义近于礼。乐者敦和,率神而从天;礼者别宜,居鬼而从地。故圣人作乐以应天,制礼以配地。礼乐明备,天地官矣。"(《礼记·乐记》)其二:"宾必南乡。东方者春,春之为言蠢也,产万物者圣也。南方者夏,夏之为言假也,养之长之假也,仁也。西方者秋,秋之为言愁也。愁之以时察。守义者也。"(《礼记·乡饮酒义》)

与西方的正义理论相比,在儒家的思想体系中,"仁"体现人与人之间平等和合的一面,大约相当于上文所提到的"算术上的均等"或者"平等原则","礼"体现人与人之间分别差异的一面,大约相当于"比例上的均等"或者"差别原则","义"则是在具体环境下对两种原则的取舍与权衡。虽然中国古代思想家们在概念的界定和使用方面并不是特别严格,尤其是"义"的含义更缺乏统一性,但三者之间基本的逻辑关系还是相当清楚的。"仁""礼""义"三项原则相互平衡,为实现人们之间的"分"与"群"提供了一套基本的框架。

当然,中西之间在这个方面也存在不同的特点。首先,西方思想传统,即所谓的"形而上学"传统尤其注重探究事物的本质,在正义问题上同样如此。所以,比如亚里士多德虽然反复强调正义的具体性与权量的重要性,认为权量或者说"衡平"(equity)比某种具体的正义要更好,但同时又坚持它并不高于"绝对的正义"。① 也就是说,权量与衡平固然必要,而且重要,但它不能高于原则本身,这就避免了某种形式的相对主义或者虚无主义。反观中国,虽然说在儒家思想体系中"仁"具有核心地位,但作为一种"绝对正义"的原则似乎并没有能够被确定下来,它反而常常要接受其他原则的"权量",所以中国传统价值体系往往让人觉得存在某种相对主义的倾向,而且孔子批评的"人而不仁"的现象也绝不是偶然的存在。

其次,与西方,特别是近现代西方思想家把原则落实为规则(比如罗尔斯的正义原则),再把规则具体化为法律,从而使之与更加清晰、更具可操作性的努力相比,中国传统上更注重当事人自己的判断和权量。后一种做法具有更多的灵活性,也更加切合具体的时间、地点、当事人的具体情况,但由于缺乏相对确定的标准,以及当事人具有各不相同的立场、眼界、判断和能力,其最终结果很可能并不尽如人意。

最后需要看到的是,中国传统的政治实践与儒家的政治理念之间还是存在着相当的差距,而这就涉及"儒法互补"或者说"外儒内法"的问题。虽然在儒家的思想体系中"仁"是最高价值,但它的践行,更多的是诉诸人们的情感与理念。相反,作为"仁之节文"的"礼",却从秦汉以后被选择性地移入

① See Aristotle, *The Nicomachean Ethics*, p. 141.

国家的政治和法律制度之内，从而具有了强制力量的维护与支撑。作为其结果，人与人之间差异的一面压倒了平等的一面，从而使中国传统社会总体而言成为一种等级社会。

四、对正义原则的超越

正义是政治中的至善，是为政的准绳；一个正义的社会必然是秩序良好、和谐和睦的社会。但是在中国传统思想中，这样的社会尚不足以被视为完满。古代中国的理想社会是"大同之世"。《礼记》对大同社会的描述，中国传统士人耳熟能详："大道之行也，天下为公。选贤与能，讲信修睦。故人不独亲其亲，不独子其子。使老有所终，壮有所用，幼有所长，矜寡孤独废疾者皆有所养。男有分，女有归。货恶其弃于地也，不必藏于己；力恶其不出于身也，不必为己。是故谋闭而不兴，盗窃乱贼而不作，故外户而不闭。是谓大同。"①

"大同之世"全面超越了"仁"的原则，所以"人不独亲其亲，不独子其子"；超越了"礼"的原则，所以"男有分，女有归"；超越了"义"的原则，所以"货恶其弃于地也，不必藏于己；力恶其不出于身也，不必为己"。这些原则一旦被超越，正义的基础也就不复存在。究其根本，在于这种社会"天下为公"，克服了休谟所说的正义处境中的第二项因素，即"仁爱"的不足。换言之，"大同之世"是一个真正消除了"人我之别"的社会。

道家思想在这个问题上持有完全相同的立场。老子明确表示："大道废，有仁义；慧智出，有大伪；六亲不和，有孝慈；国家昏乱，有忠臣。"②也就是说，"仁""义""礼""智"乃是道德废弛之后的结果。他并且异常深刻地指出："失道而后德，失德而后仁，失仁而后义，失义而后礼。夫礼者，忠信之薄，而乱之首。"③在老子看来，道是宇宙万物的根本法则，如果道通于万物，则天地之间浑然一体，自然而然，无为而无不为；由于没有任何区分与对立，

---

① 《礼记·礼运》。
② 《老子·第十八章》。
③ 《老子·第三十八章》。

因此也就没有任何矛盾与冲突。① 德是世间万物对道的分有，道德之间的关系，也可以表述为"合则为道，分则为德"②。尽管如此，但如果物物相别，彼此分离，宇宙的自然和谐便不复存在，此所谓"道术""为天下裂"。③ "亲亲为仁"，只有人们之间有了彼此之别、人我之分，不再"不独亲其亲""独子其子"，"仁"才有其用武之地。不过，"仁"的最终目标毕竟还是"老吾老及人之老，幼吾幼及人之幼"，毕竟还是基于人们的"恻隐之心"，如果连人与人之间这种起码的同情与怜悯都荡然无存，就只能严格区分什么是每个人所应得之物（entitled 或者 deserved），这就是所谓的"义"，也就是西方意义上的"正义"。在老子看来，"礼"纯粹是一套与法律类似的外部规范。这些规范的存在，但求使人们"免而无耻"④，外表循规蹈矩，内心如何，则不得而知，所以是"忠信之薄，而乱之首"⑤。基于这一理路，老子提出的救世方案是："绝圣弃智，民利百倍；绝仁弃义，民复孝慈；绝巧弃利，盗贼无有。"⑥

那么与老子的立场相比，孔子"克己复礼"的主张，是否如盗跖所言，"子之道，狂狂汲汲，诈巧虚伪事也"，"非可以全真也，奚足论哉"⑦呢？对此一个可能的解释是，在春秋时期"礼崩乐坏"的社会环境之下，恢复一套起码的社会政治秩序，使人们能够安居乐业，在孔子看来已经成为一件刻不容缓的事情，也是"为仁"的第一步，正因此，他才会主张"克己复礼为仁"。也就是说，孔子主要考虑的不是最根本的问题，而是最迫切的问题。对此，苏辙有一段

① 庄子用浑沌的例子，说明"道"所体现的无知无欲无为的状态："南海之帝为倏，北海之帝为忽，中央之帝为浑沌。倏与忽时相与遇于浑沌之地，浑沌待之甚善。倏与忽谋报浑沌之德，曰：'人皆有七窍以视听食息此独无有，尝试凿之。'日凿一窍，七日而浑沌死。"《庄子·应帝王》

② "修之于身，其德乃真；修之于家，其德乃余；修之于乡，其德乃长；修之于国，其德乃丰；修之于天下，其德乃普。"（《老子·第五十四章》）"道者物之所由也，德者物之所得也。由之乃得。"（王弼注：《老子·第五十一章》，载王弼：《老子道德经注》，楼宇烈校释，中华书局，2008 年，第 137 页。）当然也有人把"德"理解为人们对"道"的体认。"德者得也，以克获为义。"〔成玄英注：《老子·第三十八章》；成玄英：《老子道德经义疏》，载熊铁基、陈红星主编：《老子集成》（第一卷），宗教文化出版社，2011 年，第 215 页。〕这就是每个人对"道"的理解，从而也是部分的认识，离开了"道"的整全。因此，修道之人，最重要的就是"性修反德，德至同于初"。《庄子·天地》

③ 《庄子·天下》。

④ "子曰：道之以政，齐之以刑，民免而无耻。道之以德，齐之以礼，有耻且格。"《论语·为政》

⑤ 《老子·第三十八章》。

⑥ 《老子·第十九章》。

⑦ 《庄子·盗跖》。

解释:"《易》曰:'形而上者谓之道,形而下者谓之器。'孔子之虑后世也深,故示人以器而晦其道,使中人以下守其器,不为道之所眩,以不失为君子,而中人以上,自是以上达也。老子则不然,志于明道而急于开人心,故示人以道而薄于器,以为学者惟器之知,则道隐矣,故绝仁义、弃礼乐以明道。夫道不可言,可言者皆其似者也。达者因似以识真,而昧者执似以陷于伪。故后世执老子之言以乱天下者有之,而学孔子者无大过。因老子之言以达道者不少,而求之于孔子者常苦其无所从入。二圣人者,皆不得已也,全于此,必略于彼矣。"①固然"学孔子者无大过",但一方面"常苦其无所从入",另一方面任何制度设计都会有其负面作用,所谓:"天下多忌讳,而民弥贫;民多利器,国家滋昏;人多伎巧,奇物滋起;法令滋彰,盗贼多有。"②所以老子的教诲是:"我无为而民自化,我好静而民自正,我无事而民自富,我无欲而民自朴。"③在正义的问题上也一样,它纵然是政治中的至善,但毕竟"相呴以湿,相濡以沫,不如相忘于江湖"④。人们固不必如老子主张的那样"绝圣弃知",亦不必"绝仁弃义",但需要认识到,正义并非人类价值的全部,而且如果对其过分依赖,结果往往会适得其反。这可能是老子思想最积极的含义所在。⑤

---

① 苏辙:《道德真经注》,华东师范大学出版社,2010年,第25页。

②③ 《老子·第五十七章》。

④ 《庄子·大宗师》。

⑤ 其实,休谟也表达过类似的思想。他明确指出:"正义不过是俗成之物,不过是对(人类)某些不便之处的解救之方。""如果人与人之间的彼此关爱足够充分,或者自然资源足够丰富,那么正义原则就一无所用,取而代之的会是一些更崇高的品性,以及更有价值的福祉。"David Hume,*Treatise of Human Nature*,2nd ed.,L. A. Selby – Blgge ed.,Clarendon,1978,pp. 494 – 495.

▼中立性问题

公民间关系、慎议政治与当代自由主义的国家观*

谭安奎**

从哲学层面上讲,社群主义与自由主义之争,最核心的焦点一开始就是形而上学意义上的自我观问题。"社群主义者"基本上是一个被赋予的标签,而不是一个自觉、自愿的理论群体,但对自由主义自我观的批判似乎确实足以让人们断定存在一种"社群主义"的主张。因此我们可以看到,许多人认为,自由主义的麻烦在于其"无所挂碍的(unencumbered)自我"①、"原子主义"②或"理想化的自在主体"③。而这种批判,至少可以追溯到黑格尔的如下观点:"在考察伦理时永远只有两种观点可能:或者从实体性出发,或者原子式地进行探讨,即以单个的人为基础而逐渐提高。后一种观点是没有精神的,因为它只能做到集合并列,但是精神不是单一的东西,而是单一物和普遍物的统一。"④基于这一批判,一种本体论意义上的社群主义就成了一

* 本文发表于《政治思想史》,2012年第4期。本文的主要内容曾以"公民间关系与自由主义国家观的当代构造"为题发表于台湾《哲学与文化》月刊2012年第8期,感谢龚群教授约稿和《哲学与文化》杂志社刊用。《政治思想史》杂志的刘训练先生曾受邀评审此文,他希望拙文能以简体版本呈现给大陆学界同仁,承其美意,笔者在对文本内容作细微调整和补充后刊发于此。

** 谭安奎,中山大学政治与公共事务管理学院教授。

① Michael J Sandel, "The Procedural Republic and the Unencumbered Self," *Political Theory*, Vol. 12, No. 1 (February, 1984), p. 86.

② Charles Taylor, "Atomism," in *Philosophy and the Human Sciences: Philosophical Papers*, 2, Cambridge University Press, 1985, pp. 187 – 210.

③ [美]贝尔:《社群主义及其批评者》,李琨译,生活·读书·新知三联书店,2002年,第7页。

④ [德]黑格尔:《法哲学原理》,范扬、张企泰译,商务印书馆,1961年,第173页。

些学者的主张。

但对自由主义的这种批评越来越受到质疑，因为它明显缺少对社群本身的批判省察，而这恰恰是自由主义的精髓所在："处于自由主义图景之核心的是这样一种信念：个性不仅由社群所型塑，也受到它的威胁，社会与政治权力的集中能同时作为压制和表达个人认同的工具。自由主义力求给这一复杂方程式的双方以应有的力量。在理论层次上，这一理解要求个人既被赋予对其社会的制度和先在假定予以批判反省的能力，同时被赋予对道德行动而言是根本性的非强制选择的能力。……拥有意识到自己社会中内在矛盾的能力，正是自由主义个性观所要求的那种反思的距离。"①也正因为如此，理论家们逐渐意识到，是否承认社群的价值，这并非争论双方真正的分歧所在，关键是我们要寻求何种社群，而自由主义与社群主义的争论应当转向这一问题。② 简言之，一种什么样的社群才配享人们的尊重和忠诚，这个问题是争论双方都必须面对的。

进一步讲，自由主义当然承认，人们生活在种种不同的社群当中，而且毫无疑问，自由主义愿意尊重人们的种种社群生活与社群归属，它希望给予个人以尽量宽泛的自由，以便他们在不同的社群中找到或实现种种不同的善。但自由主义在国家的问题上却相当审慎。国家能够被设想为一种先在地规定人们善观念与身份认同的社群吗？ 这个问题才是这场理论争论的要害所在。也正因为把焦点自觉地局限于国家问题上，自由主义就可以说，自己并不必然要认为个人在本体论的意义上是孤立的，相反，人总是生活于社会当中的，"恰恰是社群主义者似乎认为，如果没有国家积极地把他们拉到一起去集体地评价和追求善，个人将堕入迷茫与分离的孤立之境"③。在这方面，罗尔斯就是一个典型，因为他的理论自始至终都是以一种社会观为前提的："各种各样的正义观是不同社会观的衍生物，而后者以对人类生活的

---

① William A Galston, "Pluralism and Social Unity," *Ethics*, Vol. 99, No. 4 (July, 1989), p. 722.

② See Sibyl A Schwarzenbach, "Rawls, Hegel, and Communitarianism," *Political Theory*, Vol. 19, No. 4 (November, 1991), p. 540.

③ Will Kymlicka, "Liberal Individualism and Liberal Neutrality," *Ethics*, Vol. 99, No. 4 (July, 1989), p. 904.

自然需求和机会的不同观点为背景。"①他所坚持的社会观认为,社会是一个世代相续的公平合作体系。后来在《政治自由主义》阶段,他同样认为,这种社会观是自由主义理论的重要前提。②

本文的目的就是要以这场争论为背景来探讨自由主义的国家观,尤其是讨论在当代自由主义的语境中,国家是否是,以及(如果是的话)在何种意义上是一个社群。我将基于社群主义对自由主义国家观的批评,以罗尔斯的契约论(尤其是体现在《政治自由主义》一书中的契约论形式)为中心,分析自由主义国家观的当代构造。本文将表明,罗尔斯通过重新想象公民之间的伦理 – 政治关系,试图在自由主义和契约论的语境中把国家塑造为一种中立的、"政治性的"社群,这种国家观有力地响应了社群主义的诸多批评。但这种国家观把自己局限在"政治"的范围之内,因此面对着一个根本性的挑战,即政治自由主义语境中独立于整全性学说的"政治"概念是否存在,它又该如何理解。作为一个思考的方向,本文认为,政治自由主义背后隐含着一种慎议性政治(deliberative politics)的政治概念,它也必须以这种独立的政治概念为基础。这就意味着,当代自由主义对政治社群的构造使之与慎议民主理论之间形成了本质上的契合,相对于传统而言,它是一种具有更强民主预设和民主色彩的自由主义理论。

一、私人与国家:传统自由主义的国家工具论及其批评

近代以来的自由主义理论,从形式上讲主要表现为契约论,而从精神实质上讲则主要体现为个人主义与工具理性,并因此导向一种工具论的国家观。在霍布斯(虽然他是否算得上是自由主义者,这个问题一直存在争议)那里,自然状态中的个体既没有对善和利益的共同追求,也没有共同认可的正当标准。虽然从表面上看,每个人都追求生命保全并因此倾向于和平,但自然状态之所以是所有人对所有人的战争状态,恰在于生命并不是一种共同的善,而是分散地为各个个体所拥有和珍视。结果,就霍布斯所谓的和平

① John Rawls, *A Theory of Justice*, Harvard University Press, 1971, p. 9.

② See John Rawls, *Political Liberalism*, 2nd., Columbia University Press, 1996, pp. 34 – 35, 107.

而言,"我们看重的对象是同一个东西,但对我们每一个人而言,它被看重的方式却是不同的。或者说,我们每个人仅仅从我们自身考虑而看重它。那一价值以及与之关联的理由是收敛性的,但它们不是共同的"①。霍布斯一再强调,在自然状态中,在利维坦诞生之前,"这一大群人天生并不是一,而是多"②。也就是说,他们没有统一的人格与身份认同,遑论一种社群生活和社群意识。每个人从自身生命保全出发,出于理性地考虑,放弃自己对一切东西的权利,从而结成了国家。据此,国家和主权者虽然几近绝对,但本质上却仅仅是保护个人生命的工具。洛克虽然强调生命、自由与财产等自然权利,但从推理逻辑上讲,也仅仅是改变了人们通过契约试图维护的利益的内容,而没有改变其工具理性化的推理本身。因此,其基本的结论就是,建立国家和政府的目的是为了保护每个人的财产。

在传统自由主义的逻辑中,从个人到国家,似乎并没有什么新的伦理内容产生出来,国家本身也没有内在的和独立的道德价值。国家或许很有力量,但终归是工具。坚持古典自由主义亦即自由至上主义立场的诺齐克再次重申了这一点:政治社会是一个由私人组成的联合体,进入政治社会这一事实并没有给人们带来全新的价值,"没有新权利在群体的层次上'浮现',联合的个人不能创造不是前定权利之总和的新权利"③。从伦理上讲,国家仅仅是个人的理性利益或私人权利的聚合而已。

这里的"个人",若与古典观念进行比较的话,乃是典型的"私人"。对古希腊人来讲,"人"和"公民"的意思毫无二致,所谓生活,也就等于参与城邦的生活。而根据政治理论家萨托利的分析,在古希腊和古罗马,"私人"这个概念所具有的意义和价值,完全是由拉丁语的 privatus(意即私人的)及其希腊语对应词 idion 的意义揭示出来的。拉丁语的 privatus,指的是"失去",这个词常被用来表示一种同社会的关系不健全和有缺陷的生活方式。而希腊语的 idion(私人的)与 koinon(公共事务)比起来,甚至更强烈地表达了失去

① Gerald J Postema, "Public Practical Reason: An Archeology," *Social Philosophy and Policy*, Vol. 12, 1995, p. 452.

② Thomas Hobbes, *Leviathan*, edited with an introduction by Michael Oakeshott, Basil Blackwell, 1957, p. 107.

③ Robert Nozick, *Anarchy, State, and Utopia*, Basic Books, Inc, 1974, p. 90.

与匮乏之义。相应地,*idiontes* 则是个贬义词,意指非公民,这种人是粗俗的、没有价值的愚人,他只管他自己。① 因此,私人是缺乏健全的社会关系、只追求自己的私人利益、不关心公共生活、没有社群归属的人。近代以来的自由主义无疑是空前地抬高了私人生活的价值,国家因此也被理解为纯粹是一种私人关系的结果。在民主主义者或共和主义者们看来,自由主义完全混淆了私人与公民的界线:"根据自由主义观点,公民与私人本质上是没有区别的,他们把自己的前政治利益作为国家机构的对立面提出来要求得到满足。"②从这个角度来看,自由主义在本质上是前政治的,似乎没有把公民或公民群体的政治意志当做自己理论构造的构成性要素。我们了解这一疑虑,便为后文对政治自由主义的分析埋下了伏笔——"政治的"自由主义如何可能是"政治的"呢?

这种工具理性及工具论的国家观带来了两个相互关联的重要后果,它们使得自由主义的成长史与自由主义的批判史几乎是相生相伴的。其一,它导致了公共政治生活在观念与实践上的衰退。正是这一点,至少可以部分地解释共和主义在当代西方的强势复兴,因为"在共和主义的支配性假定之中,社会史家们已经找到了一种药方,去疗救洛克式自由主义的工具逻辑和去神秘化的理性,而这种逻辑和理性如此久远地主导了历史写作"③。古典共和主义传统对公共政治生活与公共精神的强调、对自治的政治社群的追求,与传统自由主义的私人化风格是格格不入的。

其二,就是国家社群意义的湮没。至少自黑格尔开始,就对此作了强烈批判,他把国家当做一个伦理社群来看待,甚至当作一种"客观精神"。在当代,桑德尔则区分了工具性的、情感性的和构成性的社群观念,而社群主义心目中货真价实的社群则是构成性社群。据此,"说一社会的成员由一种共同体感所约束,不仅是说他们中的许多人承认社群主义的情感和追求社群的目标,而且是说他们把其身份——其情感和抱负的主体而不仅是其对

---

① 参见[意]萨托利:《民主新论》,冯克利、阎克文译,东方出版社,1998 年,第 320 页。

② [德]哈贝马斯:《在事实与规范之间:关于法律和民主法治国的商谈理论》,童世骏译,生活·读书·新知三联书店,2003 年,第 662 页。

③ Joyce Appleby, *Liberalism and Republicanism in the Historical Imagination*, Harvard University Press, 1992, p. 290.

象——设想为在某种程度上由社群来界定,他们是这一社群的一部分"①。
在社群主义者看来,唯有构成性社群才能满足一个完整的社群所必须具备
的四个标准:必须共享完整的生活方式,而不只是分享利益或把结合视为达
成目的的一个手段;由面对面的关系所组成;关心所有成员的幸福并且根据
互惠性的义务尽己所能提升幸福;社群是自我认同的核心,其关系、义务、风
俗、规则和传统对我来讲不仅很重要,而且是使我之为我的东西。② 社群主
义希望以此摆脱自由主义的个人主义和工具主义。同样,共和主义的当代
复兴也有相似的要求,因为"个人自由只能在一种共和主义社群的自治形式
之内才能得到充分保证,这一结论代表了所有古典共和主义公民身份理论
的核心和神经"③。在共和主义者看来,对自由与平等的追求必然意味着要
诉诸共和主义的社群。④

由于这种工具理性是以契约论的方式体现出来的,同时,契约本身又具
有强烈的私人关系乃至经济关系的意向,因此对自由主义的批判也就自然
延伸到契约论方法了。最经典的批评仍然是黑格尔提出的,他认为,契约关
系是私人性的、任意的,用契约的思路来阐述国家问题,完全是把国家与市
民社会(主要指经济领域)作了错误的等同:"如果把国家同市民社会混淆起
来,而把它的使命规定为保证和保护所有权和个人自由,那么单个人本身的
利益就会成为这些人结合的最后目的。由此产生的结果是,成为国家成员
是任意的事。但是国家对个人的关系,完全不是这样。由于国家是客观精
神,所以个人本身只有成为国家成员才具有客观性、真理性和伦理性。结合
本身是真实的内容和目的,而人是被规定着过普遍生活的。"⑤

自由主义究竟是只能重申自身传统中的工具主义国家观,抑或也能够
重新厘定个人与国家关系的本质,从而为社群主义的国家观留出一定的空

---

① Michael J Sandel, *Liberalism and the Limits of Justice*, Cambridge University Press, 1982, p. 150.

② See Jack Crittenden, *Beyond Individualism: Reconstructing the Liberal Self*, Oxford University Press, 1992, pp. 132 – 133.

③ Quentin Skinner, "The Idea of Negative Liberty: Philosophical and Historical Perspectives," in Richard Rorty, J. B. Schneewind and Quentin Skinner eds., *Philosophy in History*, Cambridge University Press, 1984, pp. 207 – 208.

④ See Philip Pettit, *Republicanism*, Oxford University Press, 1997, p. 126.

⑤ [德]黑格尔:《法哲学原理》,范扬、张企泰译,商务印书馆,1961 年,第 253 ~ 254 页。

间? 特别重要的是,它还能够重新运用契约论的方法来克服工具理性与工具论国家观的局限吗? 要回答这些问题,罗尔斯的理论无疑是一个最好的切入点,因为作为一种新的自由主义理论系统,它具有明显不同于传统自由主义的特征,而且它还继续采用了契约论的方法。

二、契约论与基于公民间关系的自由主义政治社群

我们可以发现,罗尔斯在自己的理论中明确承认"社群之善"①,而且他强调,政治社会是"社会联合的社会联合"②,这种社会联合乃是非工具性的,因为正义的制度被认为"因其本身就是好的"③,正义的公开实现是"一种社群价值"④。他还进一步指出,他所理解的良序社会不同于"私人社会",后者相当于黑格尔所说的"市民社会"⑤。转向政治自由主义之后,他也坚持认为,"一个政治社会自身就可以是一种内在善"⑥。这些表述似乎表明,罗尔斯本人并不像传统自由主义那样,持有一种工具论的国家观,它也不像黑格尔所批评的那样,把市民社会与国家等同起来了。但有意思的是,罗尔斯恰恰采用了契约论的传统方法。因此,要理解他对自由主义国家观的构造,我们必须要面对的问题就是:他对契约论作了什么样的改变,其中的推理过程又作了什么样的调整,从而可以抛弃传统自由主义的工具理性思维?

在《正义论》中,罗尔斯提出,自己的抱负就是要把洛克、卢梭和康德开启的契约论传统提升到一个更加抽象的层次。但在《政治自由主义》中,洛克式的契约论作为自由至上主义(libertarianism)的典型而被罗尔斯排除在外了,理由就是它把国家视为私人性的联合体:"虽然自由至上主义观点也重用同意观念,但它根本不是一种社会契约理论。因为社会契约理论把原初协议设想为建立一个共同的公共法律体系,它界定和规范政治权威并适

---

① John Rawls, *A Theory of Justice*, p. 395.

② Ibid., p. 525.

③ Ibid., p. 527.

④ Ibid., p. 529.

⑤ Ibid., pp. 521 – 523.

⑥ John Rawls, *Collected Papers*, Samuel Freeman ed., Harvard University Press, 1999, p. 470.

用于每一个作为公民的个人。政治权威和公民身份都通过社会契约观念自身得到理解。通过视国家为一种私人联合体，自由至上主义学说拒斥了契约理论的根本理念……"①言下之意，罗尔斯强调契约的"社会"性质。但这个说法仍然不是足够清楚，它没有说明，这种社会性的契约究竟是通过什么方式克服自由至上主义的工具理性，从而避免把国家当作私人联合体的。

为了弄清这一问题，我们需要分析，在罗尔斯的契约论中，契约的各方是以什么方式、按照什么标准进行推理的。换言之，罗尔斯采用的是一种什么样的实践理性概念，它与私人性的工具理性有何区别。但正是在这个问题上，罗尔斯进一步提出了更深层次的问题："建构主义并不仅仅从实践理性出发，而是要求一种塑造社会观与人的观念的程序。"②关于社会与人的观念之所以重要，是因为"它们刻画进行推理的主体，并明确实践理性原则所适用的问题的语境。……没有关于社会与人的观念，实践理性原则就会没有意义、作用或应用之处"③。也就是说，实践理性的背后还有两个问题：是谁在进行推理？这种推理及其结果打算用于调节什么样的行为或关系？第一个问题涉及推理者的身份，而我们知道，特定的身份往往蕴含着特定的伦理要求，因为一种特定的身份总是需要根据特定的人际关系来确认，而人与人之间不同的关系总是意味着不同的行为规范方面的要求或预期。第二个问题涉及推理所要适用的语境条件，人们可以为不同的情境进行不同的推理。

我们先从第二个问题谈起。如前所述，罗尔斯认为，各式各样的正义观是不同社会观的产物。他在对比作为公平的正义与古典功利主义时就提出，二者间的区别源于社会观的根本不同。罗尔斯认为社会是一个世代相续的公平合作体系，而古典功利主义的社会观则强调对社会资源的有效管理，以便把欲望体系的满足最大化。但如何才能算是"公平合作"，则有待于我们回到第一个问题，即通过揭示推理主体的身份并发掘其伦理要求，从而通过符合这种要求的推理来确定公平合作的具体原则。

这种关于人的观念，在《政治自由主义》中，具体表现为自由而平等的公

<hr>

① John Rawls, *Political Liberalism*, 2nd., p. 265.

②③ Ibid., p. 107.

民。也就是说,罗尔斯强调的是政治意义上的人的理念。而且早在《正义论》阶段,他就明确提出,隐含在契约论传统中的正义观念"为民主社会建立了最恰当的道德基础"①。到了《政治自由主义》,他还表明,政治自由主义乃是要解决民主传统中自由与平等、古今自由的调和问题。② 因此,所谓政治意义上的人,就被确定为自由而平等的公民。如此一来,订立契约的各方就不是传统自由主义意义上的私人了。那么,民主的公民身份究竟意味着什么,民主社会的公民们在确定相互之间以及他们与国家之间的关系时该如何进行推理呢?

这就把我们引向了罗尔斯的公共理性理念。这一理念在内涵与应用方面仍然饱受争议,但对本文的论题而言,有两点特别重要。首先,公共理性理念的核心是相互性(reciprocity)标准,因为罗尔斯虽然有时认为可能存在多种公共理性,但同时强调,相互性标准是它们共同的限制性特征。③ 其次,这一标准在罗尔斯那里的核心指向,就是公民们在涉及宪政根本要素与基本正义问题时要能够就自己的主张提出其他公民也可以接受的理由。罗尔斯所主张的政治正当性理念也是以此为基础的,我们由此可以看出相互性标准、从而也可以看出公共理性理念的本质要求:"基于相互性标准的政治正当性理念可表述为:只有当我们真诚地相信我们为我们的政治行动所提出的理由……是充分的,而且我们也合乎情理地认为其他公民也可以合乎情理地接受那些理由,我们对政治权力的行使才是恰当的。"④显然,这里所包含的推理方式不可能是纯私人性的和工具性的,因为这样的推理及其所给出的理由肯定是其他公民不可能合乎情理地加以接受的,社会合作也不可能由此展开。事实上,正是相互性标准使得公共理性在本质上具有公共性特征。

当然,我们仍然可以追问,公民们为何要用公共理性进行公共推理? 罗

---

① John Rawls, *A Theory of Justice*, p. viii.

② See John Rawls, *Political Liberalism*, 2nd., pp. 4 – 5.

③ See John Rawls, "The Idea of Public Reason Revisited," *The University of Chicago Law Review*, Vol. 64, No. 3 (Summer, 1997), p. 774.

④ John Rawls, "The Idea of Public Reason Revisited," *The University of Chicago Law Review*, Vol. 64, No. 3, p. 771. 亦可参见 John Rawls, *Political Liberalism*, 2nd., p. 217。

尔斯的回答可以很直接:这是民主的公民身份本身所包含的要求。公共理性的目标,是要从道德上确定民主社会中的政治关系,而这种政治关系包含两个方面,一个是纵向的,即政府与公民之间的关系,一个是横向的,即公民之间的关系。但是"在这种政治关系之内行使的政治权力总是由国家为执行其法律而设置的机构所支持的强制性权力。在宪政制度下,政治权力也是作为一个集合体的平等公民们的权力"①。既然公共权力是平等的公民们所共同拥有的,那么,在事关公共权力如何运用的问题上,一个公民所提出的理由是否可以为其他公民合乎情理地予以接受,就是一个重要的限制性条件,唯有满足这个条件,才能体现平等的公民身份。这就是民主的公民身份的伦理含义所在。进而,从其伦理内涵上讲,上述两个方面的政治关系归根结底是公民之间的横向关系问题:我们按照对平等的公民之间关系的理解,择出一些规范国家权力运行的正义原则,从而就间接确定了国家(政府)与公民之间的关系。从头至尾,罗尔斯的契约论都不是直接去解释政府与公民的关系,而是从公民间的关系出发的。同时非常明显的是,公民间的关系不仅是一种政治关系,它也是一种特定的伦理关系。

简言之,作为契约各方的公民,其平等的公民身份要求他们运用公共理性进行推理。罗尔斯因此强调,公共理性理念"隶属于民主的公民身份"②。在围绕公共理性理念所进行的聚讼纷纭的争论中,也有人意识到,对公共理性来讲,"关键之处完全在于民主的公民身份的本质"③。运用公共理性是公民的责任,是一种针对特定角色的伦理要求。罗尔斯将这种责任称为公民性(civility)责任,即"为自己的政治行动给公民们给出公共理由(public reasons)的责任"④。唯有符合这一条件的原则,才是合乎正义的原则。正是相互给出公共理由的要求,使得罗尔斯的契约论摆脱了传统自由主义对工具理性和工具性理由的依赖。既然公共理性意味着我们是从公民间的横向关

---

① John Rawls, *Collected Papers*, p. 482.

② John Rawls, "The Idea of Public Reason Revisited," *The University of Chicago Law Review*, Vol. 64, No. 3, p. 767.

③ Paul J Weithman, "Citizenship and Public Reason," in Robert P. George, Christopher Wolfe eds., *Natural Law and Public Reason*, Georgetown University Press, 2000, p. 129.

④ John Rawls, *Collected Papers*, p. 617.

系出发去间接地塑造国家与公民之间的纵向关系,而这种横向关系是建立在公共理性而不是工具理性之上的,因此对于公民而言,国家就不可能是一个单纯的私人性工具了。

根据这一点我们同样也可以看出,国家或政治社会虽然不是工具性的,但由于它不是先在地规定了公民的身份认同(尤其是,除了民主的公民身份本身以外,它没有规定每个公民身份认同的其他更多或更深的内容)或善观念,而是反过来由公民间关系所塑造,因此它就不像社群主义所设想的那样,享有对于个人的优先性。无论是从本体论的意义上讲,还是从价值的角度讲,这种优先性都不成立。不错,如前所述,罗尔斯确实认为政治社会也可以是一种内在的善,但我们现在可以得出结论:这种善并不是被给定的,它是公民们运用公共理性的结果。而我们知道,公民们运用公共理性的结果就是一套政治性的正义原则。所以我们把政治社会当作一种内在的善,也就是认可这样的正义原则,认可由这些原则所调整的政治生活形式与政治制度。社群主义者往往批评自由主义,认为后者否认共享的善。例如泰勒就认为,"善"有两种含义,在广义上,它意味着我们寻求的任何有价值的东西;在更狭窄的意义上,它指向被看重的生活计划或生活方式。他认为,自由主义在狭窄的意义上不可能有公共善,但在更广的意义上,当正当的规则也能算作"善",就可能有一种极端重要的共享的善。他还以"水门事件"中公民的普遍愤怒为例,认为"愤怒的公民认为被违反的正是正当的规则,一种自由主义的法治观念,那就是他们认同的东西,也就是他们当作公共善而奋起捍卫的东西"①。现在我们可以看到,在这个问题上,罗尔斯与泰勒这样的社群主义者并没有实质的分歧。罗尔斯承认:"社会契约是许多个人——所有公民——为着他们确实共享的共同目的的联合。这种共同目的不仅是他们事实上共享的,而且也是他们应当共享的。"②我们无疑从这里看到了黑格尔的影子。不过,这种共享的目的,是且仅仅是一个基于民主公民身份与公民间关系的正义的政治社会,而不是一个先在的伦理实体意义上

---

① Charles Taylor, "Cross – Purposes: The Liberal – Communitarian Debate, " in Nancy L. Rosenblum ed., *Liberalism and the Moral Life*, Harvard University Press, 1989, p. 175.

② John Rawls, *Lectures on the History of Moral Philosophy*, Barbara Herman ed., Harvard University Press, 2000, p. 363.

的社群。

相应地,罗尔斯的自由主义理论会主张对国家的认同,但这种认同是建立在正义的原则与制度之上的,而不是建立在未经反省的社群意识之上的。相反,"一种社群意识,就其依赖于正义概念而言,只有在所有人的权利和特权(privileges)能被每一个人在不被要求违犯他所理解的义务的情况下而被承认的地方,才有可能"①。这一基于正义的社群意识非常接近于哈贝马斯等人所主张的政治认同观念,它并非指涉政治之外的一种血统或生活方式的先在同构型,而是要将公民的忠诚直接导向一个作为自治的政治共同体的国家。据此,"政治共同体的认同(它也不应该受外来移民的触动)主要依赖于根植于政治文化的法律原则,而不完全依赖于一个特定的伦理 – 文化生活形式"②。

也正是基于上述对共享目的及相应的国家观的理解,罗尔斯非常慎重地与社群主义拉开距离,防止把国家理解为一种社群主义眼中的社群:"对于政治社群的期望确实必须放弃,如果我们用这样一种社群指通过认同同一种整全性学说而获得统一的政治社会的话。"③换句话说,国家不应当被视为一种构成性社群。但我们要注意到罗尔斯所提出的"如果"这一假定条件。一如他的建构主义强调正义原则是在政治的范围内被独立建构出来的一样,如果我们只是限定在政治的范围内的话,我们也可以把罗尔斯意义上的国家视为一个政治性的社群。而这个社群之所以是政治的,就在于维系这一社群的正义原则是在不"言及、了解或危及"④公民们各自持有的种种整全性学说的基础上而被构造出来的,对国家权力之行使的辩护没有诉诸这些整全性学说中的任何一种。在这个意义上,这个政治社群是一个政治中立的国家。这就使得罗尔斯同时捍卫了自由主义传统中关于个人自由、宽容的核心价值。

现在我们可以概括一下,面对社群主义与自由主义的争论,罗尔斯究竟

---

① John Rawls, *Collected Papers*, p. 88.

② [德]哈贝马斯:《在事实与规范之间:关于法律和民主法治国的商谈理论》,童世骏译,生活·读书·新知三联书店,2003 年,第 679 页。

③ John Rawls, *Political Liberalism*, 2nd., p. 146.

④ Ibid., p. 12.

在国家观的问题上采取了何种立场。如前所述,在黑格尔看来,在伦理领域只有从实体性出发或从原子式的个体出发这两种可能的观点,而罗尔斯则认为,康德和卢梭(注意,没有洛克)的契约观念代表着第三种选择,这种契约观念承认人们分享共同目的,即进入政治社会,这不仅是他们事实上共享的,更是他们应当共享的;同时它是理性的、假定性的而非历史的:"它不同于从作为独立于所有社会联系的原子的单个个体开始,然后从他们中建立一个基础。同时,它不使用作为精神实体、个体仅作为其实体性的偶然表现的国家观念,国家是一个舞台,个体在其中可根据每个人可视为理性而公平的原则去追求他们的目的。"①现在我们完全可以得出结论说,通过对自由主义以及这种契约论传统的"政治"限定,罗尔斯提出了一个超越社群主义以及传统自由主义的新选项。

三、自由主义的政治社群与慎议政治:一个思考方向

从以上分析来看,罗尔斯的理论表明,自由主义似乎也能够把国家理解为一种"政治"社群。但这种"政治"社群是在"政治的"自由主义框架内构造起来的,因此它能否真正构成一种可靠的国家观,就完全依赖于"政治的"自由主义本身在理论上是否是健全的。但罗尔斯的政治自由主义转向恰恰招致了大量的批评。一方面,许多人强调自由主义的政治哲学必须是形而上学的和整全性的学说,这其中自然包括社群主义者;②另一方面,也有人站在民主主义或共和主义的立场上批评说,罗尔斯的政治自由主义中根本没有政治,或者是弱化了政治过程的意义,因为原初状态的设计及其推理体现的是一种"独白式的"道德推理过程,而不是我们日常理解的政治竞争或对公共事务的对话与讨论。③ 此时,仅仅说这种推理是由民主社会的公民来进行的,似乎就不足以证明它一定是政治的,因为直接来讲,我们只能说这种

① John Rawls, *Lectures on the History of Moral Philosophy*, pp. 364 – 365.

② 例如, Michael J Sandel, "Review of *Political Liberalism*," in G. W. Smith ed., *Liberalism: Critical Concepts in Political Theory*, Vol. III, Routledge, 2002。

③ 例如, Chantal Mouffe, *The Return of the Political*, Verso, 1993; Robert Alejandro, "What is Political about Rawls' Political Liberalism?" *The Journal of Politics*, Vol. 58, No. 1 (February, 1996)。

推理是伦理性的、非工具性的,虽然它肯定与政治有关。这些质疑其实可以集中到一点:"政治的"自由主义有可能吗?

本文当然不能也不需要全面回应针对政治自由主义的种种质疑,但我们可以从第二个问题切入来考虑政治自由主义的可能性问题。原因在于,如果我们可以证明政治自由主义当中是有政治的,并且能够表明它确实是以一种政治的概念为基础的,那无疑就在很大程度上解决了这个问题,至少是解决了其中最核心的部分。

遗憾的是,罗尔斯本人没有直接为政治自由主义界定出一种政治(the political)概念,他只是强调了一种政治性的正义观念的三个特征:它适用的主题是社会基本结构;它是以独立于任何特定的整全性学说的方式而被呈现出来的;它的内容是根据某些隐含在民主社会的公共政治文化中的根本理念而表达出来的。① 第一个特征显然不是决定性的,因为我们完全可以从整全性学说中切割出其政治部分,并认为它是适用于社会基本结构的。第三个特征看似具有直接的政治含义,但只有当我们把民主与政治直接等同起来的时候,它才能算是对政治概念提供了一种解释。但这种等同明显有违我们的直觉,而且我们也不清楚,民主社会的公共政治文化中的那些根本理念是否一定没有一种整全性学说的背景。况且,罗尔斯还曾说过,神授君权、专制等都在政治的范畴之内,②这就更令人怀疑第三个特征对于解释政治的有效性了。第二个特征重在述说政治性的学说与整全性的学说之间的关系,但罗尔斯对二者的解释却明显是循环的。一方面,根据他对整全性学说的解释,它是同时包含政治的与非政治的价值与美德的学说,既然如此,"我们能够明白何为 种整全性学说之前,我们需要知道何为政治性的(学说)……因此,政治的理念在概念上先于整全性学说的理念";但与此同时,如果政治性的学说被界定为独立于整全性学说而构造出来的学说,那么我们逻辑上就需要先知道什么是整全性学说,"因为独立性预设了,我们已经知道一种整全性学说是什么,然后把政治等同为一种不诉诸这类学说的

① See John Rawls, *Political Liberalism*, 2nd., pp. 11 – 14.

② Ibid., p. 374.

东西"①。

综合上述分析,我们若要从罗尔斯的文本中直接找到对政治的界定似乎是不可能的。但上文第二部分已经表明,罗尔斯式的当代自由主义国家观的塑造,主要是通过公民们运用公共理性、彼此就自己的行动提供公共理由的过程而得以完成的。因此,我们不妨回到这个过程上来。事实上,政治自由主义的批评者们之所以认为罗尔斯那里没有政治,正在于他们是从某种公民行动过程的动态角度来理解政治的。公民们运用公共理性的过程,其实质就是他们相互之间就国家公共权力的运用提出彼此的辩护理由。如此一来,我们就会发现,政治自由主义的这个核心主张与许多批评它的民主主义者,尤其是慎议民主主义者的要求高度契合。因为慎议民主的追求就是要实现公民间的"相互辩护"②。换言之,慎议民主的主张是,"对集体政治权力的行使所作的辩护,要在平等者之间自由的公共推理的基础上展开"③。作为最深刻的慎议民主论者,哈贝马斯念兹在兹的主体间性,实际上所体现的正是这种相互辩护的要求。

尤其值得注意的是,慎议民主主义者们不仅是在倡导一种新的民主理论,而且也是在倡导对政治本身的特定理解。最典型的慎议民主主义者都认为自己是在复兴某种传统,包括雅典的城邦政治实践与亚里士多德关于慎思(议)(deliberation)的理论。当埃尔斯特说,"需要重申,这一发展代表着一种复兴,而不是创新。慎议民主的理念及其实际实施与民主本身一样古老"④时,他指的就是这个意思。哈贝马斯则强调,民主的原始含义,乃是与理性的公共运用相联系的对话,这种范式为古典共和主义传统所保留,而被自由主义的市场模式抛弃了。⑤ 而我们知道,政治的概念本身就其源头而言恰恰应当追溯到雅典的民主政治实践,在这个意义上,这种古老的民主就

---

① Gerald F. Gaus, *Contemporary Theories of Liberalism*, SAGE Publications Ltd., 2003, p. 187.

② Amy Gutmann and Dennis Thompson, *Why Deliberative Democracy*, Princeton University Press, 2004, p. 99.

③ Joshua Cohen, "A More Democratic Liberalism," *Michigan Law Review*, Vol. 92, No. 6 (May, 1994), p. 99.

④ Jon Elster, "Introduction," *Deliberative Democracy*, Cambridge University Press, 1998, p. 1.

⑤ See Jürgen Habermas, "Three Normative Models of Democracy," in Seyla Benhabib ed., *Democracy and Difference*, Princeton University Press, 1996, p. 23.

孕育了政治的要义。对哈贝马斯及整个现代慎议民主理论深有影响的阿伦特,就强烈主张要恢复对政治的这种本来理解。① 我们还可以发现,许多慎议民主理论家们常常把"慎议民主"与"慎议政治"这两个概念交互使用,而哈贝马斯甚至主要使用的是后一个概念,或者"政治商谈"等。

既然如此,如果我们能够把罗尔斯的政治自由主义解读为某种形式的慎议民主理论,那么我们似乎就可以说,它所塑造的那种当代自由主义的国家观确实是成功的。它同时也意味着,自由主义的政治社群要求自由主义变得更加民主,自由主义应当是一种"更加民主的自由主义"②,因为唯有如此,它才可以承载政治社群的政治内涵。当然,慎议民主理论与罗尔斯的正义理论之间的对立与争论,恰恰是近几十年来西方政治哲学领域中的又一个热点问题,这一争论甚至比自由主义与社群主义之争要更加持久、更有生命力。因此,对政治自由主义的慎议民主式解读就尚有许多复杂的理论工作需要深入讨论。但值得注意的是,有一些理论家们已经认识到,罗尔斯的理论工作,从一开始就是在构造一种慎议民主的模式。③ 在慎议民主理论内部,也有人认为:"哈贝马斯和罗尔斯所提出的论点似乎确实有一个共同的要核:政治选择要成为具有正当性的选择的话,它必须是自由、平等且合乎理性的行动者之间就目的所进行的慎议的结果。"④

哈贝马斯本人对罗尔斯的一段评论则更加耐人寻味:"随着无知之幕拉得越来越高,随着罗尔斯的公民们变得越来越有血有肉,他们就会越深刻地感受到,他们受制于超出他们控制能力的、理论上提前确定好的而且已经变得制度化了的原则与规范。……在其社会的公民生活中,他们不可能重新点燃激进民主的余烬,因为从他们的角度来看,所有关于正当性的根本性商谈已经在理论范围内发生过了,而且他们发现,理论的结论已经积淀在宪法

---

① See Hannah Arendt, "What is Freedom," in *her Between Past and Future*, The Viking Press, 1968, p. 154. 鉴于本文第三部分重在为政治自由主义可以依据的政治概念提供一个可能的思考方向,同时限于篇幅,对于慎议民主理论中的政治概念将不予展开讨论。

② Joshua Cohen, "A More Democratic Liberalism," *Michigan Law Review*, Vol. 92, No. 6, p. 99.

③ 例如, Anthony Simon Laden, "The House That Jack Built: Thirty Years of Reading Rawls," *Ethics*, Vol. 113, No. 2 (January, 2003)。

④ Jon Elster, "Introduction," *Deliberative Democracy*, p. 5.

之中了。"①他显然是站在激进民主主义的立场在批评罗尔斯,但最值得注意的是,他认为原初状态中发生的故事乃是一种政治"商谈"。而慎议民主理论对罗尔斯批评得最多的地方,恰恰于原初状态中的各方事实上是在"独白",而不是对话或商谈。以此论之,哈贝马斯对罗尔斯的评论反倒给了我们从慎议政治的角度解读政治自由主义的信心。

有人可能提出一种疑虑:上述解读的思路似乎是把"政治"与"民主"等同起来了,而我们在前文中分析罗尔斯本人没能直接提供一种独立的政治概念时,恰恰曾经指出,这种等同是缺乏理由的。这会不会使得这种解读的思路陷入自相矛盾? 对此,我们可以给出两点说明。第一,慎议民主显然不同于现有的自由民主或宪政民主,自然也不能等同于罗尔斯所谓的"民主社会的公共政治文化"。相反,慎议民主理论本身就是在对现行自由民主进行批判反思的基础上发展起来的(限于篇幅,本文对此不予展开)。因此,当慎议民主理论家们从慎议民主的角度理解政治概念的时候,他们就不是在把现有的民主模式等同于政治本身。第二,根据上述解读,政治自由主义所需要的那种政治概念不是像罗尔斯所认为(至少可以从他的文本中推导出)的那样根源于民主社会的公共政治文化,而是存在于公共理性的运用过程,或者说公民们之间"相互辩护"与慎议的过程当中。根据慎议民主的理念,正是这种公共慎议或公共理性的运用过程体现着政治的本质,而在这个意义上,政治本身自然就蕴含着民主的特质。政治的概念无论在学术上还是在日常生活中无疑是被泛化了,而慎议民主理论本身恰恰可以被理解为一种克服政治的"身份危机"②的努力。当然,其成与败,就不是本文可以处理的议题了。

---

① Jürgen Habermas, "Reconciliation through the Public Use of Reason: Remarks on John Rawls's Political Liberalism," *The Journal of Philosophy*, Vol. 92, No. 3 (March, 1995), p. 128.

② 著名政治学者萨托利曾感叹政治的概念被滥用,从而引起了政治的"身份危机"。这个说法可参见 Giovanni Sartori, "What is 'Politics'," *Political Theory*, Vol. 1, No. 1 (February, 1973), p. 17。

合理多元论及其解释能导出政治中立性吗?[*]

陈肖生^{**}

　　在《政治自由主义》当中,罗尔斯表达了一种自由主义的公共辩护(public justification)的承诺:即自由社会的根本性政治原则(也就是正义原则)必须获得该社会理性(rational)而又合乎情理(reasonable)、自由而又平等的公民的合理认可。罗尔斯认为,唯有通过采纳一种政治建构主义的方法,才能把满足上述要求的原则开出来。^① 按照罗尔斯的理解,政治建构主义有一个优点:一旦建构程序合理地设定,那么它展示的政治价值排序(以一种正义原则的形式表达出来),在达到了一种宽泛反思平衡后,可以在不同的有争议的宗教、道德和哲学学说中保持中立;既不依赖它们,也不否定和批评它们中的合乎情理的学说。罗尔斯认为,唯有这样得出来的正义原则才有可能担当一种正义观念的社会角色(the social role of a conception of justice):即提供一个共享的基础,使得公民之间的社会政治关系在此基础上对所有公

　　* 本文发表于《政治思想史》,2012 年第 4 期。本文写作得到中国国家留学基金委 2011—2012年度"国家建设高水平大学公派研究生项目"资助。作者特别感谢本刊的两位匿名评审对本文的细致审读及有益批评,尤其是对本文第三部分论证的批评。但由于篇幅所限,我在此未能对所有批评全部作回应以及补充论证。

　　** 陈肖生,南京大学政府管理学院副教授。

　　① See John Rawls, *Political Liberalism* (Second Edition), Columbia University Press, 1996, pp. 97 – 98. 此书以下简引为 *PL*。

民同侪而言都是可得到辩护的,因而是彼此都可接受的。①

但上述论述似乎有一个逻辑的跳跃:为什么这种正义观念的社会角色,必须由中立于各种整全性的学说的原则来担当,而不是由某个整全性学说自身来扮演? 为什么必须要采取一种建构主义方法来得出正义原则,而不是直接从某种整全性的学说中把正义原则推导出来,将之看作是此宗教、道德或哲学学说的教义在政治领域的应用呢? 巴莱恩·巴利正确地认识到,对公共辩护的承诺并不会自动导致对政治中立性(political neutrality)的承诺:因为持有不同整全性道德、宗教和哲学学说的人们可以接受那个公共辩护的要求,也即同意政治的根本原则要可获得合乎情理的公民合理同意,但他们可能会坚持认为他持有的那个整全性学说,在理想条件下(人们的心灵开放、无重大认识缺陷、愿意反思,等等)就是所有合乎情理的公民都可以接受的原则。② 因此,罗尔斯要从公共辩护承诺推出对政治中立性的承诺,进而表明采纳政治建构主义的必要性,就必须表明如下这一点:为什么任何一种整全性学说不能满足公共辩护的要求,也就是它为什么不能成为一种"所有合乎情理的公民都无法合乎情理地拒绝的原则"呢? 充分回应此问题,才能回答为什么要采纳政治建构主义程序来得出一个自由主义的中立的正义原则是必要、可欲的。

一、合理多元论的事实与判断的负担

罗尔斯通过引入合理多元论的事实(the fact of reasonable pluralism)来回答上述问题。罗尔斯观察到:在自由民主社会公共文化中,存在着各种各样不同的,甚至是相互冲突的普遍而又整全性宗教学说、哲学学说和道德学说,它们之中没有任何一个能够赢得所有合乎情理的公民的自愿的一致认同。相反,在自由社会里,对某个特定学说的一致认肯的维持,必须使用国

---

① See John Rawls, *PL*, pp. 368, 38, 以及 John Rawls, *Collected Papers*, Samuel Freeman ed., Harvard University Press, 1999, p. 305. 此书以下简引为 *CP*。

② See Bain Barry, *Justice as Impartiality*, Clarendon Press, 1995, p. 168. 当然,罗尔斯也意识到同样的问题,参见 John Rawls, *CP*, p. 426。

家强力的压迫。① 但问题是,援引这样一个事实并不足以填补上述那个逻辑缺环。首先,如果这只是一个偶然而短暂的事实,或许我们在理想理论里根本就不必处理它;其次,即使有理由相信在可预见的将来,这种整全性学说的多元性局面不会消失,但这并不等于我们在设计规范的正义原则时,就应当顺应这种事实。换言之,罗尔斯需要对这个事实提出一个解释,这个解释应该确立三点:第一,在人类理性能够预见的将来,多元的事实将永恒存在,至少不会很快消失;第二,这种多元性的存在是合乎情理的,是规范的政治理论必须面对的;第三,这个解释本身,要尽可能地减少争议,并且能与所有合乎情理的人的合情理性(reasonableness)相容。如果这个解释本身也预设了某种有争议的宗教、哲学和道德立场,那么由这种解释支持的结论——即没有任何一个特定的整全性学说能够成为所有人都可以合乎情理地同意的原则,也同样会充满争议。②

罗尔斯通过诉诸"判断负担"(burdens of judgment)来解释为什么这种多元状况既持久亦合理。所谓判断的负担,它们是合乎情理的人们产生分歧的根源,包括以下事实:证据是复杂和冲突的;即使共享一个理由的人们经常在它们的分量如何这个问题上产生分歧;许多概念是模糊不清的,并要应用到"棘手问题"上去;我们的总体经验塑造我们估价和衡量证据的方式;存在着种类非常不同的规范性考虑;社会的限制只允许一些价值得以实现。③罗尔斯曾以"理性的负担"④来标示这些状况,意即这是人类自由地运用其实践理性与理论理性时都会遇上的负担,而这些负担使得人们在作出各种各样的判断时,即使以最真诚的态度充分运用了理性,也达不到一个一致的结论。借用约书亚·柯亨的一个说法,我们就能够更加明白"判断的负担"是怎样解释合理多元论的事实的:理性有这样一个特点,即存在许多不同的观点,这些观点都能与之相契合因而可称做理性的,但理性本身却不指定

---

① See John Rawls, *PL*, pp. 36 – 37.

② "对这些负担的说明,必须与相互之间有分歧的人们的合情理性能够完全相容,而不是相互排斥。"参见 John Rawls, *CP*, p. 476。

③ See John Rawls, *PL*, pp. 56 – 57.

④ See John Rawls, *CP*, p. 476.

(mandate)其中任一观点是唯一合理或真确的。① 因此,在讨论政治正义问题的相关场域内,说由此造成的多元论的事实是永恒的,因为作为参与社会公平合作的人,能够运用实践理性[也就是成为理性的(rational)和合乎情理的(reasonable)]是一种构成性条件,而只要社会合作事业存在,人们就需要运用这种理性,自然就会遭遇判断的负担。注意在这里,罗尔斯没有主张说人的本质就是理性,因此作为理性的动物人们无法摆脱理性的负担。这种解释也许是对的,但政治自由主义避免诉诸这种容易引起争议的哲学观点,原因就是要满足上述第三点减少解释的争议性的要求;它所需依赖和诉诸的,是一种适合社会公平合作需要的人观念(conception of person)。② 另外,说由此造成的多元论的事实是合乎情理的,因为人们间的这种分歧的根源不是盲目、无知、偏执、狭隘或狂热,而是理性的自由运用。人们之间有分歧,但这种分歧与分歧观点持有者又都是正直的、理性的、合乎情理的这一状况完全相容。

二、合理多元论的事实,价值多元论与认知怀疑主义

现在的问题是,第一节提到的"判断负担"的解释本身是否的确是无争议的,即是否能够满足上述第三点要求。首先要注意到,罗尔斯关于合理多元论的事实的描述以及对造成这种多元状况的根源或原因的解释,并不是一种价值多元论(value pluralism)的主张。价值多元论是一种对价值的来源是一还是多的,是相容还是不可化约的判断,价值多元论在以赛亚·伯林那里得到了最经典的诠释:价值多元论认为——

> 生活中存在着诸种价值的多元性;这些价值同等地真确,同等地终极,最重要的还同等地客观;因此,它们并不能被安排进一种永恒的秩序中,或根据一些绝对的标准来判决高下。③

---

① See Joshua Cohen, "Moral Pluralism and Political Consensus," in D. Copp, J. Hampton, and J. Roemer eds., *The Idea of Democracy*, Cambridge University Press, 1993, p. 286.

② See John Rawls, *PL*, pp. 48 – 54.

③ Isaiah Berlin, *The Crooked Timber of Humanity*, Alfred A. Knopf, 1991, p. 79.

在这里,我们必须小心地区分价值多元论与罗尔斯的合理多元论的事实。价值多元论本身就是关于人类价值本质的一种学说,并与价值一元论的学说处于针锋相对的地位。如果罗尔斯所谓的合理多元论就是伯林所谓的价值多元论,那么罗尔斯的这种价值主张就是极度充满争议的。不过,罗尔斯的合理多元论所作的主张,只是指出这样一个事实:人们对于价值来源的判断,总是不能达成一致,而是存在着观点的合理分歧;即价值到底是一元还是多元的,也是人们的合理分歧的对象。① 它描述的是人们关于学说的判断和认肯的状况:判断负担的存在使得"人们在关于整全性学说的判断上,达成政治上的一致变得异常困难"②。而对这种判断分歧状况的原因解释,罗尔斯只需诉诸理性自由运用的一些"历史性或社会学意义上"③的特征,与价值本质究竟是一元的还是多元的都无关或者说都相容,对这两种关于价值本质的形而上学判断的任何一立场,罗尔斯既不需申认也无需否认。

价值多元论其实有一个优点,如果价值的确是同等地客观且多元的,它能够很好地解释:为什么其他人与我们的观点有分歧甚至冲突,但我承诺的宗教、道德或哲学学说仍然为真的问题。因为这正是价值多元论的教义给我们描述的人类生活世界的状况,一旦人们认识到价值客观多元这个真理,他们就能无矛盾地解释以上事实。既然罗尔斯的合理多元论宣称要避免承诺这种有争议的价值多元论,④那么他的合理多元论又怎样解释以上事实?之所以要求一个成功的解释,是因为不这样做,会使得罗尔斯的合理多元论滑向某种形式的认知怀疑主义(epistemic skepticism),巴利正是这样认为的。

---

① 正是因此,拉莫尔主张说,罗尔斯的最好不要使用"合理多元论"这个术语,而最好用罗尔斯自己早期使用过的"合理的分歧"(reasonable disagreement)(John Rawls, CP, p. 475)来代替,因为前者很容易与伯林的"价值多元论"相混淆。参见 Charles Larmore, *The Morals of Modernity*, Cambridge University Press, 1996, p. 154。

② John Rawls, *PL*, p. 63.

③ John Rawls, *CP*, p. 434, n. 21.

④ "遵循我称为回避的方法(the method of avoidance),我们尽可能地既不申认也不否定任何宗教、哲学或道德观点,或者是与这些观点相关的对真理及价值地位的哲学解释。"(John Rawls, CP, p. 434.)罗尔斯在某些地方也引用伯林的价值多元论的观点(如 John Rawls, *PL*, p. 197, n. 32),有时候还似乎同意他的观点(如 John Rawls, *PL*, p. 303, n. 19)。但从《政治自由主义》的理论精神来讲,罗尔斯不应该承诺这样的观点;而在我看来更重要的是:《政治自由主义》的理论结构和内容中,并没有什么东西使得罗尔斯非得要承诺这种价值多元论的观点。感谢本刊一位匿名评审提醒我注意这一点。

然而我很疑惑,持有的某些观点从内在看的确定性,竟然能够与下面这个情况融贯地结合:即其他人拒绝同样的观点是合乎情理的。①

巴利在此的主张是:对于人们持有的信仰,如果人们不能说服合乎情理的其他人,那么他们就应该松动他们对其信仰的确信,并对此抱一种怀疑论的态度。看起来,巴利的理由似乎是:不这样做的话,我们就无法融贯地设想信念持有者的确信、信念的真确性以及他人与我们的分歧的合理性等这些要素。

柯亨认为这些要素以某种方式组合在一起并没有矛盾,因为即使面对合理的分歧,人们还是可以采取一种宗派性(sectarian)的路径去认肯其观点,也就是将之作为一种信仰来相信它(believing it as a matter of faith)——我可以相信我拥有真理,甚至全部真理,其他与我的确信契合的观点是这种真理的一个子集,那些反对我的观点的人是错误的,这里面并没有什么不自洽的地方。但那些观点(在我看来)是错误的,不等于持有这些观点的人是不合乎情理的(合情理性在柯亨这里主要指一种愿意接受新信息并进行反思的态度),而申认最后这一点对于自由主义来说就足够了。②

然而拉莫尔认为,假如像柯亨这样把这种分歧看做最终是不同信仰的对抗,那么对此状况最适合的回应应该是悬搁判断,因为信仰问题超出了理性可及的范围,这仍未摆脱某种形式的怀疑论。③ 拉莫尔认为,在没有正面的证据可以驳斥我们的信念之前,我们不需因为别人对此分歧就对自己持有的信念犹犹豫豫;只要我们真诚地运用人类共同的理性来检视我们的信念系统,其实是能提出许多理由来支持我们的观点的真确性或合理性的,而不必如柯亨提议的那样将之看做是不同人的不同信仰问题。只不过由于判断负担的存在,我们支持自己信念的那些理由并不能被所有人分享罢了,但是"一般而言,我们有好的理由去相信的东西,比能成为合乎情理的一致的对象的东西要多得多"④。拉莫尔对于怀疑论挑战的回答,基本精神是和罗

---

① Bain Barry, *Justice as Impartiality*, Clarendon Press, 1995, p. 179.

② See Joshua Cohen, "Moral Pluralism and Political Consensus," *The Idea of Democracy*, p. 282.

③ See Charles Larmore, *The Morals of Modernity*, p. 154.

④ Ibid., p. 173.

尔斯一致的。罗尔斯不仅提到了宗教、道德信仰冲突的历史经验来印证人们不会仅仅因遭遇分歧就对自己的确信怀疑，而且表明"判断负担"的解释也不要求这种怀疑论，它作的主张只是：理性运用会遭遇判断的负担，这使得人们在对于整全性学说的真确性的判断这个问题上，在政治上达成一致是不可能的。① 罗尔斯强调一点，我们尊重这些学说间的多元性的存在，而不试图去介入和解决它们间的纷争，这并不是因为政治自由主义持有怀疑论的"悬搁判断"的立场或认为这些争论不重要，而是说：这些学说和争论太过重要，以至于我们在政治上无法找到一种合理解决这些纷争的方式。

　　然而罗尔斯和拉莫尔这些政治自由主义者诉诸于理性运用遭遇"判断负担"来解释人们之间的合理分歧的现象，即使能够避免承诺有争议的价值多元论和怀疑论，但它必须付出的一个理论代价似乎是：它太过强调理性的作用，以至于这种解释很难为自由民主社会里的大多数宗教学说所接受，或者至少是对它们提出了过分的要求。因为宗教学说本身的发展以及信徒们信仰一个宗教，似乎都不是像罗尔斯所说的，是人类理性自由运用的结果。如此一来，政治自由主义似乎陷入了如下两难：一方面，它不能接受把分歧简单地看做是不同信仰的对抗，这会使得理性运用遭遇"判断负担"这个解释完全没有用武之地，当然也无法确立这个解释试图支持的自由主义的中立性与宽容论证。另一方面，如罗尔斯所言，政治自由主义要尽量将自由社会里许多为人们所熟悉的学说——宗教的、哲学的和道德的学说——看作是合乎理性的，从而成为宽容的对象；一个排斥性太强的政治自由主义，它基本不可能成为重叠共识的对象，也不能担当起一个正义观念需要扮演的社会角色。② 因此，罗尔斯似乎陷入了一个两难，对于上述那个"判断负担"的解释，政治自由主义不能与之相离，却又不能与之相容。接下来，我将考察玛莎·努斯鲍姆（Martha Nussbaum）在此问题上对罗尔斯的批评。通过解释罗尔斯的文本，我将提出理由表明：这种指责并不像其宣称的那样有力。

---

① See John Rawls, *PL*, p. 63.

② Ibid., p. 59.

三、对宗教学说的排斥与要求过分

努斯鲍姆观察到：罗尔斯在对何为合乎情理的整全性学说（reasonable comprehensive doctrine）的定义中，为了强调它们是人类运用理论理性和实践理性的结果，加入了许多理论性的要求，例如这些学说自身要融贯、一致、实现理性的自洽，并且是表达了对人类世界某方面的知性观点。[①] 努斯鲍姆认为，不必说许多偏激、盲目的观点肯定不符合罗尔斯的定义，许多人们熟悉的宗教学说也被排斥在外，这显得要求过分（over–demanding）：例如，宗教中神的恩典并不基于任何理性的理由；基督教的"三位一体"学说，从理性来考察明显是自相矛盾的，并与理性的基本原理是背离的；但基督教要坚持它，目的恰恰是通过故意违反理性的自洽及融贯性，来提醒理性不要盲目自大而应更谦卑。换言之，非理性恰恰是其教义精髓和目的所在。[②] 努斯鲍姆认为，罗尔斯对合乎情理的整全性学说的定义不仅因其排斥性是不可欲的，而且也是不必要的。因为罗尔斯还有另一个对整全性学说的伦理规定可利用——合乎情理的整全性学说就是能够被合乎情理的公民认肯的学说。因为罗尔斯已经将合乎情理的公民定义为愿意与其他人进行公平社会合作的人，那么他们只认同那些至少不否定公民的平等地位，不破坏社会公平合作的整全性学说。用这个来自合乎情理公民的伦理规范来定义"合乎情理的"整全性学说，规约这些学说外在行为就已经足够了；我们没必要深入这些学说内部去考察它是否体现了理性运用，是否符合理性的标准。[③] 但努斯鲍姆也认为，一旦罗尔斯接受她的提议，只采用后面的伦理性定义而抛弃前面的理论性定义，罗尔斯要付出一个理论代价，那就是使得罗尔斯关于一般多元论与合理多元论的区分[④]不复存在。

---

① See John Rawls, *PL*, p. 59.

② See Martha Nussbaum, "Perfectionist Liberalism and Political Liberalism," *Philosophy & Public Affairs*, Vol. 39, No. 1, 2011, pp. 26–27.

③ Ibid., pp. 28–33.

④ See John Rawls, *PL*, p. 36, n. 37.

就罗尔斯与拉莫尔共同分享的理论目标看来,这会使他付出很高的代价,因为这会使得仅仅根源于错误的分歧,与那些基于更加值得尊重的根源的分歧的区分不再存在。①

放弃了一般多元论与合理多元论的区分,许多错误、非理性甚至反理性的学说也会被包括进来,又因为罗尔斯的正义原则在辩护的第二阶段(即重叠共识阶段)是要求得到这些学说的认肯的,这样的代价就是使得正义观念可能"屈就于世界冷冰冰的现实势力"②。这是一个相当严重的问题。

一定程度上,我分享努斯鲍姆关于罗尔斯合乎情理的整全性学说的理论性定义既不必要也不可欲的看法;但我并不认为罗尔斯放弃这个理论性定义后,会使得他必须付出上述那个代价。努斯鲍姆之所以有这样的看法,我怀疑是因为她对罗尔斯关于一般多元论与合理多元论的区分的理解,或更一般地,对于罗尔斯的"判断负担"如何导致人们之间的分歧以及为什么这些分歧是合理分歧的理解有偏差。不过,无论这个偏差是否可以合理地从努斯鲍姆的批评中推导出来,澄清它也是有意义的,这至少可以减轻罗尔斯"判断负担"的解释对宗教学说要求过分的疑虑。

在我看来,努斯鲍姆似乎是这样理解"判断负担"的解释的,我们称为"判断负担"的解释1。

①各种整全性的学说的形成发展是人类理性运用的结果;②理性的运用会遭遇判断负担而产生合理的分歧;③因此在允许理性自由运用的社会里,基于理性的负担会形成多种多样的学说,而且这些多样分歧是合理的。

根据解释1,既然各种学说是理性运用所带来的产物,那么如罗尔斯那样对各种学说作理论性的定义也就是顺理成章的,这些定义反映的正是理性运用的结果特征;这当然也解释了努斯鲍姆的担心,如果我们放弃对各种学说的理论性定义,必然也要否定了各种学说是人类理性运用的结果的说法;否定了这个说法,也无法援引判断负担来解释学说间的分歧是合理的,

---

① Martha Nussbaum,"Perfectionist Liberalism and Political Liberalism,"*Philosophy &Public Affairs*,Vol. 39,No.1,p. 31.

② John Rawls,*PL*,p. 37.

那么一般多元论和合理多元论的区分也就消失了,因为理性在这些分歧形成过程中并没有扮演什么角色。对于解释1,我们看到,各种道德、哲学学说也许可以接受,休谟主义者和康德主义者都会认为他们的学说是人类在运用理论理性和实践理性的基础上形成的,只不过他们在人性观察、价值来源以及对道德本质理解有不同而已。但是解释1对宗教学说的确有强烈的排斥性与要求过分,努斯鲍姆已经将这一点阐述得很清楚了。那么有没有一种解释,既能够保持一般多元论与合理多元论的区分,又能够对宗教学说保持足够包容呢?

在我看来,解释1如果不能说是对罗尔斯思想的误解的话,它也不是一个最好的诠释。罗尔斯其实从来没有强调必须要把合乎情理的整全性学说看成是人类理性单独作用的结果,他所要强调的只是这些学说间多元性的事实是人类理性自由运用的结果,且这种事实是一种合理现象而不是一种灾难。① 那么罗尔斯的"判断负担"如何解释"整全性学说间多元性的事实是人类理性自由运用的结果"这一点呢? 我认为,一个更加合理的解释是"判断负担"的解释2。

①我们需要运用实践理性和理论理性去平衡自己的目的,评估其他人对我自己、对社会制度提出的主张的力量,以及考察我们自己持有的信念、思想体系和理性能力。②理性的运用会遭遇判断负担而产生合理的分歧。③因此,人们在这些问题上会形成不同的观点和见解。④整全性的道德、哲学和宗教学说是对这些不同观点的系统化表述。⑤因此人们会认肯那些与自己的观点相契合的学说。⑥这样一来,不仅人们认肯不同的学说,而且出现学说多元并存的状况;更重要的是在政治领域里,人们就某个学说的性质、地位及其判断达成政治一致是不可能的。②

现在,我们就要来考察解释2的特点以及它优于解释1的地方。

首先,注意到两种解释的重要区别。在罗尔斯这里,多元论的事实是否合理,以及一般多元论与合理多元论之间的区别,就看分歧的根源是理性的负担还是盲目、偏执和自私自利。解释1把理性自由运用和判断负担直接应

---

① John Rawls, *PL*, p.37.

② John Rawls, *PL*, pp.54 – 60.

用到这些学说怎么形成(form)上，①借此得到分歧的合理性；解释2把理性自由运用和判断负担应用到人们对于自己、自己和他人、自己与世界的判断上去，因为人们在这些问题上形成的判断不同，所以他们会认肯不同的学说。

其次，解释2并不需依赖"合乎情理的学说是人类理性运用的结果"这个论题，也能解释为何这种分歧是合乎情理的。换言之，它允许各种学说基于各种根源而产生、形成，允许它们以各种理性或非理性的方式表达它们对人类世界某些方面的看法，因此宗教学说就不会因此而被排斥。重要的是，人们运用理性对自己、自己和他人、自己与世界作各种判断时，就会遭遇判断的负担，导致他们对各种学说是真确还是错误的判断也不一样，因而也会认肯不同的学说，所以造成合理多元的事实。② 而这种事实之所以是合理的，不是像解释1所指出的那样，因为整全性学说是理性运用的结果，所以因遭遇理性负担形成了不同的学说，因此它们的分歧也是合理的。根据解释2，这个事实是合理的，是因为人类在上述问题上作理性判断遭遇负担导致人们观点和判断的不同，进而他们会认肯不同的学说（无论这些学说是不是基于理性而产生、形成的），而不是根源于盲目，偏执和一己私利的考虑而聚集在某些学说之下。③ 对我在这里的解释的一个可能的反驳是：我们看到，"形成说"需要强调学说的形成是理性运用的结果，这对大多数宗教而言很难接受。但是解释2的"认肯说"，对宗教学说不是同样敌对的吗？ 如果有人提议说人们总要基于充分的证据和有说服力的论证，才能认肯某宗教的话，这不是同样荒谬吗？ 我们要注意不要把罗尔斯这里说的理性运用理解得太狭隘，认为其必须是证据比较和逻辑论证的过程；罗尔斯强调理性的运用还包括实践理性的运用，在认肯某些学说时，将这些学说的主张与人类生活一些重要价值对比衡量、作出判断，这个认肯过程也可视为是运用了人类理性。④ 例如，即使在未来某一天我忽然顿悟了或看到了上帝之光，从而认肯了某宗教教义，信仰了这个宗教，这确实与理论理性没有什么关系；但我

---

① John Rawls, *PL*, p. 59.

② See John Rawls, *PL*, p. 58.

③ Ibid., p. 60.

④ Ibid., p. 56.

在认肯它的前后,明确或隐约地意识到这种宗教并没有教我去毁灭人类,或至少我不感觉到信仰这种宗教定会严重妨碍或损害他人的利益,这确实涉及了人类的实践理性。①

四、不对称性指责

沃尔德伦在评论合理多元论的事实和"判断负担"的解释时质问罗尔斯:假如说不能期望合乎情理的人们会在关于他们各自的整全性学说方面取得一致,那同样地"也可以预期合乎情理的人们在关于他们社会组织的基本条款和原则上会产生根本性的分歧"②。但罗尔斯在概述完判断的负担后,径直就将这种负担引入到人们关于整全性学说的判断中,而对人们在基本正义问题上可达到的一致性抱有过于乐观的估计。这就是对罗尔斯的"合理分歧的不对称性"指责。桑德尔更加尖锐地指出了罗尔斯在这个问题上的种种不对称性:如果说判断的负担导致了合乎情理的多元论的事实,那么,为什么这种分歧只存在于人们持有的善观念间,在正义问题上却不存在呢? 或者为什么人们关于善的分歧是原则性的,而在正义问题上却不存在原则分歧,若有分歧也只是关于原则应用方面的呢? 政治自由主义似乎必须假定:"人类在自由条件下运用理性不仅会产生在好生活观念方面的分

---

① 一位匿名评审担心说:如果允许解释 2 采纳这种对理性的"广义"的理解的话(也就是我所说的考虑"理论理性"与"实践理性"),那么只要允许解释 1 也采纳这种广义的理解,解释 1 实际上也和解释 2 一样是合理的。在我看来,即使是采纳对理性"广义"理解,应用到强调宗教学说如何"形成"的解释 1 上去时,对宗教学说仍然要求过分;或者说理性的"广义"理解根本不能为解释 1 所用。因为现时代的许多主要宗教,经历了历史漫长的发展过程才演变成今天这个样子。在它们形成之时,多数主要的宗教都是不宽容的,因此算不上是运用了上述"实践理性"去考虑他人或异教徒的利益。相反,它们信奉阿奎那的所谓"异端邪说是对灵魂的最严重腐蚀"的说法,对异教徒进行残酷的迫害;如罗尔斯所言,欧洲中世纪的宗教裁判所的出现并非偶然;直到所谓的梵蒂冈第二次会议之后,宗教宽容原则才逐渐各被大宗教接受,当然一开始是作为一种"临时协定"来接受,而今天"宽容"已经成为"合乎情理的"宗教的必须满足的道德标准了。对理性的"广义"理解之所以能应用到解释 2 却不能为解释 1 所用,原因是:解释 1 强调的"形成"涉及的是历史事实问题,很多宗教的形成的确很难说与理性的即使是"广义"的理解有什么关联;而解释 2 着眼的是已被注入道德规范性的公民对现存于自由社会中各种学说(包括宗教学说)的"认肯";在此,要求"广义"的理性的运用不仅可能而且必须。也正是因此,解释 2 能够在不需对宗教学说进行努斯鲍姆所谓的理论性定义的情况下,仍能保持罗尔斯所需要的"一般多元论"与"合乎情理的多元论"的区分。

② Jeremy Waldron, *Law and Disagreement*, Clarendon Press, 1999, p. 159.

歧,而且人类在自由条件下运用理性不会带来在正义观念方面的分歧。"①

不对称性指责如果真的成立的话,对政治自由主义的打击将是严重的。罗尔斯提出合理多元论的事实以及判断负担的解释,是希望借此表明没有任何一个整全性学说能够取得公民合乎情理的同意,因此,在政治领域里要求国家权力强制推行任何一个特定的整全性学说这种完善论的举动,都是政治上不宽容的与不合乎情理的,也是得不到辩护的。现在的问题是,使得人们在整全性学说问题上产生分歧的因素,看起来也会同样适用于人们在正义的根本原则上的判断;如此一来,为何因人们在整全性学说上的分歧就禁止国家强制推行它,但国家权力却能合法强制施行人们同样有分歧的正义原则? 换言之,批评者认为,以中立性标榜的政治自由主义反对完善论的理由是不自洽的。

作为回应,罗尔斯可以选择的余地不大。首先,他不能论证说人们在根本正义问题上不会产生合乎情理的分歧。这既不符合事实(想想自由社会的公民们在言论自由、堕胎、税制、国家安全与个人权利方面的激烈争论),也与政治自由主义自身的主张相矛盾:因为罗尔斯自己主张说人类理性的自由运用必然会因遇上判断的负担而产生分歧,而公民对基本正义与宪政根本问题的致思必须依照理性进行,因此这里产生合理的分歧是一种理论的必然。其次,为了反对完善论,在承认人们也会在正义问题的理性判断中产生合理的分歧的前提下,罗尔斯既不能主张说即使人们在某些根本价值原则、学说上存在分歧,国家权力也可以积极推行甚至强制实施它们,因为这样会正中(至少某些)完善论者的下怀;但他也不能宣称只要人们在某些原则、学说上存在合理分歧,国家权力就不能强制施行它们,因为这会把政治自由主义拖向无政府主义的深渊。因此,罗尔斯似乎必须捍卫人们在"关于好生活观念学说上的分歧"与"人们在基本正义问题上的分歧"这两种分歧之间的确存在某种不对称性。那么这种不对称如果存在,又应如何理解呢?

让我们回到罗尔斯关于判断的负担导致合理多元论的事实为何使得整全性学说不适宜作为国家权力强制施行的对象的解释的文本中,罗尔斯

---

① Michael Sandel, *Liberalism and the Limits of Justice* (2nd. Edition), Cambridge University Press, 1998, p. 203.

谈道:

> 给定合理多元论的事实,那么在民主社会的公共文化中,一个能应用到各整全性学说的公共的和共享的辩护基础是缺失的。但如果要以一种能为合乎情理的公众都可以接受的方式,去标明整全性信仰本身与真确的整全性信仰之间的差别,就需要这样一个基础。①

罗尔斯的解释是这样的:①公共辩护论题:能够成为国家权力强制施行对象的原则学说,必须在一个共享的辩护基础上,以所有合乎情理公民都能接受的方式获得辩护;②基础缺失论题:不存在可以应用到诸种整全性学说上去的共享的辩护基础;由①、②得到结论③:任一整全性学说都不能成为权力强制施行的对象。相对应地,在正义问题上,罗尔斯的想法应该是这样的:在民主社会的公共文化中,存在一个能应用到根本正义问题上去的公共的和共享的辩护基础。由此,我们看到,罗尔斯要捍卫的不对称性,并非是合理分歧在人们的整全性学说间存在,而在正义问题上却不存在;如上所述,这种捍卫不仅与罗尔斯的主张矛盾而且也是不可能的。相反,罗尔斯承认在正义问题上人们也存在合理分歧,但是却存在一个能够使得这些分歧以可辩护的方式予以解决的基础,而同样的基础在合乎情理的整全性学说的分歧里却不存在。重要的是公共辩护基础的存在与缺失这种不对称性,而非合理分歧在好生活观念存在与在正义观中不存在这种不对称性。

但有什么理由去支持这种辩护基础存在与不存在的不对称性? 罗尔斯认为在基本正义问题上,公民们之所以可以为其分歧的解决找到一个共享的基础,是因为在自由民主社会的公共文化里,潜藏着一些为所有人共享的根本性理念:例如,公民作为理性而又合乎情理、自由而又平等的人的观念,社会作为公平合作的体系的观念。一旦我们通过反思平衡给予这些根本性理念恰当的实质性解释,再辅以某些程序性设置(例如,政治建构主义程序),我们就能对相互冲突的根本性的政治价值予以排序,使它们融贯地结合在一个体系里(以一个或一组正义原则的形式表达出来)。更重要的是,

---

① John Rawls, *PL*, pp. 60 – 61.

通过建构主义程序展示出来的这种价值排序,是每个合乎情理的公民都可以接受的,因而符合上述公共辩护的论题的要求并可以成为国家权力的强制对象。注意这里的"接受"是指人们作为理性而又合乎情理的、自由而又平等的公民可以接受(could accept)上述结论,而不是指他们必定(must)接受或将会(would)接受,也不是说公民间的分歧不存在了。在根本正义问题上,即使经过自由理性讨论,公民们之间的分歧可能仍然存在;但满足上述条件的那些原则或解决方案,是合乎情理的他们可以接受的,因此以国家权力为支持要求他们服从是道德上正当的。尽管他们仍然对此正义安排持有异议,但他们对此无法予以合乎情理的拒绝,推翻这样一个可以得到所有合乎情理公民接受的合作计划,这在道德上是不正当的。

而作为对比,对于整全性学说,却不存在任何"政治的理解"或"政治的观点",根据这些观点或理解,我们可以统合这些普遍而又整全的学说,对它们作出全体公民都可以一致同意的排序或高下判断。① 存在于自由社会公共文化中的那些理念,不足以提供一个共享的基础,使得宗教、哲学、道德学说间的关于道德本质、价值来源、人生终极关怀等问题上的分歧,能够以一种所有人都可以合乎情理地接受的方式予以解决,且也不存在另一些根本性理念能够发挥同样的功能。以上就是对所谓"不对称性指责"所作的回应。

五、政治自由主义的宽容:高度与理由

罗尔斯提道:"这些判断的负担,对于一种民主宽容的理念而言具有首要意义。"② 因为"判断负担"不仅解释了存在于各种整全性学说间的分歧不仅是合理的而且也会长久存在,这不是人类世界的一个不幸的、需要除之而后快的状态,因而各种合乎情理的学说之间的相互宽容有其必要性和可能性;而且判断负担的存在,使得任何一个整全性学说都无法获得所有合乎情理公民的接受,因此国家强力推行任一整全性的学说,都不具道德的正当

---

① See John Rawls, *CP*, p. 430, 425, n. 6.
② John Rawls, *PL*, p. 58.

性。强制施行任一整全性学说都是对其他学说的不宽容,这是得不到辩护的;国家对所有合乎情理的整全性学说,均应持一种宽容的态度。在这里要注意,政治自由主义所主张的宽容达到了其他的自由主义所未达到的高度。① 在整全性自由主义(如康德密尔的自由主义)或完善论的自由主义那里,宗教宽容、信仰自由尽管也是其基本原则之一,但是它们在辩护的起点上或追求的终极目标上,表达了对某些整全性观念的特殊偏爱。而政治自由主义,主张在所有合乎情理的整全性的好生活观念间保持中立;这是一种辩护根据上的中立,它对正义原则的论证不需预设任何整全性的观念,当然也不否定和攻击任何合乎情理的整全性观念;而其持守的义务论立场,也使它摆脱了以某些特殊的整全性观念为最高政治目标的完善论立场。这正是罗尔斯通过认识论的禁制或回避的方法(method of avoidance)"把宽容应用到哲学本身"②所要表达的意思。

但正如伯林在检视其价值多元论与自由主义的关系时承认的那样——价值多元论与自由主义及其宽容的理念,都没有概念上或逻辑上的必然联系。③ 那么同样地对罗尔斯而言,若想直接从合理多元论的事实中推导出自由主义的宽容理念,可能会被认为犯了"自然主义的谬误"④。在这里,必须要借助其他的一些东西来提供宽容的理由,才能跨越这事实与规范主张间的鸿沟。苏珊·门德斯认为罗尔斯采纳了和洛克在《论宗教宽容的信札》中同一个理由。⑤ 关于洛克提出的宗教宽容的理由,沃尔德伦的一篇文章⑥提供了最经典的解释:洛克认为,把自认为真确的宗教信念通过政治手段强加给其他人,这是非理性(irrational)的做法。因为政治手段与宗教目的之间存

---

① 努斯鲍姆最近强调指出了这一点。See Martha Nussbaum, "Perfectionist Liberalism and Political Liberalism," *Philosophy & Public Affairs*, Vol. 39, No. 1, p. 21.

② John Rawls, *CP*, pp. 388, 395.

③ See Isaiah Berlin and Beata Polanowska – Sygulska, *Unfinished Dialogue*, Prometheus Books, 2006, pp. 81 – 84, 213; 以及 Isaiah Berlin and Bernard Williams, "Pluralism and Liberalism: A Reply," *Political Studies*, Vol. 42, No. 2, 1994, pp. 306 – 309.

④ G. E. Moore, *Principia Ethica*, Cambridge University Press, 1993, pp. 55 – 68.

⑤ See Susan Mendus, *Impartiality in Moral and Political Philosophy*, Oxford University Press, 2002, p. 41.

⑥ Jeremy Waldron, "Locke, Toleration, and the Rationality of Persecution," John Horton and Susan Mendus eds., *John Locke: A Letter Concerning Toleration in Focus*, Routledge, 1991, pp. 98 – 124.

在着不可逾越的鸿沟。理由在于洛克的两个认识论命题：①政治强制的外力只能作用于人的意志，它通过威胁施以惩罚性后果来迫使人们改变决策程序，从而顺从强力施加者的意志；然而，②信念却不归人的意志管辖，人们不能计划相信或决定相信某些东西（plan or decide to believe）。因此，当不宽容的压迫者在把自己的宗教信仰通过政治手段强加给其他异教徒时，他们是在从事一件非理性的行为。之所以说是非理性的，因为行为者选取的手段永远达不到其目的。① 沃尔德伦观察到，洛克在这里对宽容的论证有两个重大缺陷：首先，洛克只论证了不宽容的政治强制是非理性，而没有论证表明它是道德上不正当的；因此洛克的论证并没有排除一个令人不安的结论：一旦我们找到更好的手段②来改变一个人的信念，不宽容的强制就变成了理性的行为，那么它就可以施行了？ 其次，洛克不应该不宽容的论证，关注的似乎是强制者的利益，也就是告诫强制者，当从事以政治手段强制其他人的信仰时，他们在从事一种非理性行为。在洛克那里，我们看不到对被强制者道德地位和处境的考虑，洛克的宽容论证也没有强调说我们应该珍视个人信仰自由。③

如前所述，由于罗尔斯在论证政治自由主义的宽容时，采用了认识论的禁制或避免的方法把"宽容应用到哲学本身"，门德斯因此认为，和洛克一样，罗尔斯的——

> 认识论的禁制其实也是一个认知的立场，它不能把对宽容的捍卫论证为正义的一个要求……认识论仅仅且至多向我们表明：为什么一个特定的强制政策是无效（ineffective）或非理性（irrational）的；它不能向

---

① See Jeremy Waldron, "Locke, Toleration, and the Rationality of Persecution," *John Locke: A Letter Concerning Toleration in Focus*, pp. 103 – 105.

② 正如沃尔德伦指出的那样，尽管我们可以承认政治强力无法直接作用于一个人的信念，但政治强力可以通过操控和改变那些影响人们信念形成的根源或环境来间接地强制一个人的信念（参见 Jeremy Waldron, "Locke, Toleration, and the Rationality of Persecution," *John Locke: A Letter Concerning Toleration in Focus*, pp. 116 – 117）。20 世纪极权主义的意识形态控制的成功实践，就证明了这一点。

③ See Jeremy Waldron, "Locke, Toleration, and the Rationality of Persecution," *John Locke: A Letter Concerning Toleration in Focus*, p. 120.

我们表明这是道德上错误的。①

尽管门德斯没有详细解释，但她认为罗尔斯的认识论的禁制可以类比洛克的"强制之非理性"的理由似乎是这样的：因为人们无法在关于整全性学说的判断上取得一致这个多元论的事实是人类理性自由运用的结果，因此国家权力强制推行任何一整全性学说都是有悖于理性或反理性的举动。这正好和洛克的说法是一致的：政治上的不宽容的强制者的行为是不理性的。如果这就是罗尔斯要求政治上宽容的理由，那么这种理由也不是道德上的理由。

但这个类比有多大程度的合理性？在我看来，这个类比如果不能说一点道理都没有的话，至少是没有反映罗尔斯反对不宽容的理由的全貌，更重要的是误解了这个理由的性质。第一，这个类比并没有全错，罗尔斯其实可以同意说，国家权力强制推行任何一整全性学说都是有悖于理性或不理性的举动，因为在罗尔斯看来，那些试图用强力改变合理多元论事实的人，其实是把"人类理性自由运用本身看作是一种灾难"②，并追求一种人类的非理性状态。第二，在这个类比中，洛克所言的不理性（irrational），主要是手段目的推理的工具理性（instrumental rationality）；而罗尔斯所言的非理性（unreason）③中的"理性"，比这种工具理性的理解要广得多：④它不仅包括理论理性，还包括实践理性，实践理性中又包括：①理性（rationality），这里的"理性"除了和洛克所说对应的工具理性之外，还包括深谋远虑的合理性（prudential rationality）（也即从长远观点来整合自己的生活计划）。⑤当然，上述种种的"理性"都没有太多的道德含义，因此，即使罗尔斯所言的理性的含义比洛克所用的要广，但也并未产生实质性区别。不过我们要注意，罗尔斯所言的实践理性中包括的②，合情理性（reasonableness），却是有道德内涵的。⑥这就

---

① Susan Mendus, *Impartiality in Moral and Political Philosophy*, p.41.

② John Rawls, *PL*, p. xxvi.

③ Ibid., p. 144, 171.

④ Ibid., p. 56.

⑤ See John Rawls, *A Theory of Justice*(Revised Edition), Harvard University Press, 1999, pp.358 – 372; PL, pp. 50 – 51.

⑥ Ibid., p. 49.

是我要评论的第三点：罗尔斯在行文中很少把不宽容的人称为不理性（irra-tional）的，而是说他们是不合乎情理的（unreasonable）。① 合乎情理的人，珍视社会公平合作并愿意和其他人一道从事这种合作；而合情理性这个观念的内容，是来自一种"民主公民的政治理想"②。之所以说不宽容其他人持有的合乎情理的整全性学说是不合乎情理的，是因为在一个自由民主社会里，我们将彼此设想为自由而又平等的公民，而人实践理性的两个重要方面：即成为理性的人的能力和成为合乎情理的人的能力，对于人们成为自由平等的、适合参与社会平等合作的公民而言是构成性的；既然合理多元论的事实是人类实践理性（以及理论理性）也即自由平等公民两种道德能力自由运用的结果，那么尊重这种结果，宽容其他人合乎情理的学说，就是表达对自由平等的公民的尊重。

我们看到，罗尔斯并没有止步于洛克为宽容提供的理由。在罗尔斯那里，宽容的理由来自一种对平等公民的尊重的观念，这毫无疑问是一个道德的理由。在提出这个理由的论证中，罗尔斯对约翰·格雷（John Gray）发起的所谓的多元论与自由主义在概念、逻辑有关还是无关的讨论不感兴趣。③因为在罗尔斯看来，政治哲学是实践的，其"目的取决于它所需要面对的社会"④，如果自由社会的公民将彼此设想为自由平等的符合我们的政治传统与道德反思，如果合理多元论的事实是人类理性在自由制度下必然的结果，那么宽容其他平等公民的合理的观点、从而表达对其他平等公民的同侪的尊重，就是自由民主社会里自由平等的公民理想的必然要求。⑤

① See John Rawls, *PL*, pp. 60 – 61.

② Ibid., p. 62.

③ See John Gray, "Where Liberals and Pluralists Part Company," in M. Baghramian and A. Ingram eds., *Pluralism：The Philosophy and Politics of Diversity*, Routledge, 2000, pp. 85 – 102；以及 John Gray, *Isaiah Berlin*, Princeton University Press, 1996.

④ John Rawls, *CP*, p. 421.

⑤ 当然，越出自由社会之外，自由主义对其他正派但非自由人民的宽容的道德理由又在哪里？参见拙文：《自由主义的宽容：内与外》，载《外国哲学》（第 21 辑），商务印书馆，2012 年。

国家能否以善为目标？

——政治哲学的自由主义中立论转向[*]

吴　攀^{**}

"古代人的中心问题是善的学说,现代人的中心问题是正义问题。"①与古代社会相比,现代社会经历了"现代性的三次浪潮"②,"超越了宗教与启蒙"③,价值分裂或多样性成为了其核心特征。从以赛亚·伯林到罗尔斯、德沃金、拉莫尔等当代政治哲学家,也都一再强调这种由于"驱魅"而导致的分裂,如何重塑了整个西方政治哲学的思考方式:无论是神学的上帝还是启蒙运动的理性,都无法再将所有人笼罩在同一种善的光芒中。价值多元主义或"合理分歧"(reasonable disagreements)普遍存在,政治哲学尤其是自由主义政治哲学所面临的核心问题,就从如何构建"伦理共同体"变为如何构建"政治共同体",将那些造成争议的善观念(conceptions of good)从政治理论中分离出去,实现古典至善论(perfectionism)向自由主义中立论的转向。

至善论认为,对善的促进既是政治之目的,也是政权合法性的基础。一个好的政治体制,不仅应正确、明晰地认识和把握何者构成人类生活中最重要的善,还应最大程度促进这种善及与之相关的良善生活形式(forms)。而

　　＊　本文发表于《政治思想史》,2016 年第 2 期。

　　＊＊　吴攀,苏州大学政治与公共管理学院讲师。

　　①　[美]罗尔斯:《政治自由主义》,万俊人译,译林出版社,2000 年,第 26 页。

　　②　[美]列奥·施特劳斯:《现代性的三次浪潮》,彭磊等译,载刘小枫编:《苏格拉底问题与现代性——施特劳斯讲演与论文集:卷二》,华夏出版社,2008 年,第 32~46 页。

　　③　[美]查尔斯·拉莫尔:《现代性的教训》,刘擎、应奇译,东方出版社,2010 年,第 43~70 页。(注:该引文是所引书目第 2 章标题,但第 46 页有"现代社会超越了宗教"一语,与引文稍有出入。)

自由主义中立论则强调,其目标不是要将公民变成"好人"或者"良善之人"(这一目标是亚里士多德①政治学的核心),也不是去"怀念那种失去的确定性"②,而是有鉴于这种现代性的分裂经验,探求"自由平等公民之稳定而公正的社会如何可能长期存在"③。政府需要构建公平的制度框架,使得公民可以自由追求其善观念和善理想,政府则在这些观念理想之间保持中立。中立论很大程度上成为了当代自由主义者身份认同的重要标志,如德沃金认为,正是这一原则使得自由主义与其他意识形态区分开来。④ 晚期罗尔斯更是致力于将自由主义从厚重的宗教、形而上学及伦理学说中解放出来,构建政治的自由主义。鉴于此,本文将论述政治哲学的这一自由主义中立论转向,重点分析中立性的概念,并考察其分别从哲学层面和政治实践层面对至善论的批判。

一、自由主义中立性的概念

理解自由主义中立性,首先应厘清其内涵。第一,中立性本身是否是一种道德观念? 如果它本身属于一种道德价值,那么要求政治不偏袒任何其他善观念是否就成为一种悖论? 如果它超越了道德价值,那么这一中立原则本身又依靠什么获得证明和辩护? 第二,中立的范围。按照戴维·伊斯顿的理论,政策或法律都包含了输入、转换和输出三个过程,⑤那么中立应该局限在上述何种层面? 第三,中立的内容。国家中立是针对所有善观念,还是只针对那些有争议的善观念,或者该原则排除了那些违背某种制度(例如公平正义)的善观念?

对这些问题的不同回答,都会导致对自由主义中立性的不同定义。表1

---

① 按照亚里士多德的观点,一个善人和一个良好政体的"宗旨都在于优良生活","真正无愧为一'城邦'者,必须以促进善德为目的",而法律的根本意义就在于它是"促成全邦人民都能进于正义和善德的(永久)制度"。参见[古希腊]亚里士多德:《政治学》,吴寿彭译,商务印书馆,2010 年,第142 页。

② [美]查尔斯·拉莫尔:《现代性的教训》,刘擎、应奇译,东方出版社,2010 年,第58 页。

③ [美]罗尔斯:《政治自由主义》,万俊人译,译林出版社,2000 年,第5 页。

④ 参见[美]罗纳德·德沃金:《原则问题》,张国清译,江苏人民出版社,2008 年,第235~250 页。

⑤ 参见[美]戴维·伊斯顿:《政治生活的系统分析》,王浦劬译,华夏出版社,1999 年,第35 页。

归纳了两类中立形式——证成中立(J)与结果中立(C)。J 和 C 的区分基于两种标准。一是所处的政策阶段:J 属输入,C 属输出;二是它们体现的原则:①J 是禁止(forbidding)原则,C 是平衡(balance)原则。其中依据强弱不同又可细分为:严格的证成中立(J+)与弱的证成中立(J−),以及弱的结果中立(C−)与严格的结果中立(C+)。具体参见下页表 1 对自由主义中立性四种概念所进行的归纳。②

表1　自由主义中立性的四种概念

针对要素	中立类型	定义	具体策略(举例)
政策证成③ (justification)	严格的证成中立 J+	政治决定的证成或辩护理由,不诉诸任何特殊善观念的内在优越性	文化市场;私有化机制
	弱的证成中立 J−	政治决定的证成或辩护理由,不诉诸任何在理性公民之间产生分歧的善观念的内在优越性	保证基本善。政府只提供具有一般性和普遍性的公平制度框架与公共服务,保障公民实现善观念所需的基本权利、机会和资源。

① 更多论述参见 Alan Patten, *Equal Recognition: The Moral Foundations of Minority Rights*, Princeton University Press, 2014, pp. 105 – 106。

② 许多人都提出了对于中立概念的分类,此处的总结与分类主要建立在如下作者的观点基础之上:西蒙·坎尼提出了三种分类,即证成中立与两种结果中立(同等影响 C − [equal effect neutrality]与同等发展 C + [equal easy neutrality])。参见 Simon Caney, "Consequentialist Defense of Liberal Neutrality," *The Philosophical Quarterly*, Vol. 41, No. 165, 1991, pp. 457 – 477。阿兰·帕丁(Patten, *Equal Recognition: The Moral Foundations of Minority Rights*)区分了意图中立(J+)、对待中立(J− 与 C−)与结果中立(C+)。罗尔斯区分了程序中立(目的[aim]中立性)与后果中立,并主张"政治自由主义把后果或影响的中立作为非现实的东西予以摒弃"。参见[美]罗尔斯:《政治自由主义》,万俊人译,译林出版社,2000 年,第 207 页。拉兹则提出了"排除理想"(exclusion of ideals, J+)与"中立的政治关心"(neutral political concern, C−)。参见 Joseph Raz, *The Morality of Freedom*, Clarendon Press, 1986, pp. 110 – 165。此外,彼得·德·马讷斐区分了"具体的中立性"(concrete neutrality,国家不能以促进某种善观念的方式限制个人自由,J+)与"理由中立"(J−)。参见[美]彼得·德·马讷斐:《自由主义、自由与中立性》,陈丽薇译,载应奇编:《自由主义中立性及其批评者》,江苏人民出版社,2007 年,第 201 ~ 202 页。

③ 一些论者如阿内森(Richard Arneson, "Neutrality and Utility," *Canadian Journal of Philosophy*, Vol. 20, No. 2, 1990, pp. 218 – 219)和帕丁(Patten, *Equal Recognition: The Moral Foundations of Minority Rights*, p. 112)也强调了目的/目标中立(neutrality of aim)与程序/证成中立的区分。目的中立要求政治决策的目的不能是为了促进任何特殊的善观念。但考虑到这种目的理由往往是"避免对某种特殊善观念的内在价值作出判断",因此本质上在此处仍然划归于证成中立。事实上,一些作者,如拉莫尔也经常混用目的(aim)和证成(justification),帕丁则将目的中立和证成中立都归属于"意图中立"(neutrality of intention)。

续表

针对要素	中立类型	定义	具体策略(举例)
政策结果(consequence)	弱的结果中立 C −	在同等程度上帮助或者阻碍冲突的相关各方①	不偏不倚,同等的"适应性"②(accommodating)支持/对待。国家对某些特殊善观念的支持必须在下列情况下进行:它同时也给其他与其相竞争的善观念提供大致同等的规定。
	严格的结果中立 C +	使冲突各方发展得一样成功/好	均等主义或补偿政策。政府在支持特殊善观念发展到某种程度时,应使其他与之冲突的善观念也发展到大致相等的程度。

（一）对结果中立(C)的批判

表 1 区分了两种结果中立。C − 强调对不同善观念在成功的广泛性和实现可能性方面的平等影响(equal effect),它保证的是起点和机会的公平。假如政府要促进异性婚姻,那么也应该同时为同性婚姻者、独身主义者、非婚同居等群体提供同等程度的支持。C + 则强调最终结果或发展水平的平等,是一种更为严格的、均等主义的理论。

拉兹认为,中立论要求政治行动在同等程度上帮助和阻碍相关各方,即对冲突各方产生同等程度影响(C −)。拉兹指出,这种理论的错误就在于它以为"中立地行动就是公正地行动",但事实上二者并没有如此紧密的联系。父亲如果对强弱势力不均的孩子之间的纠纷"拒绝干涉",那么在这种情况下,中立就是允许强势一方继续占据优势或取得胜利;律师在法庭前代表他的客户,以促进审判的公平性,但律师并不是中立的。所以在某些情况下,保持中立反而不公平。道德和政治争论因此并不能基于诉诸中立性而得到公正解决。国家在其对国民的责任范围内,"不帮助就等于阻碍"③。

然而中立性的捍卫者认为,尽管拉兹的上述批判颇有说服力,但他实际上存在一些误解。他武断地将中立性理解为要求"制定的法律对竞争性的

---

① See Raz, *The Morality of Freedom*, p. 113.

② Patten, *Equal Recognition:The Moral Foundations of Minority Rights*, p. 115.

③ Raz, *The Morality of Freedom*, p. 124.

良善生活观念产生公平无私的影响",并假定存在某种检测出立法或其他国家行为不同效果的基线。① 但这种效果很难预测,并且德沃金的平等资源、罗尔斯的基本善等理念所体现的中立性原则,肯定会对持有不同良善生活观的人产生不同影响,最终造成偏袒某些善观念的效果。如果我们同意这一观点的话,那么 C+和 C-实际上就既非中立论所欲,且它们本身也不是可行的概念。中立性要求的层面不是政治决策的影响或结果,而是辩护理由。

(二)严格的证成中立(J+)与弱的证成中立(J-)

证成中立的观点,早在约翰·洛克《论宗教宽容》中就已清晰展现。

> 假若出于宗教的原因而集合在一起的人们,想以小牛作为献祭,我以为这就不应以法禁止。牛是梅里波伊斯的,他就可以合法地在自己家里宰杀,而且他可以随意烧烤牛身上任何部位的肉,因为这并未伤害任何人,也未损害他人的财产(a)……然而如果是在另一种情况下,比如当畜群为一场罕见的疫病所毁害,国家的利益要求在一段时期内禁止宰杀一切牲畜,以利于幼畜的繁殖,这时,谁还会认为官长不能禁止为任何用途而宰杀小牛呢? 不过,应当注意的是,在这种情况下,法律所涉及的并不是宗教事务,而是政治事务。而所禁止的并不是祭献,而是宰杀小牛(b)。②

在此,洛克诉诸了两种原则,其中(a)为此后经约翰·密尔发扬光大的"伤害原则"。支持者认为这点也凸显了拉兹的另一误区,即中立的对象并非如拉兹所言是所有的良善生活观念,也不是被政府评判为好(good)的善观念,而是符合正当(right)的善观念。在该案例中,政府在那些没有对他人人身和财产造成伤害的宗教行为中保持中立。因此,"中立性不是在善恶之间保持中立,而是在正当的善观念之间保持不偏不倚"③。但人们对何者构

---

① 参见应奇编:《自由主义中立性及其批评者》,江苏人民出版社,2007 年,第 119~120 页。

② [美]洛克:《论宗教宽容》,吴云贵译,商务印书馆,1996 年,第 28~29 页。对于这一区分的论述,参见[美]罗尔斯:《政治自由主义》,万俊人译,译林出版社,2000 年,第 191~194 页。

③ 陈龙:《拉兹对自由主义中立性的误解》,《理论探讨》,2012 年第 6 期。

成了正当的善可能存在争议,例如,罗尔斯认为是符合公平正义原则的善,诺奇克则认为是符合自由权利的善。

在上述引文中,第二个重要原则是政教分离原则,它在当代被进一步扩展为政治与道德观念分离的原则。问题在于这种分离到底表现为何种程度? 严格的证成中立(J+)要求一种"道德真空"的政治学说。但这一理论太过严格,反对者可以很容易地指出 J+ 原则的虚伪,因为无论如何,对这一原则本身的证成都不可避免地要暗含某些人性预设和道德学说。如果诉诸最低限度的"平等尊重"(equal respect)来证成 J+,它"也在暗中依赖同一种三元的(triadic)善理论:它假定了人类生存的价值、人类目的、实现的价值,以及理性的价值,因而实际上是一种理性主义的人道主义理论"①。

实际上,即便洛克强调了宗教宽容和政教分离,他的目的也不是让政治从宗教判断中退出,而是试图提出一种合理的、朴素的、能够获得普通人理性支持的"公民宗教"(由法律确立的宗教信仰团体)。洛克试图表明,基督教的性质乃是实现"对政治秩序的普遍性地和超验地支持与指导"②。所以一方面他出于反对基督教分裂斗争而倡导宗教宽容和政教分离;但同时他的政治和道德学说仍然建基于对某种正当道德秩序(上帝或自然法)的承认。洛克所致力于的"合理的基督教"信仰模式,在当代亦甚多回音。弱的证成中立(J-)就延续了这一理念,强调政治决策不应诉诸有争议的善观念,但是可以诉诸那些成为共识的、合理的善观念(如罗尔斯的基本善,拉莫尔的"平等尊重"与"理性对话")。中立性原则"并不是对道德保持中立",对中立性的追求本身就"表明了对于找到可以作为合理一致对象的政治联合条件的道德承诺"③。同样,当罗尔斯将他的学说解释为"现实的乌托邦"时,也表达了对其学说作为一种规范性学说的肯认。因此,J- 虽然包含了"道德维度"④,但仍然是目前所确立的最有效的自由主义中立论概念。

① 应奇编:《自由主义中立性及其批评者》,江苏人民出版社,2007 年,第 137 页。
② [美]迈克尔·扎克特:《洛克政治哲学研究》,石碧球等译,人民出版社,2013 年,第 158～180 页。
③ [美]查尔斯·拉莫尔:《现代性的教训》,刘擎、应奇译,东方出版社,2010 年,第 137 页。
④ 刘擎:《国家中立性原则的道德维度》,《华东师范大学学报》(哲学社会科学版),2009 年第 2 期。

二、反至善论：哲学层面

自由主义中立论很大程度上是作为反至善论(anti‑perfectionism)而提出的。至善论的论证一般包含如下两个层面。

A. 哲学层面——价值客观主义

A1. 某些德性、行为、关系、目标等具有内在(inherent)或实在(intrinsic)价值,①它(们)构成了独立于人的欲望、偏好和选择而存在的客观善(这份善目[goods]清单可能是有限封闭的,也可能是无限开放的),并且构成了有价值的或值得过的人类生活的重要组成部分。

A2. 国家能够正确有效地对 A1 作出判断,并能据此对不同善观念予以评价和排序。

A3. 因此,政治决策可以诉诸这种对事物的内在价值或固有价值的判断。

B. 实践层面——国家可以通过下列手段实施至善论决策

B1. 采取强制、威胁等手段;抑或

B2. 通过税收、补助、宣传等温和调节机制(而非强迫手段)。

A1—A3 表现为一种价值客观主义(value objectivism),一些作者认为这是至善论的关键特征:②A1 强调某些价值的客观性;A2 是对国家能够认识并判断这些价值的道德能力的肯定;A3 则是在前述基础上所产生的结论。反至善论主要从两条路径来反对这种价值客观主义:一是针对 A1,在价值来源上强调个体的欲望、偏好和选择赋予了事物以独特价值;二是针对 A2,虽然承认人"并非欲望的消极载体",而是"能够修正他们的目的和偏好"的有

---

① 另外一些至善者可能持一种"人性至善论"观点,即认为人性中的某些本质特征(例如理性、同情等)具有内在价值,应该用政治手段促成其发展实现。但由于这一观点基于颇具争议的人类本质观,当代至善论者多不采取这种论证。对亚里士多德式"人性至善论"的当代阐述,参见 T. Hurka, *Perfectionism*, Oxford University Press, 1993, pp. 37 – 51。

② Hurka, *Perfectionism*, pp. 26 – 28;亦参见 George Sher, *Beyond Neutrality: Perfectionism and Politics*, Cambridge University Press, 1997, p. 8, 11, 52。谢尔(Sher)认为,自由主义中立论和主观主义关系密切,并从主观主义的反面来定义至善论。他对主观主义的批判详见该书第 8 章。

责任的道德个体,[①]但仍然强调由于一系列因素,例如理性的局限、"判断的负担"(burden of judgment)、历史文化背景条件的制约等,使得在什么是有价值的和值得过的生活的问题上,这些道德个体之间存在着难以调和的主观冲突,或者导致这些问题必须交由个体自己来决定。换言之,价值陈述(value - claim)[②]是"主体相关的"(agent - relative),不存在单一的善好,价值多元论或合理分歧乃是不可避免的。因此,这两种路径都可被纳入广义的"价值主观论"之中。

(一)价值来源

价值来源方面,主观主义最典型体现为霍布斯式的道德相对主义和欲望满足(desire - satisfaction)理论。在霍布斯那里,善、恶等语词的用法是"和使用者相关的"[③]:对某人而言,他欲望的对象即为善,引发快乐;憎恶的对象即为恶,引发痛苦。由于情感需要名词来表示,而当"我们对同一类事物的感受不同时,就很难避免名词方面的分歧"。因此,一个人在推理时使用的语词便会"具有说话人的本质、倾向与兴趣所赋予的意义"[④]。根本上说,对事物价值的认知取决于个体欲望,并因此使社会中的善观念呈现多元性。"自我保存"与获得舒适生活的手段,变成了政治所存在的基础和目标。但反对者可以从如下角度对此予以批判:"任何价值上的关联论"都会否认事物的内在价值。说被 S 所欲求的 O 是善的,就等于说"任何 O 不是凭其本身,而是借助于 S(在与它的某种关系中)与它的某种共同实存,才具有价值"[⑤]。换言之,"(事物的)价值将被一种折射的光照亮,而本身不具有任何光源"[⑥]。或者,根据拉兹的论证,欲望是"依赖于理由的"(reason - dependent)。[⑦] 人们一定是基于某些理由而追求目标和拥有欲望,并且当人们认为

---

① [美]罗尔斯:《社会统一与基本善》,梁捷等译,载[印度]阿玛蒂亚·森、[英]伯纳德·威廉姆斯编:《超越功利主义》,复旦大学出版社,2011 年,第 173 ~ 174 页。

② 谢尔从三个角度对主观论予以了解释:1. 它阐述了人们之所以追求善好的原因(事物价值及追求它的动机是同一来源);2. 阐述了事物如何获得其价值;3. 阐述了价值陈述如何为真。详见 Sher, *Beyond Neutrality:Perfectionism and Politics*, p. 189.

③ [英]霍布斯:《利维坦》,黎思复、黎廷弼译,商务印书馆,1997 年,第 36 页。

④ [英]霍布斯:《利维坦》,黎思复、黎廷弼译,商务印书馆,1997 年,第 26 ~ 27 页。

⑤ [英]罗斯:《正当与善》,林南译,上海译文出版社,2008 年,第 134 ~ 135 页。

⑥ [英]罗斯:《正当与善》,134 ~ 135 页。

⑦ Raz, *The Morality of Freedom*, pp. 138 – 141.

其所依赖的理由不存在了（或根本上是错误的），人们就既不想拥有这些欲望和目标，也不希望它们得到满足。这种依赖性表明，欲求满足本身并不具有内在价值，所以欲望—价值理论是倒因为果。"对某件事物的偏好并不是使它有价值的原因，相反，某件事物的价值才是偏好它的正确理由。"①

实际上，这种作为功利主义哲学基础的欲望满足论已经在自由主义内部饱受诟病，因此一些人试图抛弃欲望满足而诉诸自主选择（autonomous choice）。但这一尝试要么强调选择赋予事物以价值，而这将同样落入对欲望满足论的批判中；要么强调自主选择本身就是一种应该追求的价值，任何至善论都破坏了人们的自主。但对自主生活及其价值的强调本身就是一种存在争议的至善论主张，且这种理论实际上已经成为当代自由主义至善论（liberal perfectionism）的主要论点。因此，尽管价值客观主义不能很好地阐释价值到底源于何处，但主观主义所诉诸的上述资源也并不能有力驳倒 A1 中的观点，许多中立论者也因此承认存在客观价值。故问题并不在于它的来源，而在于人们对它的认知是否一致。

（二）价值陈述

即使承认存在独立于人的欲望和偏好的客观价值，至善论仍然面临这样一些责难：人们不一定能够认识到这些价值是什么（怀疑论）；不同的人在不同社会文化和历史情境中对此会有不同的判断，所以没有一个普遍的客观价值（文化/历史相对主义）；存在着各种不可通约的善观念和善理想，不可能将其和谐统一在某个价值等级体系内（价值多元论）；"在良善生活的性质问题上，通情达理的人们自然而然会产生差异和分歧……我们谈得越多，分歧就越多"②（合理分歧），等等。所有这些质疑都指向人们能否在有关良善生活的问题上达成一致意见，并且紧紧围绕宽容问题而展开。

对此，至善论者也在努力试图予以回应。首先，怀疑主义很容易扩展到其他政治领域。结果，同样源自对人类理性能力的判断，却会出现明显的不平衡。有什么证据可以表明人们能够一致同意什么是正义，却无法一致同意什么是有价值的生活呢？这种怀疑主义很可能摧毁正义理论甚至自由主

① ［加拿大］威尔·金里卡：《当代政治哲学》（上册），刘莘译，上海三联书店，2004 年，第 30 页。
② ［美］查尔斯·拉莫尔：《现代性的教训》，刘擎、应奇译，东方出版社，2010 年，第 134 页。

义理论本身,①并且因此"破坏任何自由主义立场"②。其次,更加悲观的一个可能是,对善的完全怀疑不会导向宽容和中立,而会导向"不同生活方式之间放肆的争斗,在这种争斗中,力量而非理性是最终的仲裁者"③。

以赛亚·伯林那种"强的价值多元论"也面临着同样的问题。如果多元论意味着无法作出选择,或者每种选择都意味着重大损失的话,那么结局也很可能是强力之间的赤裸角逐。至善论并不意味着只存在一种具压倒性优势的善。相反,当代至善论试图表明,它是可以和价值多元主义相容的。例如,拉兹就主张一种比伯林更加乐观的"弱的多元论",他承认社会中存在着诸多不可通约的善,但出于审慎、忠诚与对"仪式性意义"(symbolic meaning)的追求,人们的道德选择仍然是可能的。例如,虽然 A 与 B 是不可通约的善,但人们选择 A 而非 B,可能是由于:①审慎,A 的实现机会更大;②对个人目标的忠诚,A 更符合他所追求的生活形式;③A 是一个具有象征性或仪式性意义的选择。人们可能会对一个向他提出用金钱交换友谊的人感到愤怒,因为提供给他这种选择本身,或许就是对他原本基于传统和信仰所珍视的价值的不尊重甚至侮辱。因此,在拉兹看来,"相信各种选项是不可通约的,是人们参与到其所追求的目标的能力的一部分"④。拉兹强调这种多元论乃是要求人们在各种有价值的、善好的观念和生活方式之间作出选择,其判断标准是"个人自主",这相比于罗尔斯的两个正义原则,其限制范围要更大。

但一些中立论者仍然认为,多元论本身也是有争议的,它无法说服那些持一元论或不可知论的人。拉莫尔就坚持一种比合理多元主义更弱的"合理分歧",并且承认这种分歧乃是建立在最低限度的道德观念——对人作为自由平等的理性个体之尊重——上面的,因为"自由主义的抱负乃是建立最大可能的共同道德基础"⑤,而中立性原则便是从各种分歧的善观念中抽离

① 陈祖为:《合法性、一致同意与至善论》,载应奇编:《自由主义中立性及其批评者》;Sher, *Beyond Neutrality:Perfectionism and Politics*, p. ii。

② Jonathan Quong, *Liberalism without Perfection*, Oxford University Press, 2011, p. 33.

③ [美]威廉·高尔斯顿:《自由主义与中立国家》,第 182 页。

④ Raz, *The Morality of Freedom*, p. 356.

⑤ [美]查尔斯·拉莫尔:《现代性的教训》,刘擎、应奇译,东方出版社,2010 年,第 189 页。

出来的独立原则。它不是各种利益斗争或观念分歧达成的妥协，不是各方化约得到的公分母，而是各方必须首先尊重的前提和标准。它是最薄的，但也是最强的，是"公共领域中的最高道德承诺"①，任何违背这一道德原则的善观念都是不正当的。但这一观点在 A1—A3 层面的推论过程实际上已经十分接近至善论了。它试图寻求的是没有争议的道德判断，然而它也并不一定会得到佛教徒、动物保护主义者和环境保护主义者的一致认同，因为在他们看来，这种观点要求政治社会应该以人类群体的生存及其价值为目的，却忽视了动物群体甚至自然界整体也应该受到"平等尊重"。② 而这些强调应该将尊重扩展到动物和自然界的学说，是否应该被排除在政治论坛之外呢？因此，"平等尊重"这一观念本身是否能避免分歧尚存疑问。

三、反至善论：实践层面

对至善论的担忧主要是源于对其政治后果的担忧。一旦以上文中 B1 和 B2 指涉的强制或温和政治手段实施至善论，就很容易与强制和不宽容紧密缠绕在一起。这方面的反对理由主要基于以下三个方面。

（一）自我认可

反至善论者坚持一种"自我认可"（self-endorsement）理论，强调道德提升与主体自身的意志及参与不可分离，政府不可能强迫人们道德。至善论承认"政府不能直接创造公民的善"③，但同时也强调，即使你"不能代替马饮水"，仍然能够"把马带到河边让它自己饮水"。④ 故国家的职责不是去强制推行某些善观念，而是创造一个良好的社会环境，通过一些非强制的措施引导人们去过更有价值的生活。这些非强制措施包括对那些有价值的生活方式提供补贴、资助以及扩大宣传和教育等。以反对堕胎为例，B1 代表的强制至善论可能会对堕胎药物征高额税收，甚至对那些实施堕胎的妇女以及售卖有关药物、实施相应手术的人员施以刑罚。而 B2 代表的温和至善论可能

---

① 刘擎：《国家中立性原则的道德维度》，第 9～10 页。

② Vinit Haksar, *Equality, Liberty, and Perfectionism*, Oxford University Press, 1979, p. 5.

③ Hurka, *Perfectionism*, p. 12.

④ Raz, *The Morality of Freedom*, p. 407.

仅要求国家对生育妇女予以补助,宣传某种将生命和灵魂追溯至受精卵的伦理学,并在青年人群中普及避孕知识和产品等。

诺齐克曾论证过为什么威胁是强制的必要条件,而施予(offer)则不是。他认为,判断某人 P 对于某人 Q 所做的事是威胁还是施予,应根据"他所造成的结果如何使得 Q 的行动偏离了事件正常的、自然的或预期的发展方向。如果它使 Q 的行动结果朝着比事件正常的预期更不利的方向发展,则为威胁;如果它使 Q 的行动预期结果更好,则为施予"①。概言之,区分二者的标准是:"理性个体是否愿意从'前—威胁'(pre - threat)或'前—施予'(pre - offer)情境转移到'后—威胁'(post - threat)或'后—施予'(post - offer)情境。"②据此,国家向公民提供某些资助,就"扩大而非限制了人们的选择机会"③,属于施予而非威胁,因而也就不构成强制。故在至善论者看来,"与强制的至善论相比,非强制的至善论对人们生活的侵入要少得多,对他们选择的限制也少得多"④。

(二)"公民—公民"与"国家—公民"关系之区别

中立性的支持者认为,温和至善论并非像它看起来那样温情脉脉。"至善论者似乎认为,凡是政府容许公民之间互做的事情,政府自己也可以做。"⑤所谓非强制性的至善论,事实上混淆了"公民—公民"与"国家—公民"两种关系的区别。⑥ 第一,个体公民之间可以互相鼓励、支持,也可以劝诫对方不要吸烟、不要滥用药物,甚至互相规劝加入某种宗教,但这并不意味着国家可以这样做。很显然,政府本身不能要求任何人皈依任何宗教。第二,税收是源自纳税人的,所以用财政手段去资助某些生活方式,这相当于资金从一个人的口袋到另一个人的口袋,它实质上是分配问题。而这不同于另外一个人给予我一笔资金支持,在这种情况下,我遭遇到的是(额外)

---

① [美]诺齐克:《苏格拉底的困惑》,郭建玲、程郁华译,新星出版社,2006 年,第 17 页。

② Quong, *Liberalism without Perfection*, p. 64.

③ Simon Clarke, "State Paternalism, Neutrality and Perfectionism," *Journal of Political Philosophy*, Vol. 14, No. 1, 2006, pp. 117 - 118.

④ 陈组为:《合法性、一致同意与至善论》,第 283 页。

⑤ 黄勇:《公共权力应如何劝教生活方式——自由主义、国家完善论与儒家的不同见解》,崔亚琴译,《人民论坛·学术前沿》,2013 年第 14 期。

⑥ See Quong, *Liberalism without Perfection*, p. 65.

收入问题,而非分配问题。因为政府资助某一项活动,就意味着对其他活动支持的减损。因此,即使我们承认诺齐克的区分,这里也存在一个误区:将国家资助视为"施予",实际上忽视甚至扭曲了那些善观念没有受到支持的人对政府补助这一行为的预期结果。对于他们而言,这种资助等同于威胁,因为他们更愿意从"后资助"情境转移到"前资助"情境。此外,杰拉米·沃尔顿进一步指出,由于政府总是以强力为后盾的,所以即使它宣称自己的措施是非强制的,也仍然是在依仗着强力。并且"税收,同威胁一样,也是增加了某种行为的人工成本,它们并没有本质区别"①。

面对上述质疑,最近的一些自由主义至善论者也从早期明显的反中立立场转变为了某种调和论。例如,拉兹的弟子史蒂芬·沃尔就主张,一方面,国家在善好的理想与坏的理想之间应该偏爱前者,但另一方面,国家又应该在具有同等价值或不可通约价值的善好理想之间保持中立,即国家行动仍然基于至善论判断,但运用中立原则予以约束。② 如此即便无法完全消除资源分配的不公正,也能最大程度减少这种差别。

(三)平等尊重

但沃尔的这种调和论亦会面临如下诘难:有什么理由可以充分证明某些善观念是没有价值的呢? 按照平等尊重的要求,这种尊重是"对人本身的尊重,而非对他们所拥有学说(信念)之尊重。并且尊重人所引申出的是这样一种结论,即只要人们没有侵犯其他人的权利,也没有其他强制性的国家利益之干预,他们就应该享有追求其承诺的权利,且此种承诺存在于他们身份(认同)的核心之中"③。具体而言,这种对人本身的尊重表现为,对个体能够做出符合其自身利益、善、幸福、需要、价值等决定之能力的"肯定性判断"④。而声称某人的善观念没有价值,就是对他作为人所具备的这些能力的"否定性判断",因此都带有家长制色彩。针对此,沃尔提出了"自我价值"

---

① Jeremy Waldron, "Autonomy and Perfectionism in Raz' Morality of Freedom," *Southern California Law Review*, Vol. 62, 1988, p. 1097.

② See Steven Wall, "Neutralism for Perfectionist: The Case of Restricted State Neutrality," *Ethics*, Vol. 120, No. 2, 2010, pp. 232 – 256.

③ Martha Nussbaum, "Liberalism and Political Liberalism," *Philosophy & Public Affairs*, Vol. 39, No. 1, 2011, p. 17.

④ Quong, *Liberalism without Perfection*, p. 80.

（self – worth）的概念，它意味着个人确信他自己的筹划和理想是值得追求的，个人对他能够成功追求和实现这些筹划和理想之能力抱有信心。这种自我价值感是人们获得自身认同的重要组成部分，所以任何否认"自我价值"之重要性的理想，都应该从值得被中立对待的理想中排除出去。而这一定义实际上与中立论者强调的"平等尊重"颇为类似。而且按照上文所述，如果说"平等尊重"本身也并不能摆脱合理分歧，那么拒绝这种同样很"薄"的自由主义至善论的理由就并不充分。

四、结论：模糊的界限？

至善论走到极端，会强调国家应该强迫人们实现某种被定义为良善的生活；中立原则走到极端，则要求国家从道德判断中完全抽身出来，立于"道德真空"之上。在这两种理论中，前者成为了极权主义的温床，后者则成为了自由主义的乌托邦。而在它们中间，则存在着许多更加温和的立场值得人们探求。根据本文的分析，很难说当代政治哲学的中立论转向完全成功，因为它无法从根本上摆脱至善论的要素。但这一转向的重要作用在于，它推动了这两种理论之间的妥协与融合。在自由主义内部，自由主义至善论与自由主义中立性的界限在逐渐变得模糊，并共同走向了某种中间道路。这种趋势表明，自由主义不应该放弃自己的道德力量，实际上它也很难完全放弃。承认人们的道德地位和公民资格，应该成为一个良序社会的基本前提。自由主义本质上仍然是一种美德学说，但是，相对历史上的其他至善论而言，它是一种更加审慎、宽容和妥协的学说。

▼公共理性问题

公共理性的构建与慎议政治的塑造

——评谭安奎教授的《公共理性与民主理想》*

陈肖生**

一、引言:公共理性为何与民主理想有关联?

实践哲学包括道德哲学与政治哲学,需要直面人类共同生活世界中的重大道德、政治问题。从道德的观点看,我们所生活的现代世界,其"现代性"的一个主要特征,是一种自主的道德观念与理想支配着人们对于自我、其所处的社会世界以及人际关系的理解。作为 17、18 世纪以理性主义为旗帜的启蒙运动核心成果的一部分,人类理性自我作主的道德,全面取代了那种服从自然目的、客观理念以及上帝意志的道德。① 人类开始坚定地认为凭借自己的理性就能理解、改变乃至设计世界的自然及社会秩序。在人类对自身以及自我理性能力作肯定的同时,也给自己加上了沉甸甸的负担:在启蒙的现代世界里,实践理性的自主性,既使得人们观念、价值多元化,同时又意味着人类需要依靠自己的理性来解决由这种多元性带来的道德、政治问题;除此之外,别无依傍。然而面对深刻的道德分歧与激烈的政治纷争,我

＊ 本文发表于《政治思想史》,2017 年第 2 期。
＊＊ 陈肖生,南京大学政府管理学院副教授。
① 有理论家把传统道德向现代的转变归结为自主性的发明过程。参见 J. B. Schneewind, *The Invention of Autonomy*: *A History of Modern Moral Philosophy*, Cambridge University Press, 1997, pp. 4 –5。

们仍期望有"共同的人类理性"这样的东西能作为人与人之间沟通、理解与商谈的共享基础；否则，一个共同的生活世界将无法设想。当代许多重要政治哲学家如罗尔斯、哈贝马斯等所作的许多努力，都是以此问题为背景并以解决此问题为旨归。

谭安奎教授的新著《公共理性与民主理想》①，以"公共理性"（public reason）与"慎议民主"（deliberative democracy）为核心的研究议题，初看起来，这是令人困惑的。因为理性与民主的对立是古典政治哲学的一个命题，典型地体现在柏拉图《理想国》的"洞穴比喻"中：政治共同体的成员通过民主程序来表达其共同意志，以此赋予统治合法性；而理性被认为是限制和驯化民主弊端的依据。因此，要理解谭著所做的工作，首先要理解它仍属于研究在一个现代多元状况之下如何推进实践理性自主地为人类世界立法这个现代启蒙谋划的理论努力。只有把人类如何凭借以及何以能够通过理性来达致自治这一问题作为讨论目标，谭著的两个核心理念"公共理性"与"慎议民主"才能从概念上和逻辑上勾连起来。

公共理性的理念，意在通过确定某种程序以及形成某些规范标准，来为公民的政治讨论提供一种公共标准与共享基础，进而维系由上述那些规范和标准来界定的特定政治生活方式。公共理性理念的抱负，是通过厘定公共推理与公共讨论的标准，来引导公民在重要政治议题上达成共识，进而追求一种集体自治的民主理想。在此意义上，公共理性与政治共识、政治民主等理念的确有很强的关联性。但只要我们稍微检视一下当代政治哲学相关方面的文献，就会发现一个很奇特的现象：正如谭著所指出的，公共理性的最强烈批评者，恰恰是近 30 年来民主理论中势头最强劲的一种——慎议民主理论（参见谭著第二、三、四章）。当代最杰出的两位政治哲学家罗尔斯与哈贝马斯在这个问题上的争论，②以及各自拥护者的不断加入，似乎更是把

---

① 谭安奎：《公共理性与民主理想》，生活·读书·新知三联书店，2016 年。以下本文将该书简称为"谭著"，在引用该书时，只在正文中标出页码。

② 参见美国《哲学杂志》同期的两篇文章：Jürgen Habermas，"Reconciliation through the Public Use of Reason：Remarks on John Rawls's *Political Liberalism*，" *The Journal of Philosophy*，Vol. 92，No. 3，1995，pp. 109 – 131；John Rawls，"Political Liberalism：Reply to Habermas，" *The Journal of Philosophy*，Vol. 92，No. 3，1995，pp. 132 – 180。

两者的分歧与对立推向了高峰。① 谭著的创新之处在于,它并没有简单地支持或拒斥任何一方,而是通过对康德、霍布斯、休谟、罗尔斯等人的公共理性观念的批判,厘清了一种适用于现代多元社会中自由平等公民间相互作政治辩护的公共理性的理念形态及特征,并认为此种公共理性与一种慎议民主的理想是高度契合的。它不仅比现有的慎议民主理论有更少的缺陷,而且本身就是一种高阶的慎议民主。

谭著坚持认为,公共理性不仅仅是形式和程序性的,它自身承诺了实质性的政治价值。由此,"公共理性的特殊辩护方式应当而且能够推出一套规范性的原则"(第30页),并以之来规导公民间的政治关系。那么,我们可以认为,此种公共理性的抱负,必定会塑造出一种特定类型的政治生活方式,也就是书中所提出的"慎议政治"。如此一来,这种以公民在遵循公共理性的相互性标准(criterion of reciprocity)下进行民主慎议为核心特征的政治,它究竟是如何经由作为自主个体的公民介入一种相互间的民主慎议,从而使它自身的政治自主性得以构成呢? 在这种慎议政治中,政治自主与私人自主究竟是什么关系? 与其他的政治生活方式相比,这种慎议政治的组织形式、公民资格以及公民间关系究竟呈现一种什么样的特征? 这种政治生活方式本身的生命力如何? 由于这些问题都是当代政治哲学争论的重要理论问题,并且一些争论在政治学上由来已久,因此谭著所作的尝试本身就非常有意义。而且以公共理性为理论切入点和平台去讨论这些问题,着实又很让人期待。我们接下来就要去检视一下谭著能否对这些历久弥新的重大理论问题给出新解。首先要做的,是审视一下谭著对公共理性理念形态的规定,以及将这种形态的公共理性界定为一种"高阶慎议民主",并试图以此来调和"公共理性"与"慎议民主"之间的矛盾这种努力是否能成功。

---

① 相关争论收录于 James Gordon Finlayson & Fabian Freyenhagen eds. ,*Habermas and Rawls:Disputing the Political* ,Routledge,2011。

二、公共理性的理念形态与规范性基础

谭著对公共理性理念的形态及特征的厘定,是在对公共理性观念史①进行梳理和批判的基础上作出的。书中首先分析的是康德的"理性的公共运用"思想。根据康德的构想,理性的公共运用方式是依照可普遍化的原则进行的,它要求一个人只按照他认为也能成为普遍法则的准则去行动。作者指出,康德主张的其实是"让每一个人找到所有人的理由"(第 28 页)这种个体间相互分离的推理。这种进路的缺陷在于:"理性的公共运用由于在推理过程方面并不具有足够的公共性,从而也不能真正实现行动理由上的公共性。"(第 7 页)康德的绝对命令本身,以及派生的三个公式,其实都是从先验的、具有自由意志的理性行动者的理性中直接演绎得到的。对于多元的现代民主社会的公民而言,他们作为有限的理性存在者,在没有康德那些先验预设基础下,经由前述的推理程序,一个人为所有人找到的理由,并不必然等于对于所有人而言它就是公共的理由。

而霍布斯在《利维坦》中试图从每个个体的私人理性中推导出一种作为私人争端终极裁决机制的公共理性。作者通过详细的分析指出,霍布斯的这个推导过程隐秘地使用了"两种实质上不同的、而且相互无法直接推导的理性概念"(第 13 页)。而且更重要的是,霍布斯的主权者为了保持和平的条件,只是以他自己的私人理性代替了众人的理性去作判断和仲裁纠纷,这其实把主权者的"私人"理性径直当作"公共"理性。因此,霍布斯式的公共理性"既缺少个体理性的基础,也欠缺必要的伦理根基"(第 11 页)。

从霍布斯与康德对各自的"公共理性理念"的推导方式中能得到什么启示?作者认为,两种推理方式都是有缺陷的,均算不上公共的推理,也推不出公共的理由(参见第 6 ~ 7、26 ~ 27 页)。作者提出,一种适合作为民主社会公民辩论与政治辩护共享标准及基础的、健全合理的公共理性形态,必须同时具备"公共推理"与"公共理由"两个核心要素。一方面,推理主体从分

---

① 一般性地介绍公共理性理念的优秀文献,可以参见[美]劳伦斯·索罗姆:《建构一种公共理性的理想》,载谭安奎编:《公共理性》,浙江大学出版社,2010 年,第 15 ~ 44 页。

离的主体性转向主体间性;在推理方式上,遵循相互性的标准,从一个人独自为每一个人设想,转向容纳所有人的视角的相互性思维。另一方面,这种推理不是纯形式的,人们经由这种推理来为政治安排找到实质性的公共理由,以便达到公共辩护的目标(参见第一章第三节)。谭著在此处对公共理性形态应具备的两个核心要素的界定,是一个重要的理论贡献。至少在我所读过的关于公共理性的政治哲学文献中,第一次有人如此清晰地阐明这一点。这种界定对于我们把握公共理性这个理念,以及评价公共理性的观念史是非常有帮助的。

至此,我们可以观察到,经由主体间相互的公共推理,由此得到实质性的公共理由就是谭著认为公共理性理念应该具备的基本形态。它既有公共推理过程,也有能够指导政治实践的实质性公共理由。但如果仅仅止步于所有人相互间都能同意,这仍然是一个太过形式化的表述。从中我们既不知道这里的"所有人"应该同意什么,也就不知道"公共的理由"从哪里来。作者意识到了这个问题,而解决方法是把公共理性的适用领域限定在政治领域之内,将其焦点设定在为民主社会的政治辩护,而不是解释普遍的道德要求。如果公共理性的任务是后者,那么最多可以把公共推理方式规定为探究合乎情理的(reasonable)人相互间能够合理同意或无法合乎情理地拒斥的原则是什么。但这里什么是"合乎情理的",什么是"不合乎情理的",仍没有得到实质的规定。这使得作者倾向于从罗尔斯式的公共理性理念那里寻找解决资源:"罗尔斯在其政治自由主义中明确地把公共理性限定在政治领域,同时对公共理性的主体作了进一步具体的限定,从而有可能为合情理性标准找到共识的基础。"(第46~47页)罗尔斯是从界定实践推理的主体特征(自由平等的公民)及其实践推理原则(合情理性原则与理性原则)来赋予公共理性理念以实质内容的。有了对公共推理主体特征及推理原则的规定,公共理性的"相互性标准"就不是纯形式的了,它要求自由而又平等、理性而又合乎情理的公民,在讨论及决定根本政治议题时,要把其他公民同样视作是自由而又平等、理性而又合乎情理的。每个公民支持或反对某个政治议题的理由,应该是如此构想的其他公民也可能共享的,尽管他们可能会因为对该理由赋予的分量不同而得到不同的结论。

在这里,我们要观察到,谭著所确立的公共理性理念,本身是有规范性基础的,即类似罗尔斯所提出的自由平等、理性而又合乎情理的公民观念。公共理性理念的建构过程,是那些将自己以及彼此都设想为自由平等、理性而又合乎情理的公民们,希望知道在这种政治关系中处理重要政治问题时,要按照怎样的方式推理以及诉诸什么样的公共理由来作决定及处理分歧,才能维持公民间这种自由平等的道德地位以及政治关系。因此,谭著建构的这种公共理性理念的规范性基础,显然是罗尔斯式的。但接受罗尔斯式的公民观念作为规范性基础,是否必然意味着书中建构的公共理性理念就等于罗尔斯他自己的那个理念版本? 倘若不是,谭著建构的公共理性理念又是如何避免罗尔斯的公共理性本身所遇到的种种问题的? 在这些问题中,首要的就是如哈贝马斯等批评者所指出的,罗尔斯的公共理性的应用层次太低、约束太多,导致其无法体现自治的理想,反倒限制了民主政治的活力。我们接下来看谭著如何应对这个问题。

三、公共理性的应用层次:对罗尔斯的修正

罗尔斯认为,一个正义并且稳定有序的社会,首要地当然是应有一套能够为所有合乎情理的公民接受的根本规则,也就是正义原则。但即使公民们在一个或一组正义原则上达成共识,他们仍会在正义原则在具体的某个政策问题上要求什么产生不可化约的冲突。因此,需要引入公共理性的理念,确定一套公共的探究及推理规则。当公民在宪政根本要素以及基本正义问题上发生分歧时,他们在这些问题上的推理应该接受公共理性的相互标准的限制。

作者认为,罗尔斯这样设想,实际上是将公共理性的作用层次限定在正义原则的应用问题上。尽管公共理性作为与正义原则相配套的指南是有必要的,但作者认为,主要有两个理由促使我们要考虑提升公共理性的作用层次:第一,这种低层次的限制,使得公共理性理念要么微不足道,要么归于无用(参见第52~53页);第二,这个理由更为关键和重要,作者认为,提升公共理性的作用层次是罗尔斯正义理论内在逻辑本身的要求。因为罗尔斯后

期承认合理的政治性政治观念不是唯一的，而是一个家族，但多元的正义观念具有三项共同的核心特征。这些特征是由"相互性标准"来制约的。但进一步的追问是，约束这类正义原则的"相互性标准"又是哪里来的？作者认为："从罗尔斯的理论构造来看，除了追溯到原初状态本身，我们不可能在其他地方找到这个来源了。"（第56页）这意味着，我们不得不超越政治正义原则本身以及对正义原则的应用，转而回到正义原则的选择情境当中去；它同时意味着，"公共理性可能不只是一个正义原则的运用问题，而是与它的选择有关"（第56~57页）。

我认为，作者上述分析准确地观察到了罗尔斯的正义理论及其公共理性理念自身的问题。但问题在于，为什么说对正义原则的选择体现了相互性标准，就表明公共理性在这个层次上也发挥了作用，因而可以合理地认为应将公共理性的作用层次提升至原初状态的正义原则选择之上？我想答案只能是：相互性标准就是公共理性这个概念本身内含着的伦理规范与推理标准。但是在谭著的第一章界定公共理性理念的形态时，在对霍布斯、康德和休谟的公共理性观念作批判后，作者尚未把"相互性标准"非常明确地建构进公共理性的理念中去。作者在确定公共理性的理念形态时，只是讲到公共理性包括公共理由与公共推理能力。那么"相互性标准推理"与公共理性的这两个基本要素是什么关系？这一点有待澄清，而且作者接下来的论证将会极大地依赖"相互性标准"，因此提前并且专门处理"相互性标准"与公共理性理念的关系显得更有必要。

要将公共理性应用于正义原则的选择，最关键是要解释选择正义原则的原初状态的设置，包括其背景条件与推理方式本质上如何体现了公共理性的内在要求。作者指出，在原初状态的设计中，"无知之幕"体现了公民的合情理性，各方在无知之幕下的推理体现了公民的理性。我们甚至还可以补充，原初代表在原初状态中所处位置的对称性，体现了平等性；而原初代表对正义原则的选择，只需在合理约束条件下理性地进行选择，不受任何其他外在因素影响，这是公民作为自由人的体现。因此，整个原初状态的实质，是在塑造一种道德观点，它使得每一个自由平等、理性而又合乎情理的公民提出的理由同时也是所有其他人都能够接受的理由。这些恰恰就是我们前面提到的公共理性理念的核心要素。分析至此,我们有理由得到与作者一样的结论,即公共理性可以而且应该应用到原初状态中对正义原则的选择中去,"原初状态的背景,尤其是无知之幕的设计,以及这种条件下的推理,一起完成了公共理性的要求"(第59页)。

将公共理性的应用提升一个层次,不仅使得罗尔斯正义理论的内部逻辑更加融贯,也有助于澄清罗尔斯思想与表述上的一些含混之处。例如,谁来应用、如何应用公共理性的问题(参见第二章第三节)。而在我看来,作者提升公共理性应用层次的一个更为重要的作用,是提升公共理性理念自身的理论层次与重要性,即实现了其自身从正义原则的应用指南到一种政治生活方式的规导理念的跃升。理由很简单,正义原则是一个政治体据以运行的根本原则,而若公共理性的确是指导选择正义原则的规范,那么说公共理性从根本上塑造和规导了此社会的根本政治生活方式,就是自然而然的。公共理性理念自身理论层次的提升,才使得它有资格成为回答如何凭借及通过理性来达致自治这个现代社会根本政治问题的恰当理念。而正是在这个问题上,公共理性与慎议民主之间发生了一场令政治哲学家感到既兴奋又困惑的重要争论。

四、作为一种高阶慎议民主的公共理性

慎议民主表达了公民通过理性慎思与讨论而实现集体自治的政治理想。在大多数慎议民主理论家看来,现代主流的民主理论——利益、偏好聚合式民主理论,是有重大缺陷的;它把民主过程看作是个人意见、利益,以及偏好的记录、聚合与计算器,对人们进入民主程序前的利益与偏好没有规范的要求。民主过程只是个人利益偏好的各自表达,即使有所谓的公共讨论,也是让个人更清楚明白自己的利益和偏好所在。结果,它就没有也不可能要求私人利益偏好根据某种公共规范或向着公益目标而转化。

作者分析指出,慎议民主理论希望取代这种有缺陷的自治安排,它把一种有规范约束和伦理要求的慎议过程置于民主政治的中心;个人基于利益与偏好而提出的主张与要求,要根据所有人都可以合乎情理地接受的准则

来调整,并与所有其他人同样调整好的利益与主张共存。民主慎议的过程本质上就是公民们相互之间为自己的主张提出恰当的理由,而结果就为公民作为一个集体如何行使其政治权力提供了合法性说明。当然,慎议民主在强调规范性与公共性的同时,要避免走向聚合式民主的反面,即它不能过分地压制和忽视个人的理性利益主张。因此,作者提醒我们注意,一种合理的慎议民主过程遵循的伦理标准应该是相互性标准(criterion of reciprocity)而非纯粹无偏倚性(impartiality)或无条件的大公无私。作为民主慎议过程的核心伦理规范的相互性标准,"同时考虑到不偏不倚的、非个人性的要求以及个人性的要求,从而达到相互的可接受性,以形成政治共识"(第89页),而且相互可接受性的塑造与共识的达成,必定是以一种主体间性方式在慎议过程本身中实现的。

这样,我们把作者在前面所澄清和厘定的公共理性理念,与他认为合理的慎议民主理论作一比较就会发现,两者的主体及作用域相同(公共政治领域里的公民),目标与抱负一致(政治合法性与政治辩护),更重要的是共享同一套推理及讨论的伦理规则(主体间的相互性标准)。至此,作者通过创新性的诠释及细致扎实的分析论证,得到了全书的一个重要结论:公共理性本质上就是一种慎议民主模式,公共理性在其两个应用层次上都在塑造一种慎议政治(参见第114~115页)。但读者也许对此有疑惑,如果公共理性理念与慎议民主理论本质上是同一种东西,那么如何理解如以哈贝马斯为代表的当代慎议民主理论家对罗尔斯式公共理性的批评?谭著要捍卫上述结论,就必须要直面这场争论中所揭示的两者的分歧。要么表明慎议民主理论家的批评是误解,要么表明经合理诠释后的公共理性理念能够容纳批评者所要求的那些东西。下面我们重点考察一下谭著对这些批评所给出的主要回应。

第一,公共理性规约下慎议的"虚拟性"批评。即使承认公共理性可以应用到原初状态中去推导正义原则,但批评者认为,原初状态是一个带有厚重无知之幕并且是虚拟的契约设置,与慎议民主所强调的公民们在充分知情下参与对话的慎议模式相去甚远。作者指出,公共理性并不排斥实际的慎议,这可以发生在正义原则的"应用"层次。而正义原则的"形成"这个层次,属于哈贝马斯所讲的"根本性商谈"。正像哈贝马斯的"根本性商谈"需要满足一些预设条件来保障"现实商谈"的道德有效性一样,包括无知之幕在内的必要程序设置,目的都是模拟公民在由理性驱动并在合情理性约束下的推理。屏蔽特殊信息的无知之幕,协商一致的契约要求等,本质上不是要窒息对话,而是迫使或引导公民思考:每个人都有其特殊的观念和理性利益,应该根据怎样的准则来处理基于这些特殊的观念和利益提出的主张,才能让所有人都能合理地接受。作这样理解后,没有理由怀疑这种"虚拟对话"所完成的是一种公共的推理。在罗尔斯这里,这些规导"现实对话"的条件就来自作为"虚拟对话"结果的正义原则(参见第 113 ~ 115、138 ~ 139页)。当然,也正是这点引致了慎议民主接下来的第二个批评。

第二,正义原则"单一性"的批评。作为公共理性规导的"虚拟对话"结果的正义观念或原则,是开展"现实对话"的规导性条件。但这样一来,最重要的政治议题都已经用单一的正义原则形式固定下来,民主商谈的深度和活力就大打折扣了。作者已经认识到,罗尔斯在其后期的政治哲学写作中,倾向于接受合乎情理的政治性正义观念是一个具有共同核心要素的家族,而不是定于一。但作者认为,为了回应慎议民主理论家的前述指责,罗尔斯的重叠共识对象不应该是任何实质性的、确定的正义原则或其中的要素,而是公共理性及其相互性推理规范(参见第四章第二节)。

在这个问题上,我理解作者试图通过宽松共识对象来达到回应慎议民主提出的"单一性"批评的策略意图。但就罗尔斯的重叠共识理念本身而言,作者将共识对象界定为公共理性的相互性标准,这一点值得商榷。首先,如我在本文第一节末尾所指出的那样,既然作者采纳了罗尔斯式的自由平等公民观作为公共理性理念的规范性基础,并且作者也特别强调公共理性是实质性的,那么罗尔斯式的自由平等公民观加上相互性推理标准,就可以得到实质性正义观念的三个共同要素,这一点没什么不好承认的。[①] 任何规范理论"它自身必须占据其理论内容所要求的全部逻辑空间"[②],这对那些

[①] 事实上,作者也没否认这点,而是认为:"他之所以强调这些要素,其理由只能是,它们是相互性标准的直接体现。"(参见谭安奎:《公共理性与民主理想》,生活·读书·新知三联书店,2016年,第110页。)

[②] Ronald Dworkin, *A Matter of Principle*, Harvard University Press, 1985, p. 361.

批评罗尔斯的慎议民主理论也适用。它们也不可能为了所谓的民主活力而放弃使自身得以确立的规范，最后沦为一种"怎么都可以"的理论。其次，罗尔斯从原初状态阶段到重叠共识阶段所作的哲学努力，就是想探究自由平等公民观加上相互性推理标准能够得到什么实质性的规范，以规导一个正义社会的展开，这是一个从抽象到具体的推导过程。毕竟组织有序的社会不是一个"哲学家社会"，公民们需要实质性的原则规范来指导这个政治体的立宪、立法过程，而不能总是事事处处都要应用相互性标准去推理，尽管罗尔斯的理论允许他们可以这样做。最后，罗尔斯的重叠共识要求那个共识对象能让合乎情理的整全性学说合理地接受。这里的"合乎情理"的规范限定最终就是根据相互性标准来定义的。① 因此，若如作者所言，那些接受相互性标准的整全性学说达成的重叠共识对象就是相互性标准，这将会使得罗尔斯的重叠共识论证变得多余。但检验推导出来的实质性的原则或其中的要素能否被合乎情理的整全性学说接纳，却不是多余的，如检讨哪些自由权项是基本的并具有优先性，恰恰是可以按照相互性标准去推理的。所以，在我看来，相互性标准最好还是定位为规导趋向共识的标准，而不是共识的对象。

实际上，我和作者同样认为，慎议民主理论家提出的正义原则"单一性"限制民主活力的批评对后期罗尔斯并不适用，但我认为不需进一步将共识的对象设定为相互性标准。自由平等公民遵循相互性标准进行推理，以确定他们能够相互接受什么，这个过程结束后，并不会指定只有某一个正义原则是合理及有辩护的，这与本文开篇讲到的理性本身的特点有关。认肯这一点对回应慎议民主的这个批评就足够了。②

第三，公共理性的"作用场域错位"批评。在罗尔斯那里有一个令人困惑的界定，他认为，公共理性主要适用于"政治的领域"（the domain of the political），指的是确定根本权利义务与经济利益分配方式的社会基本政治制度结构。而慎议民主论者强调，政治慎议主要是公共领域（public sphere）的问

---

① See John Rawls, *Political Liberalism*, Columbia University Press, 1996, pp. 59 – 60.

② 关于这一点的详述，参见拙文：《不偏不倚性与正义观念的多元性——亚马蒂亚·森对罗尔斯正义理论的批评》，《道德与文明》，2012 年第 1 期。

题,是自由平等公民进行开放的对话、慎议的场域。若罗尔斯认为公共理性是作用于国家权力或制度系统的,那么,把他的公共理性理念理解为一种慎议民主模式就是不恰当的。在这个问题上,作者再一次显示了他优秀的哲学辨析能力。他分析指出,罗尔斯所谓的"政治领域"指的是"议题"(issue),而哈贝马斯等慎议民主理论家所说的"公共领域",指的是"空间"(space)。罗尔斯的政治领域,指的是社会基本政治制度构成方式,也即是根本性权利义务的划分方式与经济利益分配方法,而规定这些方式方法的就是正义原则。因此,罗尔斯讲公共理性主要作用于"政治的领域",实际上完全可以理解为,遵循公共理性的规范和标准去讨论正义原则这个根本议题,而且,说这个议题出现在慎议民主理论家所讲的公共领域里,这并没有什么矛盾之处(参见第四章第三节)。如此理解之后,罗尔斯理论的优势反倒凸显出来了,因为如哈贝马斯等慎议民主理论家所理解的国家权力领域、公共领域以及私人领域的经典三分,它们之间的界限在哪里,实际上首先是要由正义原则来确定的。而作者在前面已经论证过,公共理性的一个作用层次就是规导正义原则的选择与形成,这就凸显了公共理性作为一种更高阶的民主慎议模式的潜力。作者接下来就是要通过进一步的分析,阐发公共理性不仅是一种慎议民主模式,而且是一种比现有慎议民主学说更有优势的"高阶"慎议民主理论。

我们在本文开篇就说过,公共理性理念的最大理论抱负,应该指向人类"如何凭借及通过理性来达致自治"的问题。现代世界里的自治问题包括两个方面:第一,公民个体的自主;第二,公民作为一个集合体的政治自主。长久以来,私人自主与政治自主被以诸如"现代人的自由"与"古代人的自由"等这样的方式对立起来。哈贝马斯认为两者应该是同源的,且共同源于公共领域的慎议民主过程中。作者认为,哈贝马斯这个想法值得赞赏,但是他没有真正融贯地将自己的想法落实到其慎议民主及公共领域理论中。因为哈贝马斯在阐述这些民主慎议的先验伦理前提时,其实已经申认了一种先验的人权理念(参见第 132~136 页)。这样一来,在哈贝马斯的慎议民主中,私人自主性源于先验预设条件本身,而政治自主性源于在先验伦理条件约束下的民主商谈。两者既谈不上同源,更谈不上同位阶。

作者进一步分析指出,作为慎议民主一种形式的罗尔斯的公共理性理念,却能够在其构造的这种慎议政治中,同时并同阶地塑造政治自主与私人自主,从而实现两者的同源性与同价值位阶。首先,我们看政治自主性的塑造。作者在前面已述及,公共理性可以而且应该应用到正义原则的形成和选择这个层面上去。鉴于正义原则是规导一个政治体活动的根本原则,那么在原则中如何规定公民参与政治的自由权,当然也就是由公民的公共推理决定的,而且从前述作者回应公共理性"作用场域错位"的批评中我们看到,国家权力制度结构、公民实际民主慎议过程发生的那个空间也就是公共领域,是根据公共推理的结果,即正义原则来确定的。这样,正义原则、政治自由权利、实际行使这种权利的慎议空间以及制度机构均源自公民依照公共理性规范而进行的公共推理(参见第四章第六节)。其次,我们再看私人自主性的塑造。在罗尔斯那里,不存在先验的、自然的或者说前政治的个体自由权。个人自由体现为一项一项的自由权项(liberties),全部是经由公共推理得到正义原则规定的。从这个意义上讲,在罗尔斯那里,私人自主也是通过这种理性慎议过程塑造的。

经典的慎议民主理论一般都是认为,民主慎议发生在与国家权力领域相对,而与私人领域有联系但相异的社会公共领域中。民主慎议及其结果可以约束和规范国家权力,从而实现政治自主,进而保护个人具体的自由权利。在哈贝马斯那里,人权还是直接源自规范慎议过程的先验伦理条件。而在罗尔斯的公共理性所规导的慎议政治中,政治自由权与个人自由权均由正义原则来确定,而正义原则的选择与形成被作为一个议题出现在公共领域中,由公民在遵循公共理性推理标准的前提下进行民主慎议来确定。这样,民主慎议的力量以及公共领域的功能,均扩展并提升到先于国家权力而存在的国家权力运行原则这一议题之上了。而在这个层面上的民主慎议,同时及同位阶地塑造了政治自主性以及私人自主性。正是在此意义上,作者将公共理性视为一种高阶的慎议民主(参见第144～152页)。

然而既然作者认为两种自主性在罗尔斯的高阶慎议民主图景里是同源同阶的,那么我们要问它们共同的源泉是什么?作者指出,它们的共同根源是作为自由平等人的公民的两种道德能力,即公民提出、践行正义感的能力,以及形成、修正与追求善观念的能力。那么为什么是这两种道德能力呢?是保障、发展还是尊重这两种道德能力使得两种自主性如此规定?其中的逻辑是什么?作者并不是很满意罗尔斯的解释,他提出:"公民的两种道德能力作为两种自主性的根源,既不是先于政治慎议的,也不是后于政治慎议的,而是在政治慎议的过程中体现出来的。"(第145页)

不过作者的这个解释值得进一步讨论。公民两种道德能力的践行,固然只能在政治慎议中"体现",但两种道德能力的内容及价值地位的规定,会不会是先于政治慎议的呢?实际上,两种道德能力在罗尔斯那里被设定为自由平等公民的最高阶利益,它们在什么意义上不是先于政治慎议的,这一点不是很清楚。这就涉及第二个问题:前面提到,作者认为哈贝马斯的公共领域未能同源性地塑造政治自主与私人自主,是因为哈贝马斯把人权看作是先于慎议而存在于慎议的先验条件中的。那么设想哈贝马斯会反问:罗尔斯的自由平等的公民观念及其两种道德能力的设定是从哪里来的?如果它也是先验的慎议前提,那么罗尔斯也得承认公共理性也有一个先于政治的基础。如果它不是先验的慎议前提,那么是什么东西规范了慎议过程,从而保证了慎议结果的规范性?

对于此问题,谭著的最后部分似乎给出了一个相关的答案,即认为公民观念及公民的两种道德能力的设定,是对政治概念的一种"原生性"理解(参见第244页)。因为它本身都既是规范的,又是政治性的,因而能回答前述哈贝马斯可能提出的看似是两难的挑战。作者不同意罗尔斯所讲的自由平等的公民观念是诠释来自自由社会的公共政治文化,而是认为它来自"自主的政治概念"(参见第243~244页)。但这样的解释也许无法令哈贝马斯的支持者满意,他们也许还会提出这样的问题:在没有先验的商谈条件的情况下,这种政治概念是凭借什么去保障它自身是"规范""普遍"及"真正可靠的?"(参见第243~244页)还有,作者是想表明"自由平等公民观念"是对政治概念的一种理解,因而就是政治的,还是说从"政治"的概念就能直接推导出自由平等公民观念?若是前者,仍然会遭遇到哈贝马斯的上述反问;若是后者,就有点像康德从纯粹的实践理性直接推导出绝对命令了,这是与罗尔斯的《政治自由主义》精神不相符的。

总的来说，我认为，谭著对作为公共理性规范性基础的罗尔斯式的自由平等的公民观的阐释还有待加强。只有对公共理性规约下的慎议政治的规范性基础作出更详细的说明与捍卫，才能更充分回应此处所遇到的种种问题。

五、由公共理性规导的慎议政治图景

（一）公民资格

根据谭著前面的论证，依照公共理性的价值与标准来展开的政治生活，是一种慎议民主的政治。但慎议民主理论内部一直有一个自身的融贯性问题——慎议与民主的张力问题。政治慎议活动要求参与者具备一定程度的伦理反思、理性推理及语言表达能力，而现代民主却是以公民平等为基础的。这样一来，自古典时代以来就带有浓厚精英色彩的慎议，与强调公民平等参与的民主之间就存在着紧张。既然谭著把由公共理性规导的政治理解为一种高阶的慎议民主政治，那么也必须直面这种由慎议能力要求导致一种过高的、排斥性的公民资格问题。

最有吸引力的解决方案，似乎就是采纳由纳斯鲍姆、亚马蒂亚·森等人提出的可行能力思路，解决能力平等问题并将之作为慎议政治的基础。但作者非常清醒地认识到，这是一种本末倒置的做法。因为可行能力理论同样也是一种正义观念，它的理论企图若实现了，罗尔斯式的慎议民主理论就被替代了或被置于一个无足轻重的地位（参见第99页）。但能力问题又的确是化解慎议资格与民主公民的平等政治地位之间张力的关键。因此，正确的处理方式，是看能否在公共理性理论内部找到一种处理方式，一方面保障慎议政治所需的特定能力，另一方面这种能力要求又不能构成一种过高的、排斥性的公民资格门槛，导致把不具有这种能力的公民排除在外。以纳斯鲍姆为代表的可行能力进路理论家，就是否认罗尔斯式契约理论能兼顾这两个方面。在纳斯鲍姆看来，和其他经典的契约理论一样，罗尔斯的契约也是订约者为了互惠（mutual advantages）目的而制定的合作条款，其契约设置也承诺了休谟式正义环境的设定，即订约者的能力处于正常范围之内。

若没有这个设定,则需要为订约者设定非常高的立约动机——假定他们愿意为那些没有正常社会生产能力的人付出劳动、提供利益。由于这个平等的正常能力假设的存在,那些生理或心智有残障或缺陷的公民,就没有在制订根本正义原则的契约程序内获得平等的代表,进而必然导致在分配正义的结果上受到歧视。即使事后有一些补救关照的措施,但这无法弥补他们作为平等公民被剥夺了制定根本正义原则的政治自主权的事实。

因应纳斯鲍姆提出的批评的结构,作者区分了正义原则的制定者("通过谁")与正义原则的受惠者("为了谁"),并从这两个角度、两个阶段出发,澄清了公共理性规导之下的慎议政治如何处理慎议与民主之间的张力问题。参与正义原则制定的资格问题关涉到上述公共理性的高阶应用,即在原初状态中制定正义原则的阶段。在此阶段,作者首先澄清了对罗尔斯式契约理论的一些误解:罗尔斯的契约不是关注人们讨价还价、审慎地考虑要如何得利才和其他人一起结束自然状态走向合作的问题。罗尔斯的原初状态设置,其实只是一个"自我反思与澄清"的工具。相互视为自由平等的公民们,想知道如此设想的人们应该根据什么样的具体正义原则来行事,才能实现他们的想要进行公平的社会合作的政治理想。如此设想的公民,他们之间除了依照"相互性标准"来对待之外,找不到其他适合这种公民观念与社会观念的共处之道。因此,在订立契约阶段,"没有一个独立的互惠互利的理念",而是一种预设了理性(rationality),但让理性从属于合情理性(reasonableness)的统一的实践理性观念,它的本质就是相互性标准(第165页)。纳斯鲍姆试图通过赋予所有契约论一种互利的立约目的及正常能力预设,进而推出契约论支持歧视性的分配结果。谭著提出的上述理解就切断了这个推导链条,并为其他解释提供了可能性与空间。

在作者所谓的"通过谁"这个参与正义原则制定的能力资格问题上,谭著区分了"作为参与慎议的资格的能力"与"从事实际慎议的能力"(第179页)。作者承认,作为原初代表在原初状态中为他们所代表的公民选择正义原则,需要预设正常的生理、理智与道德能力,但这并不必然构成歧视与排斥。因为罗尔斯并不要求公民也需要具有这些能力才能被代表。在罗尔斯的构想中,公民平等的基础在于具备正义感与善观念这两种道德能力,公民单单凭借这两种能力就能够获得代表。而且两种道德能力取一种宽泛与包容的理解,老弱病残的身心状况也并不影响设定他们具有这种道德能力。即使尚待发展的儿童,也被视为能够拥有这两种能力的发展潜能。这样,我们就能理解,罗尔斯要求实际慎议的代表的能力处于正常范围内,恰恰是为了更好地保障与推进公民两种道德能力这种"最高阶利益"的需要。所以在"通过谁"的问题上,作者通过把进行实际慎议的能力与被代表资格的分离,既保障了慎议政治所需的正常能力,又使得参与慎议资格具有平等性和最大的包容性。接下来,我们要考虑"为了谁"这个正义原则分配结果与特殊个体的需求满足问题。

在罗尔斯的契约设置中,只要拥有两种道德能力,就可以获得平等的代表;而拥有各种正常慎议能力的原初代表推进的最高阶利益,被设定为保障公民的两种道德能力;要推进的高阶利益,被设定为公民确定持有但内容未知的好生活观念。这些利益的大小都是以基本益品(primary goods)的多少来标示的。这些益品被设想为一种通用手段,无论公民具体的好生活观念是什么都是需要的。要考察如此选择出来的正义原则的分配结果,究竟能不能满足身心残障等没有正常社会合作能力的特殊个体的需求,核心就是观察基本益品能不能满足他们的需要。作者认为,如纳斯鲍姆所指出的那样,由于个体在对资源的需要及其把资源转化成有价值的功能性活动的能力方面存在着极大的差异,所以我们应该承认,对每个具体的人而言,基本益品的确并不是完全通用、中立和同等地有益的。

作者认为,尽管罗尔斯的理论在这个问题上有缺陷,但是可以看作是公民为他们的政治自主性付出的代价,因为对这种政治自主性的重视程度与保障层次,比纳斯鲍姆与森的可行能力理论都要高(参见第179~185页)。当然,有特殊需要的公民会问,为什么他们要视政治自主性比个体特殊满足更重要?这一点是因为在罗尔斯的理论中,追求自由平等公民的理想,就意味着他们已经把发展两种道德能力作为了最高利益。所以作者这里用"代价"这个词是恰当的,因为这的确是政治生活方式选择的机会成本问题。

(二)公民友爱

在考察了作者对于此种慎议政治的公民资格的说明之后,我们来讨论在这种公共理性规导下的慎议政治生活中,公民之间以及公民和国家间究竟是一种什么关系。在传统自由主义理论的图景中,国家权力与公民被构造为一种纵向的对抗关系,政治秩序安排是围绕着防御国家权力垂直向下的专横压制与构筑公民自下而上的权利基石而展开的。我们知道,这种纵向对立源于自由主义持有一种先于和外在于政治的自由观和权利观。由此,公民间关系是基于私权的法律关系,以及由这种法律保护和调解的经济交易关系。而国家权力被构想为先在的公民权利作必要让渡的剩余物,两者是此消彼长的对抗关系。

在作者所阐发的慎议政治中,私人的权利和自由与政治自主和公共自由都是经由公民的公共推理而共源同阶地塑造出来的。因而,政治关系首要地被理解为公民间横向的如何相互对待问题。公民通过高阶的政治慎议确定国家权力的运行原则、处理议题和作用领域。同时,公民的自由权利不再被认为是自然或先验的,而同样也是这种政治慎议的结果。这样,在这种慎议政治里,公民间关系首要地是被理解为一种政治性的关系,同时被转化的还有公民与国家间的纵向紧张对抗。国家权力与公民权利都根据公共理性的相互性标准来厘定,并共同服务于自由公民间平等政治生活的展开。因此,这种慎议政治从根本上重塑了由经典自由主义理论构造的那种政治关系(参见第 225～229 页)。

作者还进一步把公民间的这种政治关系阐发为一种现代的政治友爱。友爱在古希腊的伦理与政治思想中占据重要地位,也是理解古希腊政治生活中公民关系的一个关键理念。有理论家认为,现代民主社会的财富再分配,很难仅仅在正义的框架内获得完全的辩护,而必须诉诸从古典时代就与正义相伴的"友爱"这个理念。但现代社会的性质与规范及其政治架构的状况与特点,使得公民间的友爱很难在其中找到恰当的位置。作者希望通过解释与阐发亚里士多德式的政治友爱理念,使之在慎议政治中重新焕发生机。作者认为,亚里士多德的友爱概念,强调朋友间情感的亲密联系、善意的相互知晓、德性的相似吸引等。而在古希腊时代,这些都是通过朋友私人间共同的生活经历与接触来形成的。在由陌生人组成的大规模的现代政治社会里,一种政治友爱形成的基础及媒介,应该转换为一种借由正义原则与正义制度所维系的公民间普遍关系。具有正义感的公民相互承认和珍视这种政治品质,并通过依照正义原则公正地对待彼此来使得对方感知到这种政治友爱的善意(参见第236~237页)。

当然,作者在慎议政治中对政治友爱的再诠释能够成功,关键在于,在由公共理性规导的慎议政治中,规定与调节公民关系的正义原则,是自由平等的公民集体行使他们的政治自主权来挑选与决定的。这样,建立在正义感和共享的正义观念之上的政治友爱,才能恰当地被认为是"公民间"的友爱。很显然,无论私人的还是政治的友爱,从概念上讲都不可能是强加的。也正是因此,公民间横向平等的政治关系,其实质可以被归结为一种公民友爱。

(三)公民美德

对公民美德的说明一直被认为是自由主义的理论软肋。因为经典的自由主义理论是以私人权利为理论基点的,自由主义的政治架构本质上是一种权利—法律结构,其任务主要是协调私权冲突以及划清群己权界。这种政治体的维系,只需政府不干预公民的消极自由,以及公民之间依据法律协调他们的消极自由即可。在自由主义这里,公民美德如果说需要的话,它在性质上也是私人性的,功能上是辅助性的,服务于保护私人自主性(参见第190~198页)。在这一点上,共和主义是自由主义最有力的批评者。共和主义认为,问题并不是自由主义不能说明任何公民美德,而是囿于其前政治权利的预设、消极的自由观念以及工具论的国家观,这种政治理论本身无法说明一种与政治上的自治和公民集体的自我决定相关联的、公共的公民美德。而一种与政治参与及政治自主相关的公民美德,即使在自由主义政治本身那里也是需要的。因为设计得再好的政体,若没有公民的积极维护与参与,也终将沦为权谋者与野心家压榨公民的工具。这正是某些共和主义者积极倡导的"无支配自由"的优点以及自由主义的消极自由之缺陷所在。这样看来,自由主义与共和主义之间争论的核心,仍然是政治自主性与私人自主性的对立问题。那么由自由主义公共理性规导的慎议政治,在坚持自己核心纲领的同时,能够对一种与政治自主性相关联的公民美德作出说明吗?

由于作者已经把自由主义与共和主义关于公民美德争论的实质,归结为私人自主性与政治自主性的源泉及位阶问题，并且鉴于我们在前面第四部分已经了解到，作者把公共理性理解为一种高阶慎议民主，并在这种高阶慎议中共同塑造了政治自主性与私人自主性。因此，在公共理性规导的这种慎议政治中，公民美德就顺理成章地得到了原则性的支持与说明。作者认为，最重要的公民美德，其实就是公共理性，即公民们依照相互性的标准对待自己的公民同侪，在政治慎议中相互给出可以合乎情理地认为其他公民也能合乎情理地接受的理由。这既是一种公民美德，也是一种公民性责任（参见第 204～206 页）。与其他自由主义相比，这种公共理性塑造的自由主义正确地将公民美德与公共政治生活自治关联起来。在将公民间平等、理性的慎议提升至决定政治生活根本原则层次的同时，也彻底抛弃以往自由主义将公民美德工具化、附属化的理论倾向。而与共和主义相比，它仍保留了自由主义的基本特征，如它并不要求公民积极参与实际的公共政治生活并将其作为一种责任，同时还坚持了自由权项的优先性。当然，这些权项既包括私人权利也包括政治参与权利，并且都是在政治慎议中塑造的，而并非是先于政治的自然权利。另外，它也没有变成一种以培养和完善公民德性为目标的完善论，因为这种慎议政治以承认和尊重公民的自主性能力为前提，而不是以培养和造就公民的自主性为目标（参见第 206～211 页）。

当然，如我在前面第四节结尾处所指出的那样，作者的这种解释如果要贯彻到底的话，仍需要对作为慎议政治之基础的那种自由平等的公民观念的性质作出说明。因为如果这种基础观念仍然是一种私人自主性的政治表达，那么上述解释表面上是解决了现代人自由与古代人自由之争，及与其相连的私人性美德与公共性美德问题，但实际上可能只不过是将争论推后至基础观念层次上罢了。

总的看来，作者不仅通过公共理性理念定义了慎议政治这种政治生活方式的根本性质，而且借助公共理性进一步阐明了这种政治中的平等的公民资格、借由正义原则定义和维系的公民友爱，以及根据相互性标准平等地对待彼此的公民美德。这些工作为读者提供了一幅慎议政治如何得以运转及维系得更为清晰和丰富的理论图景。

六、结语

谭著所作的理论努力，并不仅仅是在分析政治生活中的公共理性与慎议民主两种理念，而更重要的是在阐发一种政治社会的组织形式及政治生活方式本身，即一种公民们遵循公共理性的相互性标准来进行民主慎议以达成政治自治的"慎议政治"。在这种慎议政治中，公民将彼此视为自由平等的，相互间以合情理性及理性为原则进行公共推理，通过民主慎议形成政治行动的公共理由。至此，本文一开始就提出的那个当代政治哲学重要问题——在现代多元社会里，公民如何凭借及通过理性来达致自治——已在谭著所勾勒的由公共理性所规导的慎议政治图景中得到了回答。

最后，我们要问：谭著所阐发的"慎议政治"，究竟是给公民提供了解决这个重要问题的一个选项，还是描绘了一个理想，抑或是在规约（prescriptive）意义上给出了他们都应当采纳的目标和方案？谭著最后一章的回答是，这当然是一种关于政治生活方式的理想，但这种理想是对政治本身或者说政治本质的原生性理解（参见第243~244页）。这种政治理想"不仅仅在于它是可欲的、值得向往的，而且也在于它是我们应当追求的"（第250页）。

现在的问题是，这里说"我们应当追求它"究竟是什么意思，或者基于什么理由可以这样说？有一种流行的观点认为，在罗尔斯的《政治自由主义》那里，那个政治性的正义观之所以有规约力，是因为该正义观的主要价值和理念，是从潜藏于自由民主社会的公共政治文化中提取出来的，并且如果罗尔斯的这种解释是合理的，或至少与其主要的竞争对手相比更合理，那么生活在这种政治文化传统的人就应当接受它。但这种把罗尔斯视为地方性的语境主义者或文化传统决定论者的看法，其实是一种误解。作者也很清醒地认识到这一点，也反对对谭著中的"慎议政治"作同样的理解。而我认为，在罗尔斯那里，至多可以说自由民主的实践及相应的政治文化积累，使得自由平等这些理念可以现实地呈现到哲学家的实践反思中，哲学家们可以进一步思考其更合理的构想方式，甚至还可以说，民主的实践及相应的政治文化积累，使得从这种政治文化中诠释出来的那个正义观念更容易被公民们事实地接受。但自由民主社会的实践及公共政治文化,作为对某些"政治观念"进行构想与诠释的实践经验来源,并不是这些观念的规范性的来源。政治文化传统本身,无论是作为哲学反思的前端素材来源,还是后续的心理接受的文化铺垫,都无法替代哲学论证和说明而直接成为所论证的观念或理念的规范性来源。

那么正如作者所问:"一种理想,即便很美好,它本身如何能够施加道德上的责任?"(第249页)这是罗尔斯在《政治自由主义》以及谭著都需要回答的问题。在我看来,实践理性的观念,无论是道德的还是政治的,其规范性力量最终来源于人们自由运用他们实践理性能力,对这些观念的根据与内容进行反思后对它们给出的反思性认肯。当然,我们可以同意克里斯汀·科斯伽德的说法,即并非所有的反思性认同都会自动赋予认同对象一种规范性,[1]因此罗尔斯强调一种普遍而广泛的反思平衡过程。[2] 我们同样还可以承认,理性反思的结果必定不是单一和封闭的,这是我们一直强调人实践理性的自由运用的必然结果。因此,无论是罗尔斯的"作为公平的正义"还是谭著的"慎议政治",都可以将它们作为合理甚至最合理的观念来加以捍卫,但它们确实无法被论证为唯一真确的正义观念或政治概念。不过,卸下这沉重的论证负担,并不是什么理论缺陷或论证瑕疵,而是对哲学论证这种活动的性质及限度的一种审慎体察。在这个问题上,罗尔斯同意康德,认为哲学的一般使命是作捍卫和申辩(philosophy as defense);而政治哲学,应该被理解为通过寻找和提供最深层次的理性根据,来捍卫那些有理由被认为是合乎情理的政治信念与实践。[3] 毫无疑问,谭著的理论抱负与论证过程都体现了这一点。

---

① See Christine Korsgaard, *The Sources of Normativity*, Cambridge University Press, 1996, pp. 49 – 89.

② See John Rawls, *Collected Papers*, Harvard University Press, 1999, p. 289.

③ See Rawls, *Collected Papers*, pp. 448, 528.

公共理性如何突破民主传统的限制？

——与谭安奎教授商榷[*]

惠春寿[**]

与《正义论》相比，政治自由主义既显得更加保守，又显得更加激进。它的保守体现为，罗尔斯"不再尝试寻找适用于所有社会(不论其特殊的社会或政治环境)的正义观念"，只是"想解决现代条件下民主社会中关于基本结构的公正形式的根本分歧"。[①] 它的激进之处则在于，罗尔斯试图在一种新的架构中探讨政治哲学的根本问题，这种架构不包含任何特殊的整全性学说，完全是以民主社会中合理公民共同具有的公共理性为核心搭建起来的。然而，遗憾的是，国内的学者大多强调政治自由主义保守的一面，对其激进的维度缺乏足够的重视。在后一方面的研究中，谭安奎教授的工作无疑是最引人瞩目的，他不仅较早关注到公共理性在罗尔斯后期哲学中的重要地位，而且深入考察了它与慎议民主理论的内在联系。新近出版的《公共理性与民主理想》无疑集中体现了谭安奎教授的这种想法，在那里，他一方面更明确地把政治自由主义提炼为一种广义的公共理性理念，另一方面又有力地论证了公共理性本身就是慎议民主的高阶版本。其见解之深刻、观点之新颖，在当前汉语学界都是十分罕见和宝贵的。相信该书的出版一定能推动国内学界更好地理解并消化罗尔斯政治哲学中的这一重大转折。

---

[*] 本文发表于《政治思想史》，2017年第2期。

[**] 惠春寿，华东师范大学哲学系副教授。

[①] John Rawls,"Kantian Constructivism in Moral Theory," *The Journal of Philosophy*, Vol. 77, No. 9, 1980, p. 518.

令人不安的是,谭安奎教授在突出政治自由主义革命性的同时,似乎忽视了它保守的方面。因为他主张政治自由主义预设的只是一种独立的政治概念,并不取决于"语境主义的立场对现有宪政民主制度的认可"①。这将意味着,政治自由主义并不像罗尔斯声称的那样只适用于现代民主社会,相反,它可以应用于所有人类社会。本文试图针对这种观点提出质疑,论证政治自由主义不是普适的主张。当然,这并不意味着罗尔斯的政治哲学对于缺乏民主传统的社会毫无帮助,因为公共理性的理念可以超越政治自由主义的局限,借助其他资源得到更加多样化的实现。换句话说,我们应该区分《政治自由主义》中的普适性元素和特殊性元素,并基于那些普适性元素探索适合于非西方社会的政治秩序,而不是完全接受政治自由主义的主张。本文第一部分通过讨论罗尔斯稳定性论证的性质,指出政治自由主义的问题意识是现实主义的;第二部分旨在说明,政治自由主义诉诸的一系列政治观念只能是现实地存在于特定民主社会之中的特殊观念,不是对人类实践理性和政治生活的原生性理解;在第三部分,我们通过考虑至善论者对罗尔斯的批评,论证了政治自由主义要想实现维持社会合作的功能,就必须把自己限定在宪政民主已经根深蒂固的社会之中,因此不能充当普适的政治方案;第四部分试图寻找《政治自由主义》这本书中的普适性元素,并重构罗尔斯的论证思路;最后,我们将致力于探讨公共理性应该如何突破民主传统的限制,并展示它与政治自由主义的重要差异。

一、政治自由主义的问题意识

依罗尔斯之见,政治哲学是一种现实主义的乌托邦事业,其主要目标之一在于"探讨实践政治之可能性的极限"②。因此,在探索支配社会基本结构

① 谭安奎:《公共理性与民主理想》,生活·读书·新知三联书店,2016 年,第 241 页。
② [美]罗尔斯:《政治哲学史讲义》,杨通进、李丽丽、林航译,中国社会科学出版社,2011 年,第 10 页。在这里,罗尔斯还提到了政治哲学具有和解的功能:"政治哲学能够力图抚慰我们对于我们社会的失望和愤怒——通过向我们表明,如果得到恰当理解,那么,我们社会的制度从哲学的观点看是合理的,而且,这些制度通过较长时间的发展才达到了目前这种合理形态。"(第 10 页)这更加突出地体现了他的现实主义立场。

的正义原则时,我们必须把现实社会的历史条件考虑进来,寻求能够在这些历史条件的制约下实现的政治主张。在这个意义上,恰当的正义原则不仅受制于正义的主客观条件,而且必须与特定的政治传统和历史语境相匹配。政治自由主义的转向就是被这种现实主义的关怀触发的:罗尔斯注意到,自己在《正义论》中树立的"那种良序社会与合理多元论的事实是抵牾的"①,因此需要被调整和修改。具体来说,给定现实主义的立场,恰当的正义原则必须能够维持稳定的社会合作。然而在《正义论》中,罗尔斯主要是通过正当与善的契合来展示正义原则的稳定性,这种论证本身就预设了一系列根本的哲学命题,比如,对于善的定义、关于人类动机的亚里士多德主义原则等。由于大量合理整全性学说的存在是现代社会永久不变的事实,所以契约论证不可能真正得到所有合理公民的接受,罗尔斯必须为正义原则的稳定性寻找新的基础。为此,他首先把公平的正义描述为一种不持立场的政治观念,接着力图展示它能够成为各种合理整全学说重叠共识的焦点,在合理多元论的条件下起到维持社会合作的作用,由此就形成了政治自由主义的主张。显然,从这个角度来看,政治自由主义本身就是公平的正义适应现代民主社会历史限制的产物,是罗尔斯基于现实主义的考虑提出的设想。

然而长期以来,一直有人认为,正义原则的证成不应该取决于现实社会中人们实际持有的信念,罗尔斯对稳定性问题的关注要么是不必要的,要么与正义原则在现实社会中的生死存亡没有必然联系。比如,有人区分了道德稳定性和社会稳定性,认为前者只与正义感的优先性有关,后者则事关宪政民主制的事实存续,并进而主张《政治自由主义》中重叠共识的理念只是对道德稳定性的论证,与正义原则在现实社会中的实际命运无关。② 还有人声称,重叠共识最好被理解为关于自由平等人和社会作为公平合作体系的政治观念的共识,它为罗尔斯基于这些政治观念建构正义原则提供了素材,不是在正义原则被确立后对其稳定性的论证。③ 类似地,谭安奎教授也主张:"共识的对象根本不是任何一种实质性正义原则,而只是作为推理规范

---

① John Rawls, *Political Liberalism*, Columbia University Press, 2005, p. 489.

② 参见周保松:《稳定性与正当性》,《开放时代》,2008 年第 6 期。

③ See Jonathan Quong, *Liberalism without Perfection*, Oxford University Press, 2011, pp. 181 – 187.

的相互性标准,亦即公共理性。"①所有这些主张都是与罗尔斯的原意背道而驰的,而之所以会出现这样的误解,就是因为没有注意到政治自由主义的问题意识是现实主义的,即它不仅关心正义原则道德上的吸引力,更关心它在现实社会中的生命力和有效性。

让我们回忆一下,在政治自由主义中,稳定性问题首先是与现代民主社会的这个事实密切相关的。"一个持续、安全的民主政制,一个不会被互相争执的学说信仰和彼此敌视的社会阶级所分裂的民主政制,必须至少在政治上活跃的公民中得到实质性多数的自愿支持和自由支持。"②这就决定了正义原则的稳定性不是一个概念问题和理论问题,相反,它取决于当前社会的现实处境。罗尔斯在回答"政治自由主义何以可能"时也曾经指出:"宗教和哲学的历史表明,广泛的价值领域能够通过许多合理方式被理解为与适用于政治这一特殊领域(它是被政治的正义观念确立的)的价值是契合的,或支持它的,或不与之冲突……这使得重叠共识成为可能,并减少了政治价值与非政治价值的冲突。"③

其次,为了区别于权宜之计,罗尔斯强调重叠共识是一种具有道德色彩的理念。许多人以此论证,政治自由主义所追求的稳定性不是现实意义上的稳定性。然而这种理解没有注意到,罗尔斯并没有否定权宜之计的积极作用。相反,他提出了一条从权宜之计到宪法共识,再到重叠共识的道路:"在宪法共识这个第一阶段,自由主义的正义原则——它最初是作为权宜之计被无奈地接受下来并纳入宪法之中的——倾向于转变公民们的整全学说,使他们至少接受了自由主义的宪法原则。"④这种对正义原则的效忠最终会"引导人们以明确的意图按照宪法安排去行动,因为他们(基于过去的经验)有合理的保证去相信其他人也会遵守宪法安排。逐渐地,随着政治合作的成功进行,公民对彼此的信任和信心也在持续增长。这就是我们对重叠共识的理念是乌托邦这一反驳的全部回应"⑤。

---

① 谭安奎:《公共理性与民主理想》,生活·读书·新知三联书店,2016 年,第 104 页。

② Rawls, *Political Liberalism*, p. 38.

③ Ibid., p. 140.

④ Ibid., p. 163.

⑤ Ibid., p. 168.

由此可见，与权宜之计的区分并不足以表明，重叠共识追求的不是正义原则在现实社会中的稳定性。

最后，一旦我们承认，政治自由主义的问题意识是现实主义的，是要寻找能够维持社会长期合作的正义原则，那么我们就不难明白，现实社会中合理公民的支持的确可以起到证成正义原则的作用。也就是说，给定现实主义的立场，正义原则的证成不仅应该诉诸那些道德上良好的理由，而且也应该诉诸合理公民的实际认可。在政治自由主义中，这两种不同类型的证成分别是由政治建构主义和重叠共识提供的。前者从一些确定的政治观念出发，演示了正义原则是如何从中发展而来的；后者则展示了现实社会中合理的公民能凭借各自实际拥有的整全学说接受这样的正义原则。稳定性论证的批评者们之所以认为重叠共识是多余的，是因为他们相信，重叠共识和政治建构主义在本质上是相同的，都是通过诉诸道德上良好的理由来证成正义原则可欲性的理念。他们之所以会混淆这两种截然不同的理念，是因为没有认识到，正义原则在现实社会中的持续存在本身就能（部分地）证成它的合法性。而之所以缺乏这样的认识，归根到底就是因为没有理解政治自由主义是罗尔斯基于现实主义的考虑提出的设想。反过来说，如果稳定性问题的确是关于正义原则的现实命运的，如果重叠共识的理念的确像罗尔斯所描述的那样发挥着证成的作用，那么政治自由主义的问题意识就一定是现实主义的。就像罗尔斯在回答他为什么会从《正义论》转向《政治自由主义》时所说的："对此的基本解释就是，我关注着宪政民主的历史性存续问题。"[①]在阅读《政治自由主义》时，这种现实主义的立场是我们必须首先加以注意的。

二、公共政治文化之惑

现实主义的立场本身并不蕴含特殊主义的结论。完全可以设想这种情形：尽管罗尔斯关心的是现代民主社会中自由平等公民为公平合作问题，他

---

① ［美］罗尔斯：《〈公益〉杂志罗尔斯专访》，载《罗尔斯论文全集》，陈肖生等译，吉林出版集团，2013年，第658页。

的结论却建立在对人类政治关系和实践理性的正确理解之上,并不以具体、特殊的社会历史传统而转移,因此能够适用于所有人类社会。这正是谭安奎教授的观点。在《公共理性与民主理想》中,他认为:

> 作为公平的正义要保证自己是政治的,它必须追溯到政治的概念本身,看这种政治概念能否容纳它当作它的基础的那些规范性价值承诺……如果能够找到这样一种规范性的政治概念,那么政治自由主义及其公共理性理念就不再是一种地方性的理念了,而是具有普遍意义,因为它关系到政治的本质。①

类似地,陈肖生也认为,现代社会的民主传统只是为罗尔斯构想政治自由主义提供了实践的经验来源,使公平的正义理论更容易得到人们的接受,它本身并没有构成这种理论的规范性来源,所以不应该把罗尔斯看作是地方性的语境主义者或传统决定论者。② 这样的理解是否成立? 对此,需要对罗尔斯的文本进行更加深入的考察。这种考察的核心是,政治自由主义依赖的前提到底是被某种特定社会的政治传统给出的,还是一些抽象、普适的政治理念?

众所周知,政治自由主义是建立在整全学说与政治观念的区分之上的。按照罗尔斯的看法,当我们形容某种学说是整全的时,就意味着它"作为一个整体,包括了人类生活中何者具有价值的观念,个人品格的理念,还有友谊、家庭、社团关系的理念,以及其他在我们的生活中指导我们行为的理念"③。按照这样的理解,显然在日常生活中为我们所熟悉的各种宗教、哲学、道德理论都至少是部分地整全的——它们"包括了一系列非政治的价值和德性,并且相对松散地把它们描述了出来"④。而政治观念则不然,它是被三种不同的特点所刻画的:就范围而言,政治观念只适用于决定社会基本结构的政治、经济制度;就性质而言,政治观念可以被呈现为不持立场的(free-

---

① 谭安奎:《公共理性与民主理想》,生活·读书·新知三联书店,2016 年,第 243～244 页。
② 参见陈肖生:《公共理性的构建与慎议政治的塑造——评谭安奎教授的〈公共理性与民主理想〉》,《政治思想史》,2017 年第 2 期。
③④ Rawls, *Political Liberalism*, p.13.

standing），尽管合理的公民们能够以各自不同的方式把整全学说与政治观念联系起来，但政治观念却既不从属于、也不衍生自任何整全学说，是一个独立的模件（module）；就其来源而言，政治观念潜存于民主社会的公共政治文化之中，罗尔斯认为，它们是民主社会中具备基本教育水平和常识的公民一定熟悉并认可的，因此已经得到了他们的潜在接受。具体来说，在《政治自由主义》中，经常被提及的政治观念主要有两个：社会作为公平合作体系的观念和公民作为自由平等人的观念。现在，我们的问题是，这两种观念是天然的政治观念，还是因为现代民主社会独特的政治传统而成为政治观念的？

显然，普适性的支持者们会倾向于第一种情形，就像谭安奎教授所说的，这些观念表达了对人类政治的原生性理解。① 但罗尔斯本人的论述却无法支持这样的主张。首先，判断某种观念是整全的还是政治的，主要不在于这种观念本身的实质内容，而在于它的应用范围。就像罗尔斯所说的："一种政治的正义观念与其他道德观念之间的区分是范围的问题。"② 从这个角度来看，具有相同实质内容的观念既可以是整全的，又可以是政治的。比如，公平的正义理论在《正义论》中是整全的，而到了《政治自由主义》中就是政治的。其次，政治观念是不持立场的独立模件，这意味着它在源头上就不依赖于各种宗教、哲学的整全学说。因此，我们不应该在这些整全学说交叠重合的部分中寻找政治观念，就像罗尔斯所说的："我们不会考察事实存在的整全学说，然后找出一种在这些学说的力量之间保持平衡的政治观念……公平的正义不是以这样的方式展开的，这样做将使它以错误的方式成为政治的。"③ 换言之，尽管政治观念可以得到各种合理整全学说的支持，成为重叠共识的焦点，但我们却不能把整全学说的重叠部分直接定义为政治观念。相反，政治观念必须首先已经独立地呈现在我们面前，然后我们才能去探索它和合理整全学说是否契合或相容。④ 这里的奥妙在于，判断某个特定的整

---

① 参见谭安奎：《公共理性与民主理想》，生活·读书·新知三联书店，2016年，第244页。

② Rawls, *Political Liberalism*, p. 13.

③ Ibid., pp. 39–40.

④ 这就再次否定了那种认为政治自由主义可以从重叠共识开始的主张。关于这种主张，还可参见 George Klosko, "Political Constructivism in Rawls' Political Liberalism," *The American Political Science Review*, Vol. 91, No. 3, 1997, pp. 637–643。

全学说是否合理,主要就是看持有这种学说的人是否是合理的公民,而按照定义,合理的公民是有良好意愿与其他社会成员在公平的合作条款之下共同生活的人。由于在《政治自由主义》中,社会合作的公平条款最终是被不持立场的政治观念给出的,整全学说的合理性因此最终取决于它们是否能相容于政治观念。假如我们从现存整全学说的交叠重合部分出发去寻找政治观念,首先面临的难题就是,我们无法提前分辨其中哪些整全学说是合理的,哪些是不合理的。由此得到的"政治观念"也只是日常意义上共识的焦点,不符合罗尔斯对重叠共识是合理整全学说之间的重叠共识的规定。所以政治观念必须一开始就呈现为与整全学说相互平行的独立体系,它"不持立场"的属性也是由此而来的——罗尔斯在描述政治观念的这个特点时,并没有断言它只是对合理整全学说不持立场的,他反倒指出,在基于一系列政治观念来建构正义原则时,合理多元论与简单多元论的区别是不相干的,不论给定哪一种多元论,都可以得到相同的结论。① 在这里,简单多元论包括了不合理整全学说与合理整全学说,以及不合理整全学说之间的分歧。由于不合理的整全学说必然会与政治观念发生冲突,并遭到政治自由主义的镇压,因此可以得出这样的结论:政治观念对于那些和自己冲突的整全学说也是不持立场的。

既然实质内容之间的相互抵牾并不会妨碍某种观念成为政治的,而所谓"政治的"与"整全的"区分又主要是一个范围的问题,就有理由认为,只要把各种整全学说中关于社会和个人的观点限定在基本社会结构的领域,它们就有同样的机会成为政治观念。比如,古典功利主义认为,个人是各种痛苦和快乐的载体,社会合作则是使快乐最大化的工具,这两种观点只要被严格限定在公共政治的领域,就一样叫以满足政治观念的前两个特点。但是如果据此把这样的观点也称作是政治的,那么罗尔斯就会面临各种互不相容的政治观念彼此冲突的情形,并且这种冲突在本质上依旧是各种整全学说互相争执的产物。然而这里的关键在于,尽管其他整全学说中关于社会和个人的观点可以与罗尔斯中意的观念一样,都在相同程度上适用于社会基本结构并对各种整全学说不持立场,但它们却未必能像罗尔斯中意的观

---

① See Rawls, *Political Liberalism*, pp. 64 – 65.

念那样,一开始就作为独立的模件呈现在我们面前。也就是说,之所以把自由平等人和社会作为公平合作体系的观念看作是政治的,是因为它们不仅存在于特定的整全学说之中,更在现实社会中有其他的存在基础。罗尔斯列出的第三个特点进一步确认了这样的标准——它强调政治观念必须潜存于现代民主社会的公共政治文化之中。由于这里的公共政治文化主要包括:"宪政体制的政治制度、解释他们的公共传统,以及被公共认可的历史文本和档案。"①所以可以得出,自由平等人和社会作为公平合作体系最终是凭借现代民主社会独特的政治传统成为政治观念的,它们本身并不是天然的政治观念,也未必代表了关于人类实践理性和政治生活的最恰当理解。就像罗尔斯所承认的,政治的正义观念植根于"蕴含在宪政民主的政治制度及其公共的诠释传统中的那些基本直觉观念……是从特定政治传统开始的"②。

不仅如此,如果我们把自由平等人和社会作为公平合作体系当作普适的政治观念,就难以解释罗尔斯的这种论述:

> 我们可以设想这样一个社会(历史为此提供了许多例子),其中基本的权利和被认可的主张依赖于宗教关系和社会阶级。这样的社会拥有其他关于人的政治观念。它缺乏平等公民权的观念,因为这种观念是与自由平等公民的民主社会相随的。③

相反,如果我们承认所谓的政治观念是依据上述三个特点确立的,罗尔斯这里的观点也不与之矛盾的话,那么政治观念就只能是高度依赖于特定社会现实的政治传统的,是一种语境主义的观念。政治自由主义的规范性来源也因此是特殊的,不具有普适性。

---

① Rawls, *Political Liberalism*, pp. 13 – 14.

② John Rawls, "Justice as Fairness: Political not Metaphysical," *Philosophy and Public Affairs*, Vol. 14, No. 3, 1985, p. 225.

③ Rawls, "Justice as Fairness: Political not Metaphysical," p. 30.

三、寻找《政治自由主义》中的普适性要素

政治自由主义无法成为普适的政治方案,相反,它是基于现代民主社会独特的政治传统提出的,并且也仅仅适用于这种社会的主张。由此就会产生这样的疑虑:"对于那些像东欧和其他没有自由主义传统,其公共政治文化因此也缺乏罗尔斯诉诸的潜在观念,但又渴望民主的社会,政治自由主义是否能提供任何帮助?"①这一节试图通过区分《政治自由主义》这本书(而不仅仅是政治自由主义这种观点)中的普适性元素和特殊性元素来打消这样的疑虑。它将表明,尽管政治自由主义只能提供特殊的政治前景,罗尔斯在《政治自由主义》中的论证却包含了一系列普适性的元素,这些普适性的元素能够超越民主传统的限制,为缺乏民主传统的社会提供帮助。

毋庸置疑,自由平等人的观念在罗尔斯的政治哲学中占据了重要地位,尽管它的性质也随着"政治的转向"发生了变化:在《正义论》中,它被定义为人类固有的道德本质,是先天、普适的道德人格(moral personality);到了《政治自由主义》,它却被描述为不持立场的政治观念,是潜存于现代民主社会公共政治文化中的政治人格(political personality)。这种性质的变化决定了自由平等人观念的地位的变化:在《正义论》中,罗尔斯是面向自由平等的人证成公平的正义原则的,因为任何人究其本质而言都是自由平等的理性存在者;到了《政治自由主义》,自由平等人却变成了首先就需要说服现实的人们去接受的政治观念,是这些公民建构正义原则的一个中间环节。也就是说,在《政治自由主义》中,现实的人们并不是一开始就被看作是自由平等的人的,相反,他们最初被看作是合理(并且理性)的人,接着才因为接受了一系列潜存于现代民主社会公共政治文化中的政治观念而被描述为自由平等的公民。就像罗尔斯描述的那样:

> 从古代世界开始,不论在哲学还是法学上,人的概念就被理解为某个能参加社会生活,或在其中扮演一个角色,并因此行使和尊重他的各

---

① Samuel Scheffler, "The Appeal of Political Liberalism," *Ethics*, Vol. 105, No. 1, 1994, pp. 20 – 21.

种权利和义务的东西。因此,我们说,人是能够成为公民的那个东西,即终其一生是社会的正常和充分的合作成员……由于我们是从民主思想的传统开始的,我们也把公民理解为自由平等的人。①

值得注意的是,罗尔斯把合理的人称作关于人的概念(concept),把自由平等人称作关于人的观念(conception)。给定他在《正义论》中对概念和观念的区分:"正义的概念不同于各种正义的观念,它是被那些不同的原则、不同的观念共同扮演的角色所确定的。"②不难看出,合理的人是比自由平等人更加基本的理念。这一点在罗尔斯最早提出合理的人这一理念时就已经非常明显了,在那里,他说:

> 我们把人的概念定义为能够终其一生地充分参与社会合作,尊重他的纽带和关系的存在者。显然,对于这种能力,存在许多具体的解释,它们依赖于(比如说)社会合作或终其一生是如何被理解的,每一个这样的解释都会在这种概念之下产生另外一种关于人的观念。③

由此可见,《政治自由主义》其实包含了一个隐而不显的论证:作为有良好意愿与他人共同生活的人,合理的人会考虑自己所处社会的独特政治传统,选择接受其中那些已经得到广泛认可的观念(比如自由平等人的政治观念),来建构恰当的正义原则。尽管合理的人最终选择并认可的那种观念是特殊主义的,但这个论证本身却是普适的,是可以被缺乏民主传统的社会吸收过来的。

合理的人之所以是《政治自由主义》中的普适性元素,是因为它本身并不依赖任何特定的政治传统,相反,它是先于这种传统而提出的,是罗尔斯首要的和最根本的论证对象。但为什么要把合理的人作为最基本的设定?这与罗尔斯对政治哲学的最基本理解有关。作为道德理论的一个分支,政

---

① Rawls, *Political Liberalism*, pp. 18 – 19.

② John Rawls, *A Theory of Justice*, Harvard University Press, 1971, p. 5.

③ Rawls, "Kantian Constructivism in Moral Theory," p. 571.

治哲学是一个相对独立的学科,它有着自己独特的问题意识,是事关我们如何共同生活的实践的事业,而不是如何实现真理、达致至善的理论追求,并不从属于关于形而上学、意义理论、知识论等的探究。① 就像罗尔斯所描述的,传统的政治哲学总是始于某种特定的整全学说,以一些事关人类世界的真理为基础;而在他这里,政治哲学是从一些不持立场的政治观念开始的。不过,这里所谓的政治观念并不是政治自由主义诉诸的那些政治观念,因为如何实现共同生活并不是现代民主社会特有的难题,而是所有人类社会共同面临的难题。就像他所说的:

> 正如政治自由主义中理解的那样,政治哲学是由大量被认为是不持立场的关于正当和正义的观念构成的。尽管政治自由主义理所当然地是自由主义的,政治哲学中某些关于正当和正义的政治观念在这个意义上可能是保守的或激进的;神圣王权的观念,甚至独裁的观念也可能包含在其中。尽管在后面这两种情形中,相关的政制会缺乏我们已经获得的那种历史的、宗教的和哲学的证成。②

这就意味着,即便在其他缺乏民主传统的社会中,政治哲学也应该围绕那些不持立场的政治观念展开。尽管这种政治观念的实质内容是被现实社会中特殊的政治传统给出的,但罗尔斯对于政治哲学的理解本身却是普适的。

如果说合理的人和政治哲学都是因为其一般性和形式化的特征获得普适性的话,那么在《政治自由主义》中,还有一个更加具体的理念也具有普适的潜质,这就是公共理性的理念。尽管罗尔斯强调,公共理性"从属于一种良序的宪政民主社会的观念。这种理性的形式和内容……是民主这一理念

---

① 需要注意的是,罗尔斯所说的政治哲学的独立性与前面第三节中提到的拉莫尔所说的政治哲学独立性不同,它反对的只是那种认为形而上学、知识论和道德哲学之间存在严格的等级体系,政治问题可以诉诸于人们对实体、意义等的恰当理解来解决的观点。换言之,罗尔斯所谓的独立性只是指:"哲学的每一个部分都应当有自己的主题和问题,并且它们同时还处于直接或间接的互相依赖的关系之中。"(John Rawls,"The Independence of Moral Theory," *Proceedings and Addresses of American Philosophical Association*, Vol. 48, 1975, p. 19)

② Rawls, *Political Liberalism*, p. 374.

的一个部分"①,但他同时也承认:"公共理性的内容是被政治的正义观念的家族给出的,不是被其中任何一个正义观念给出的。有许多种自由主义及其相关的观点,所以就有许多被合理的政治观念的家族确立的公共理性的形式。"②不仅如此,在讨论到《正义论》和《政治自由主义》的区别时,罗尔斯明确指出,它们都拥有公共理性的理念,"在前者那里,公共理性是被一种整全的自由主义学说给出的;而在后者那里,公共理性是一种关于自由平等公民共同分享的政治价值的推理方式,只要公民的整全学说与民主政治是一致的,这些政治价值就不会侵犯他们的整全学说"③。事实上,公共理性的内容甚至突破了自由主义的限制,可以包容"哈贝马斯对话的合法性观念(它有时候被称作是激进民主的,而不是自由主义的),还有关于共同善和团结的新教观点(当它们被表达为政治的价值时)"④。由此可见,公共理性并不以现代民主社会的那种公共政治文化为前提,是一种更加灵活的理念。它也因此具有了一定的普适性,尽管合理的人基于公共的理由进行集体推理这一理想与民主的理念(请注意,不是现实存在的民主传统)是一脉相承的,不像政治哲学要从不持立场的政治观念开始那样普适,但由于民主的理念在当前世界已经深入人心,公共理性的主张也因此具有了普适的意义。就像民主的理念可以在不同的现实社会中发展出各种不同的制度、程序一样,公共理性也可以在不同的现实社会中依托其中不同的正义观念得到不同的体现,而它本身作为一种公共探究的基本纲领却是普适的。

在区分了《政治自由主义》这本书中的普适性要素之后,现在可以看到罗尔斯是如何推进自己的论证的了。首先,他把有良好意愿参与社会合作的合理公民定位为最基本的论证对象。其次,基于现代民主社会独特的政治传统,说服其接受了自由平等人和社会作为公平合作体系等一系列政治观念,从中建构出确定的正义观念并展示了它的稳定性。最后,提出了合理公民基于这种正义观念进行公共推理的政治理想。在这种思路中,政治自由主义既发挥了一种承前启后的中介作用,也起到了填充实质材料,使公共

① John Rawls, "The Idea of Public Reason Revised," in *Political Liberalism*, pp. 440 – 441.

② John Rawls, "The Idea of Public Reason Revised," p. 450.

③ Ibid., p. 490.

④ Ibid., pp. 451 – 452.

理性的理想得以实现的功能。只是,由于它高度依赖于现实社会中实际存在的民主传统,所以公共理性要想超越民主传统的限制,就必须扬弃政治自由主义的主张,依托其他的资源来得到更加多样化的实现。

四、突破民主传统的公共理性

在《公共理性与民主理想》中,谭安奎教授非常精辟地指出,公共理性的核心是两大要素:公共推理和公共理由。① 这种概括十分准确地把握到了公共理性理念的精髓,但也揭示了其内在的局限。公共理性的成功运转离不开被公民们广泛分享的公共理由,并且这些公共理由必须是关于人类政治生活的民主的观念,因为公共理性本身就是一种民主的理念;可是在一个缺乏民主传统的社会中,公民们广泛分享的关于人类政治生活的观念在很大程度上却是非民主的,即便这些非民主的观念可以充当公共理由,也会在根本上挫败公共理性的理念。就此而言,尽管公共理性在理论上具有普适的效力,它在现实生活中的命运却依然受制于既有的民主秩序。然而这并不意味着公共理性的理念只能消极、被动地等待民主秩序的确立,相反,它至少可以提供一些线索,来帮助缺乏民主传统的社会建设恰当的民主秩序。

对于如何恰当行使强制性的政治权力的问题,公共理性提出了相当高的标准,它不仅要求人们以理性慎思的方式作出决定,也要求最终产生的结论必须来源于他们已经共同分享的公共理由。如前所述,这种过高的标准给缺乏民主传统的社会施加了困难,因此要想使公共理性的理念突破民主传统的限制,就必须降低关于政治权力的恰当行使的标准。公共证成(public justification)的主张就是在这个意义上凸显其重要性的。一方面,它同样强调合法的政治主张必须是合理公民能够共同接受的,因此同样发挥了沟通独立、自主的个体与国家权威的作用;另一方面,它既不认为理性慎思是达成共识的唯一途径,也不要求最终的政治结论必须建立在公民共同分享的理由上,而是允许人们基于各自不同的理由形成聚合,是一种更加包容和

---

① 参见谭安奎:《公共理性与民主理想》,生活·读书·新知三联书店,2016年,第32~41页。

基本的要求。① 不仅如此,更重要的是,由于公共证成只是强调强制性的国家行为必须具有可接受性,并不要求合理公民们必须依据相同的理由来接受这些行为,因此更有可能在缺乏民主传统的社会中培育出关于民主的政治观念的共识。公共理性的理念在这个意义上可以通过降低自身标准,回归本源,来突破民主传统的限制。

诚然,罗尔斯对政治自由主义的设想同样满足了公共证成的要求,比如,重叠共识的理念就暗示了合理的公民是基于各自不同的理由形成关于政治的正义观念的聚合,而不只是诉诸相同公共理由的共识。② 但这只是公共证成的要求与现代民主社会公共政治文化结合之后产生的一种结论。给定其他社会的现实情境,公共证成完全可以包容其他的政治形态,比如,至善论的自由主义。限于篇幅,本文无力详尽地论证至善论的自由主义如何才能得到公共的证成,只能列举一些基本的理由,来展示其可能性。

首先,尽管很多时候至善论的主张总是依附于某种特殊的整全学说,但二者之间并没有逻辑上的必然联系。至善论要求国家去推行某些道德上良善的生活观念;整全学说却致力于探索一套体系性的真理。因此,至善论的自由主义并不需要预设任何一种整全学说。完全可以设想,现实社会中的人们尽管拥有各自不同的整全学说,但在一些事关美好生活的问题上却是拥有广泛的共识,比如,他们都承认高雅的艺术品位和良好的教养是能使所有人从中受益的内在善,国家因此可以通过一些温和的手段来鼓励、培育这样的品位。在这个时候,公共证成的主张与至善论是相容的。③

其次,罗尔斯要求政治哲学从一系列不持立场的政治观念开始,然而在不同的社会语境中,这些政治观念往往具有不同的内容,并且正如我们在第二部分所分析的,不持立场的特点也主要体现为政治观念已经在特定社会的政治文化中取得了相对独立和超脱的地位,而非它在实质内容上区别于

---

① See Kevin Vallier and Fred D'Agostino, "Public Justification," in *The Stanford Encyclopedia of Philosophy*, Edward N. Zalta ed., 2014.

② See Kevin Vallier, "Convergence and Consensus in Public Reason," *Public Affairs Quarterly*, Vol. 25, No. 4, 2011, pp. 264 – 267.

③ 参见陈祖为:《正当性、全体一致与至善论》,载应奇编:《自由主义中立性及其批评者》,江苏人民出版社,2007 年,第 281～286 页。

各种整全学说。因此,当国家基于某些特定的政治观念而行动时,它的行动基础其实依旧是某些整全学说中的特定成分。区别只是在于,国家是因为这些观念在当前社会政治文化中的特殊地位而基于它们行动的,不是因为这些观念是属于某种特定整全学说而基于它们行动的。所以公共证成所拒绝的,不是认为国家行为应该诉诸某些特定生活方式的至善论,而是那种基于某些特定生活方式的先天优越性来要求国家行为的做法。不仅如此,政治自由主义之所以是反至善论的,是因为它建立在自由平等人的观念之上,这种观念本身就允许人们有选择、修改自己善观念的自由。但自由平等人的观念是作为现代民主社会的政治观念而进入政治自由主义的,它本身并不是普适的要素,所以在缺乏民主传统的社会中,扮演类似角色的人格观念很有可能不会赋予人这么多的自由,它所确立的也因此更有可能是至善论的政治主张。在这个意义上,政治自由主义只是公共证成的一个特例,不是放之四海而皆准的必然情形。

综上所述,尽管政治自由主义严重依赖于现代民主社会独特的政治传统,不能成为普适的主张,但罗尔斯在《政治自由主义》中的论证却包含了许多普适的元素,特别是公共理性的理念,它可以帮助缺乏民主传统的社会确立适合自身的政治秩序,并以此突破民主传统的限制。政治自由主义在这个意义上是需要被扬弃和超越的主张,而不是继承和吸收的对象,它只能发挥榜样的作用,不能取代非民主社会中政治哲学家们对适合自身的政治秩序的追求。

论公共理性重构的关键：互利性与相互性[*]

葛四友[**]

一、创造性解读

罗尔斯的《正义论》自出版后就在学界产生了极大影响，受到了广泛的讨论。在这个讨论的过程中，罗尔斯逐渐怀疑《正义论》中的辩护方式的有效性，由此作出了根本性的转变，产生了另一部同样重要的政治哲学巨著——《政治自由主义》。一般的看法是："罗尔斯从《正义论》向《政治自由主义》的转向从根本上讲则是公共辩护方法的转向。"在《政治自由主义》中，罗尔斯"不再尝试寻找适用于所有社会（不论其特殊的社会或政治环境）的正义观念"，只是"想解决现代条件下民主社会中关于基本结构的公正形式的根本分歧"。[①] 其理论基础不再是康德式的自由平等的人等各种普适性的理念，而是从宪政民主文化中提炼出来的各种相互支持与融贯的理念。罗尔斯认为，在合情理多元主义这一事实前提下，基于整全的道德学说构建出的正义制度与社会，无法在人们心中形成相应的正义感，社会无法获得真正的稳定。罗尔斯的解决方案是诉诸宪政民主文化中存在的重叠共识。此种

---

   * 本文发表于《政治思想史》，2017 年第 2 期。

  ** 葛四友，武汉大学哲学学院教授。

   ① John Rawls, "Kantian Constructivism in Moral Theory," *The Journal of Philosophy*, Vol. 77, No. 9, 1980, p. 518.

做法的一个自然后果是,《政治自由主义》不再声称具有《正义论》的那种普适性,染有浓厚的相对主义色彩。

在某种意义上讲,谭安奎教授所著《公共理性与民主理想》①正是试图通过重构公共理性这一核心概念,确立它与慎议政治的密切关联,表明对《政治自由主义》可以作出普适性的诠释。"公共理性理念从人的两种道德能力出发,认为这是自由平等的基础,凭此就可以成为自由平等的公民,并获得被代表的资格,这一点并不需要民主的制度前提。进而,公共理性仅仅是就自由平等的公民之间如何彼此对待、如何就公共问题进行推理提出的道德要求。体现这一要求,就实现了慎议民主,而不是反过来,说它依赖于民主的背景条件。因此,是公共理性内含着特定的民主,而不是实际的民主制度决定着公共理性。否则的话,我们就是本末倒置。"(第250页)

谭著的尝试是否能够真正成功地解决《政治自由主义》的相对主义问题呢?要想对此作出恰当的回答,我们先得区分几种解读进路。一般而言,对于经典或有价值的著作,我们会根据该书对所处理问题所持的基本立场,大致区分为三种解读法。一种解读是最合原意的解读,也就是试图最真实地呈现作者对该问题所持有的真实立场,以此为前提去对整个著作作出解读。一般而言,这里的真实立场是作者公开表达出的立场,这也是最常见的一种解读,比如,我们对康德伦理学的解读,都是以承认其义务论立场为前提的。不过,今天所谓的"隐微"解读,尽管也是试图尽可能去理解作者的原意和真实立场,但是在如何判别作者的真实立场上有着特殊的理解(但至少从意图上讲,依然可以算作是"最合原意的诠释")。

第二种解读是最融贯解读,也就是根据作者的文本,试图对其整个论证作出尽可能融贯的解读,这可能符合也可能不符合作者的原意。比如,卡米斯基对康德的解读就是一个经典的例子。② 卡米斯基承认康德自认为是坚定的义务论者,但是他认为这只是康德出于道德情感的立场,其作品中的论证从后果主义视角来理解会更为融贯。

---

① 谭安奎:《公共理性与民主理想》,生活·读书·新知三联书店,2016年。下文将该书简称为"谭著",出自该书的引用只注明页码。

② See David Cummiskey, *Kantian Consequentialism*, Oxford University Press, 1996.

第三种是最有价值的解读,也就是创造性解读。这种解读着重的是该书中在处理问题时最有创见、最有启发从而也是最有价值的部分。它既不追求一定要符合作者的原意,也不追求最融贯的方案。这种解读会直接排除在它看来是错误的论证,只接受其中正确的与有启发的论证。这种解读主要是把经典著作当作理论资源,也就是当作理论的矿源,以之为基础进行新的提炼,以解决重要且有价值的问题。比如,帕菲特在《论重要之事》①中对康德伦理学的解读,既不认为他的解读是最符合原意的,也不认为他所作的解读就一定能够整合最多的康德观点。他直接放弃康德著作中存在的错误主张与论证,在此基础上作出更合理与更有价值的重构,形成新的更有价值的理论。

那么谭著采用的是哪一种解读呢?谭著要追求普适性恰恰是为了避免罗尔斯《政治自由主义》的相对主义色彩,因此,很难说谭著是在作最合原意的解读。同时,尽管谭著一再强调:"我们在分析的过程中必须区分他(罗尔斯)'说过的'东西与他'本来应当说的'东西,也就是要超出'重述'的层次,以探求一种融贯的理念或理论。"(第49页)这似乎昭示着他是试图作最融贯的解读;但实际并非如此,因为谭著中探讨的融贯理念或理论,并不是基于原作的融贯,而是基于解决问题的融贯理解。在实际的讨论中,只要认为罗尔斯所说的与应当说的不相容,他就会直接放弃那些观点。据此我认为,谭著的解读实际上是创造性解读。退一步讲,即使谭安奎教授作的是第二种解读,但于本文而言,影响也不大。原因有二:一是我的着重点不在于谭著对前人的解读是否准确;二是我的目的在于谭安奎教授的解读是否有助于我们解决问题。就此而言,本文对谭著的解读是基于他在作创造性解读,而且本文对谭著的解读亦会是创造性解读。

二、公共理性初探:超越互利性的相互性

基于上面的解读,我们发现,谭著试图解决的核心问题正是罗尔斯转向的根本原因:《正义论》中讲道理的方式在有着深刻价值分歧的现实世界里,

---

① [英]德里克·帕菲特:《论重要之事》(卷1),阮航、葛四友译,时代华文书局,2015年。

没办法让我们形成相应的正义感,保持长久的稳定。政治自由主义恰恰是为了探讨:"在多元主义的现代社会中,关于正义原则的共识究竟如何才能够形成,或者在实质性正义共识难以达成的情况下如何通过恰当的程序满足政治合法性(legitimacy)的要求。"(导言,第 3 页)而谭著的根本突破点恰恰在于重构公共理性概念。

谭著的典型风格是史论结合,通过思想史进路,考察康德、霍布斯等传统哲学家有关公共理性的观点,论证它们在解决问题时的优缺点。然后在此基础上对公共理性进行重构以获致共识,使得政治自由主义得以普适。谭著的分析显示,过往的公共理性概念在其"推理的本质与形态"上有着根本的缺陷,无法在价值分歧深刻的社会里解决共识问题。比如,康德的公共理性在寻求共识上之所以不成功,"主要原因乃在于它采用的是个体间相互分离的观点:每一个人的理由并不构成所有人的理由。结果,理性的公共运用由于在推理过程方面并不具有足够的公共性,从而也不能真正实现行动理由上的公共性"(第 7 页)。而霍布斯的公共理性"是一种以所有行动者为中心的理性,只不过它并不是建基于任何主体间性的视角,其形成也不是基于相互性推理过程的结果"(第 26 页)。

为克服上面的问题,谭安奎教授认为,公共理性的重构"一是从分离的主体性转向主体间性,对理性的形态本身实现某种公共性的转换;二是在理性的运用过程也就是推理方式上,从一个人独自为每一个人设想,转向容纳所有人的视角的相互性思维"。由此,谭著提出了公共理性的几个相应的新变化。第一是推理的主体。"公共理性的主体是公众,而不仅仅对象是公众;它是源于公众的,而不仅仅是施于公众的。"(第 28 页)第二是推理的起点。公共理性"要求行动者具有所有人都会接受的理由,而不仅是他们都有理由接受一个所有人都会接受的结论"(第 28 页)。第三是推理的方式。"公共理性最好不是被视为公民之间的一种推理过程,而是给个体、制度和机构应如何就公共问题进行推理施加限制的一种范导性原则。"(第 29 页)第四是推理的结果。"强调形式与程序的一面,是重在把公共理性理解为一种为公共原则进行辩护的独特方式。而如果同时强调实质的一面,则意味着公共理性的特殊辩护方式应当而且能够推出一套规范性的原则。"(第 30 页)

公共理性的上述新面目使其具有以下三个新特点："一是,对于公共原则,它从个体理性的检验转向了公共理性的检验;二是,它突破了启蒙自由主义(尤其是康德式的理性的公共运用)的认识论局限,从而可以为更加广泛的个人自由与权利提供辩护;三是,它试图缓解理性与宗教之间的紧张。"(第31页)由此一来,"这种公共的理性,既要求一种特定的公共推理以及相应的从事公共推理的能力,也意味着人们要为政治安排找到公共的理由,以便达到公共辩护的目标"(第32页)。这就有助于我们"在深度多元论的条件下为共识与公共政治辩护提供基础"(第48页)。这里的简介就足以显示,公共理性的核心在于相互性,"体现公共理性,也就是体现相互性标准。……种种政治性的正义原则(不仅仅是作为公平的正义)都体现相互性,其根源只能是,它们是各方在满足相互性原则的条件下进行推理和选择的结果"(第58页)。

按照谭著的解释,如此重构的公共理性至少有以下几个方面的优势。

第一,它可以回应如下反驳:"实质性的正义原则所提出的约束窒闭了公共领域中民主慎议的活力。"(导言,第5页)这个回应是从两方面入手的。第一方面,《政治自由主义》基于公共理性,寻求的并不是实质的正义性原则,而是指导我们如何寻求正义原则的相互性推理规则。"罗尔斯真正期待的共识的焦点,就是相互性原则,也就是后来提出的公共理性理念。在此基础上,从公共推理的原则与公共辩护的角度出发,把公共理性理念解释为一种慎议民主模式。"(导言,第5页)在谭安奎教授看来,这主要体现在我们对重叠共识与相互性的理解之上,"不同的正义观念之所以能在具体的问题上得出相同的结论,关键在于它们都满足相互性条件,这是判定其存在重叠共识的真正理由。但相互性明显是一种形式原则,而不是实质的正义原则"(第107页)。"单就重叠共识这一理念而论……它其实并不指向任何一套确定的正义原则,而是指向作为推理原则的相互性标准,也就是公共理性。"(第110页)第二方面,公共理性着重的是相互性而不是互利性。由此,公共理性发挥作用不仅仅是在正义原则选出之后,相反,它恰恰是要体现在无知之幕下正义原则的选择之中。"虽然原初状态中的各方是纯粹为被代表者的利益进行理性选择的,但由于这种推理是在原初状态的条件之下进行的,因此我们就不能说正义观念是纯粹的理性'收敛'的结果。"（第 105～106 页）这也就是说,人们在选择时,表面上只是实现自利理性,但是接受无知之幕的约束,本身就体现了道德的约束与追求,由此达成的结果要求的是可接受性。"罗尔斯所强调的公共性条件,根本上讲就是相互性和公共理性的体现,因为它所强调的正是原则与理由在人们彼此之间的可接受性。考虑到无知之幕的设置体现了合情理性的要求,这种可接受性也就是罗尔斯所说的'可以合乎情理地予以接受'的意思。"（第 59 页）

第二,它可以回应努斯鲍姆提出的"排除性反驳"。这种排除涉及到两个方面。第一个方面是有些人没有正常的能力,无法做出正常的生产性贡献,因此无法成为公共理性的关注对象,也就是说无法进入正义原则管辖的范围。这就是把相互性与互利性等同起来。然而谭著特别强调相互性不同于互利性,相互性要求的是合情理者的接受,而不是人们之间的利益交换。因此,那些没有能力做出贡献的人,显然可以成为正义关照的对象。从互利性到相互性的转变,显然可以使得弱者或弱势群体成为优先照顾的对象。第二个方面是有些人因为没有正常的能力,无法成为公共理性的推理主体。"近代以来,慎议常常是与民主对立的,它更多地是一种精英式的政治讨论,其原因恰恰在于慎议似乎具有对智识与美德的特别要求,这些要求可能超出了许多公民所能达到的范围。"（第 94 页）谭著对此问题的处理是作了一个细致的区分,"把作为慎议资格的能力与从事实际慎议的能力区分开来"（第 159 页）。这样一来,公共理性的推理主体只要求具备慎议资格的能力,而不是实际慎议的能力。

第三,它可以实现政治自主与个人自主的统一。"公共理性的约束实质上就是一种相互性标准的约束,是一种对推理规范的强调,而承认某种推理规范,这是慎议民主的一个根本要素,因为它本身就是一种规范性的民主理论。"（第 140 页）这里要注意的是,公共理性所刻画的慎议民主要解决正义原则问题,要由它来确立法律与制度,由此来解决事关国家权力的问题。"这些原则正是公民们运用公共理性、虚拟地重返原初状态时,他们会选择出来的原则。出于这样的原则而行动,公民们就实现了政治自主性。因此,政治自主性与公共理性的运用是密切相关的,原初状态的设置及其中的推

理一起,其实也就塑造了政治自主性。"(第138页)

这两种能力统一于自由而平等的公民理念之中。原初状态的设计,以及其中各方的推理,使得两类自由权项以一种满足公共理性要求的方式被确定下来。公民的两种道德能力作为两种自主性的根源,既不是先于政治慎议的,也不是后于政治慎议的,而是在政治慎议的过程中体现出来的。政治自由主义的真正贡献恰在于,这两种自主性都是原初状态中由公共理性所引导的政治慎议的结果,正是这种政治慎议过程同时塑造了两种自主性。

第四,它可以不诉诸完善论而解决德性问题,获得具有稳定性的德性动机。"根据此前我们对公共理性的解读,它代表着一种更高阶的慎议政治模式,因为它不仅在正义原则中同时包含了两种自主性的要求,而且把正义原则本身作为慎议政治的产物。在这个过程中,它基于民主的公民身份,提出了相互性的公共推理规范。……因此,政治自由主义就完全能够提出一套自己的公民美德了。"(第204页)在这个过程中,"政治有一个'慎议性的或转换性的维度',它不仅仅是实现现有的偏好,而且也是为偏好的形成提供机会。简言之,就是要在慎议中找到'二阶利益'或'二阶偏好',这种利益或偏好被认为是'更真实的自我利益'"(第203页)。由此形成的"公民美德的具体德目并不是最关键的,所有的公民美德,归根到底,就是原初状态中塑造的公共理性,也就是一种满足相互性条件的推理规范"(第204页)。

三、商榷:形式原则还是实质原则?

上面我们介绍了谭著的公共理性概念,实际上可以将其理解为超越互利性的相互性。谭著试图表明,这种公共理性可以使得《政治自由主义》具有普适性。笔者尽管整体上赞同谭著的基本思路,但还是认为,谭著中最关键的相互性概念还不够清楚与确定,导致有些地方出现前后不一致,其根源在于没有澄清相互性要求究竟是一种实质原则还是形式原则。下面我们基于此就几个重要的相关问题提出商榷意见。

第一个相关问题是相互性原则的特点。谭著明确地宣称相互性是一种形式原则,"相互性明显是一种形式原则,而不是实质的正义原则"(第107

页）。谭著多处作了这种强调，例如，"……指出共识的对象根本不是任何一种实质性正义原则，而只是作为推理规范的相互性标准，亦即公共理性"（第104页）。然而公共理性得以克服诸多困难，摆脱相对主义，在很大程度上依赖于超越互利性来理解相互性，或说相互性有别于互利性。但如果相互性只是形式原则，那么它与互利性的这种区分或说对照就是存在问题的。因为互利性显然是一个实质性原则，强调利益的对等。

此外，谭著又隐含相互性是一种实质性原则。"除了那些直接满足相互性标准的基本权利与自由权项、基本权利的优先性、政治自由权项的公平价值之外，重叠共识并没有一个完整的焦点，比如作为公平的正义。"（第247页）这里直接满足相互性标准的三个原则显然并不是形式原则，有的是相对于形式原则而言的程序性原则，有的是相对于程序性原则而言的实质性原则。如果谭著认为这些原则是相互性标准加上其他标准形成的，他就不能说这些原则是相互性标准的直接要求。即使如此，他还得告诉我们，这些其他标准是什么，为何与相互性标准组合在一起可以推出这些原则。

不仅如此，谭著中的相互性显然还与合情理性有着紧密的概念性关联。如果它们之间没有概念上的关联，那么互利性显然也可以是一种相互性，即相互有利。由此一来，谭著就没必要如此强调相互性与互利性的差别。实际上，谭著中的相互性就是用合情理性定义的。由此，我们如何理解合情理性就是一个非常重要的问题。但遗憾的是，综观全书，谭著也并未对合情理性给出一个清晰的说明。不过，谭著中还是有不少间接的说明，认为相互性比互利性要高，比不偏不倚要低。"相互性或主体间性并不等于利他主义或纯粹的不偏不倚。反过来，利他主义或不偏不倚也不一定能够获得主体间的相互接受。"（第88页）这种说明除了不清晰之外，还有一个更明显的麻烦：介于互利性与不偏不倚性之间的相互性是一种实质性原则。因为我们一般认为互利性是实质性原则，而且这里理解的不偏不倚性一般被等同为功利主义或后果主义，也是一个实质性原则，由此居于它们之间的相互性也得是一种实质性原则，而这就与谭著的表面立场是相冲突的。

第二个相关问题是对"排除反驳"的回应。这里的排除实际上有两重：一重是排除在正义的关注对象之外；另一个则是排除在正义内容的决定者之外。非常清楚，只要我们把相互性作超越互利性的实质性解读，那么"为了谁"的第一重排除是可以轻易地解决的。即使有些人无法做出贡献，但由于这不要求互利性，因此他们依然可以成为正义的关注对象。

但是第二重的排除则是很难解决的。谭著对此的做法是区分两种能力："区分作为慎议资格的能力与从事实际慎议的能力。"（第6页）然而什么样的人具有慎议资格呢？谭著强调，如果给予正常的成长条件与外在条件，个人要有能力进行正常的慎议，由此具有慎议资格。然而显然有些人是没有这种潜能的，由此就会是没有慎议资格的。谭著也意识到了这个问题："相对于那些遭受严重身体损伤的人，那些具有心智能力缺陷的人在一个更深的意义上被排斥了。"（第172页）但谭著引用了罗尔斯的这个回应："即便这项能力是必要的，在实践中基于这一根据而拒绝给予正义，也是不明智的。这给正义制度带来的风险太大了。"[1]然而这个回应有两方面的问题。第一，这种回应是实用主义的，只是为了保险而不排除，但并没说排除本身有什么不对。第二，这个回应搞错对象了，因为这里针对的不是第一种排除，而是第二种排除，因此不会拒绝给予正义，只是不能去决定正义是什么，而这恰恰是因为他没有能力认识到正义是什么。因此，这里作为慎议资格的能力，显然要求至少有一种潜能。

不过，这种争论背后有更根本的分歧：相互性原则究竟是取决于实际的慎议，还是慎议本身只是体现了相互性标准？如果相互性是一种实质的正义性原则，那么慎议的作用更多地是认识什么是相互性，而不是决定什么是相互性。基于拉兹的服务性权威观念[2]，我们可以解释，为什么我们可以由实际的慎议政治决定实际的相互性标准。但之所以如此，恰恰是因为这种做法使得制定出的相互性标准更为符合背后实质的相互性原则。在这种情况之下，对缺乏能力的人而言不参与这个过程，根本不会产生任何问题。但是如果没有实质的相互性原则，而是完全由慎议政治决定相互性标准，实际慎议的结果就是相互性标准，那么第二种排除就可能会带来严重问题。这里麻烦的真正根源在于究竟如何理解慎议与相互性标准之间的关系。

---

① John Rawls, *A Theory of Justice*, Harvard University Press, 1971, p. 506.

② 参见［英］拉兹：《公共领域中的伦理学》，葛四友译，江苏人民出版社，2013年，第10章。

第三个相关问题涉及稳定性究竟是可辩护性关注还是驱动性关注。谭著对此实际上有着前后不一致的看法。一方面他认为："从总体上来看,政治自由主义对稳定性的关切,主要不应当被视为一个'实际的'关切,而是一个合法性问题,一个对正义原则的辩护问题,亦即社会联合的最合情理的基础问题。"(第246页)"公共理性的普遍意义并不在于所有或者大多数社会中的公民们都乐意按照公共理性的要求去行动,或者出于公共理性而行动。因为我们已经指出了,与之相关的更多地是一个可接受性和辩护问题,而不是一个事实上的接受问题。"(第248页)根据这种解读,"倡导和运用作为公平的正义是合乎情理的,对那些其理性的运用使之与我们存在深刻分歧的人也表达了尊重,即便它不可避免地允许使用强制力。就此而论,多数(合乎情理的)人们是否会在事实上同意接受作为公平的正义,这并不重要"①。

另一方面,谭著还认为："一种健全的道德理论,包括政治道德理论,必须寻求规范性与驱动性的统一。如果只有规范性,则会陷入道德上的乌托邦主义;如果只讲驱动性,则有可能迁就极不道德的欲望满足。"(第216页)"一个理性的造物首先是一个推理的造物,一个有能力对理由进行认识、评估并受理由驱动,从而拥有敏于判断的态度的造物。"②在这个意义上,道德原则和行为理由"规定了而不是预设了动机上的可能性"③。"公共理性的慎议民主模式不但提出了自己的公民美德要求,而且为这种公民美德提供了一种动机上的可能性。"(第218页)不仅如此,谭著还有更强的主张:"慎议民主和公共理性要实现相互辩护,乃是以一种特定的实践理性观念为前提的。根据这样一种实践理性的观念,人们按照相互性的要求去推理和行动,乃是人们的实践理性能力所在。简言之,在公共理性理念当中,理由与动机是一体的。"(第245页)

之所以出现这种前后不一致,可能跟我们如何理解正义理论的构造阶段有关。按照通行的理解,正义理论构造的"第一个阶段是原初状态中对正义原则的选择,第二个阶段是论证由所选择的正义原则所支配的'组织有序

---

① Thomas E. Hill,"The Stability Problem in Political Liberalism,"in *Moral Psychology and Community*,Paul J. Weithman ed. ,Garland Publishing Inc. ,1999,pp. 178 - 179.

② Thomas Scanlon,*What We Owe to Each Other*,Harvard University Press,1998,p. 32.

③ Thomas Nagel,*The Possibility of Altruism*,Princeton University Press,1970,p. 14.

的社会'是否能够建立起来。无知之幕打开之后,公民们是否会接受和遵循在其中所选择的正义原则,这关乎正义社会的稳定性问题。正是在这个问题的驱动下,考虑到合乎情理的多元论,罗尔斯晚期才着重阐发'重叠共识'的理念"(第104页)。然而尽管这两个阶段是存在的,但是这两个阶段并不是独立的。当我们从第一个阶段作选择时,我认为应该预设选择者对第二个阶段的了解,也就是什么样的原则能够获得人们的事实性接受。因此,在罗尔斯的无知之幕中,我们是不能排除这个知识的,否则如何构建一个现实主义的乌托邦呢?从这个角度看,只有当我们知道我们选择的原则在打开无知之幕后,我们能够确信它是能够获得稳定性、大家能够据之而行动的时候,我们才能说形成了相应的正义感,真正成为罗尔斯所言的良序社会。

实际上,谭著也非常明白这一点:"罗尔斯强调公共政治文化,乃是希望能够从中找到道德动力的基础,从而使重叠共识成为可能,从而也使'良好组织起来的社会'及其稳定性得以可能。"(第244页)如果真如谭著中所说,公共理性事实上不能让人们乐意去行动,也就是无法形成相应的正义感,稳定性问题依然没有解决,那么,罗尔斯从《正义论》转向《政治自由主义》的根本初衷就失败了。不过谭著也承认:"说多数人是否会在事实上接受作为公平的正义并不重要,这无疑是夸张了,毕竟,罗尔斯确实关注这个问题。"(第246页)因此,我们也许可以对谭著作一个同情性的理解,他所说的事实上同意实际上是指的在任何环境下的事实上同意,这个应该不是我们要求的。但是我们至少能说,公共理性得出的原则是在某些有利条件下,大多数人都会事实上同意并且形成相应正义感的。而这些有利条件正是我们应该创造的。基于这个区分,谭著主张我们并不需要任何环境下的事实性同意,不过我们需要某些环境下的事实性同意。当然,我们由此就面临一个任务:如何去确认有利条件并为之辩护。

第四个相关问题是区分"承认"和"培养"两种道德能力来回应完善论的质疑。谭著多次强调:"由于公共理性的慎议政治模式以'承认'公民的道德能力为前提,而不是以'培育'公民的道德能力为目标,从而避免了对完善论的疑虑。"(导言,第7页)"政治自由主义以承认和尊重公民的自主性能力为前提,而不是以培养和造就公民的自主性为目标。"(第210页)这个区分带来两个问题。第一个就是普适性的问题,如果我们只是承认和尊重这种自主性能力,但不打算培育这种能力,那么当老百姓没有这种能力的时候,我们应该怎么办? 如果笃信宗教不会破坏这种能力,那么,培育这种能力应该也与笃信宗教并不冲突,那为什么不能培育这种能力呢? 如果笃信宗教与这种能力相冲突,那无论是"承认"还是"培养"都会与之相冲突。

不仅如此,这种区分还面临着第二个问题:政治社会里的人是生而入其内,死而出其外的,由此,这种政治自由主义必须面对小孩子的教育问题,公共理性所接受或推动的基本结构显然对此是会有影响的。它或者是促进与培育人们的这种自主性能力,或者是放任自流,任其自发成长,或者是阻止这种能力的发展。如果选择后两种方式,那么我们就可能面临人们没有这种自主性能力的状况,因此只是"承认"就显然不够。谭著有时候是承认这一点的。"在一个由作为公平的正义或其他类似的政治性正义观念所调节的社会中,儿童,甚至婴儿,都享有其权利。事实上,基本自由权项是如此重要并享有其优先性,正是因为它们是那些能力充分发展并充分运用的根本条件。"①

上述分析显示,我们无法得出:"如果基于承认道德能力而不是培养道德能力的前提,自由主义对公民美德和共同善的强调就不必遭遇这种风险。"(第 189 页)不仅如此,这里还无法说:"既然公民的自主性能力已经得到承认,因此,政治共同体的合法性就经得起自主性要求亦即反思批判能力的考验;同时,既然是承认和尊重公民已然具备这种自主性,也就防止了无限制地把私人偏好进行公共'转换'的可能性。"(第 211 页)这也就是说,完善论问题依然是存在的。

第五个相关问题是偏好变化的问题。在谭著中,"聚合式民主对现实缺少起码的批判能力,它建立在对现存利益分配,尤其是偏好表达的未经反思的接受之上。更进一步讲,有些欲望乃是适应这些制度法律背景以及相应的个人处境的结果,这就是所谓的'适应性偏好'"(第 72 页)。而对慎议民主下的偏好,谭著有这样的描述:"作为聚合式民主的对立面,慎议民主既然不把公民的私人欲望与偏好直接纳入政治决定的过程,而是要经过一个慎议过程和相互性原则的检验,那么,它必然要求公民能够对自身的欲望与偏

---

① John Rawls, *Justice as Fairness*, Erin Kelly ed., Harvard University Press, 2001, p. 169.

好进行批判性的反思。"(第 95 ~ 96 页)

这里引起的质疑是,在不参考完善论(即使是不完备的完善论)的情况下,我们如何判定偏好的改变什么时候是适应性偏好,什么时候是公共转换呢? 这里的根本问题在于,是否所有类型的个人性偏好都需要进行转换,哪怕是在慎议式民主理论之下? 谭安奎教授明确承认,公共理性的"决定并不是基于原始的欲望,相反,慎思(议)过程会形成慎思(议)性的欲望"。(第 77 ~ 78 页)但是他还承认:"这种哲学取向的慎议民主并不意味着对私人利益与偏好进行无条件的公共转换,而是在慎议条件中以权利的形式保障了理性的私人利益。与哈贝马斯一样,罗尔斯的公共理性理念及其所代表的慎议民主理论也并非无条件地要求对私人偏好进行公共转换。"(第 85 页)然而,他并没有明确交代,究竟什么样的私人利益需要得到保障,什么样的私人偏好不需要转换,这恰恰是最关键的地方。

究其实质,这种偏好转变引起的问题,最终还是取决于公共理性究竟只是一种形式规定还是有实质内容(包括程序内容)。这个选择将决定慎议民主是一种实然理论还是一种规范理论。如果接受前者,那么慎议民主是一种实然理论,其得出的原则在根本上要取决于实际慎议者的选择,同时,这种形式规定如何可以要求个人偏好进行转换也是不清楚的。如果是后者,那么我们的慎议并不需要是实际过程,只需要是虚拟的就足矣。因为慎议出的原则只不过是体现公共理性的实质规定而已。

谭著在这里会面临一个根本麻烦。因为作者既希望慎议民主是一种规范性理想,但又不希望它是一种实质性的规定。因为一旦公共理性是实质性规定,可以用真理作为标准,那么"一项政治决定或许交给某个杰出人物来慎思,或者交给一个智识与道德上出色的精英群体来慎议,会变得更为可靠。然而,这种做法却不符合民主的要求。慎议民主要实现的,恰恰是慎议与民主的结合"①。然而问题恰恰在于,如果相互性是一种实质性的要求,那么这里显然与认识论相关,因为我们要搞清楚这种实质性要求是什么,什么是伦理上的公平,什么是政治上的平等,就都与认识论相关,与道德真理的

---

① Cristina Lafont,"Is the Ideal of Deliberative Democracy Coherent ?"in *Deliberative Democracy and Its Discontents*,Samantha Besson and Jose Luis Marti eds. ,Ashgate Publishing Limited,2006,p. 8.

争论相关。由此,谭著的下述看法就不成立:"只要满足了相互性的要求,公共辩护似乎与认识论或关于真理的争论没有直接的联系。公共辩护是一个伦理上的公平问题和政治上的平等问题。"(第84页)如果相互性只是一种纯粹的形式要求,那么公共辩护等与认识论和道德真理没有什么关系,但也恰恰在虚拟慎议中(这正是根本的正义原则与宪政产生的方式)无法产生实质性结论。由此,在这个前提之下,恐怕就很难得出相互性直接要求的三个原则。

四、公共理性再探:包含互利性的相互性

如果上面的分析正确,那么谭著中重构的公共理性似乎无法重构出普适性的"政治自由主义"。然而我们也看到,这些麻烦最终都与"相互性"的形式特点相关。"在许多人看来,寻求一套恰当的实质性正义原则,是罗尔斯政治哲学的一贯追求。据此,他前后的变化只是为正义原则提出了不同的辩护方式,并没有改变其为自由民主社会寻求一种正义共识的目标。但我认为,这种观点虽然表面看来有些不言而喻,但实则是对罗尔斯理论贡献乃至理论意图的一个重大误读。"(第103~104页)谭著甚至还认为:"如果罗尔斯坚持作为公平的正义就是这种共识的确定的焦点,甚至说,如果他坚持认为有某种确定的政治性的正义观念(不一定是作为公平的正义)就是这个焦点,那么,本文的讨论或许将变得毫无意义。"(第108页)

然而谭著在此有点夸大,其相互性显然不仅仅是形式标准,因为他的相互性标准蕴含了实质性原则,即使不把它们称为正义原则。"有三个要素是相互性标准的直接要求:基本自由权项、基本自由权项的优先地位、政治自由权项的公平价值。"(第150页)此外,谭著还强调公共理性意味着实实在在的伦理约束,"作为合乎情理且合乎理性的公民,而且知道他们认肯多种多样的合乎情理的宗教和哲学学说,他们应该做好准备互相解释自己的行为,而他们所基于的应该是每个人都能合乎理性地期待其他人可以接受的、与其自由和平等相一致的条件。尝试满足这个条件是民主政治理想加之于

我们的任务之一"①。非常明显,上述引用中所提出的要求不可能只是纯粹的形式要求,而是一定会有着明确的实质性含义,不管它们是否被称作是正义原则。

正如谭著可以对《政治自由主义》提出创造性解读,我们对谭著也可作同样处理。我们在分析的过程中必须区分他(这里是指谭安奎教授)"说过的"东西与他"本来应当说的"东西,也就是要超出"重述"的层次,以探求一种融贯的理念或理论。如有必要,我们也可以放弃谭著中对实质性原则的公然拒斥,同时也没有必要太过在意这样一种过于情绪化的陈述:"在作为公平的正义中,没有哲学专家。否则,天理难容!"②我们完全可以探讨另一种可能性:如果公共理性确实包含实质性的正义原则,那么我们从中能够获得什么样的原则。

一旦转向这样的思路,我们就可以看到,谭著中实际上隐藏有许多相关论述。谭著敏锐地注意到一个事实:"理性与互惠互利也不是一回事,因为原初状态中的各方是相互冷淡的。既然各方在原初状态中的推理是纯粹理性的,那么,在任何意义上,理性理念中都没有包括'相互'受益意义上的互惠性。从而,可以从概念上分隔开来的,乃是理性与合情理性,而不是互惠互利与相互性。"(第166页)值得注意的是,这里的理性不是手段—目的意义上的,而是指自利理性,也就是做最有益于自己的事情是理性的。显然,这种意义上的理性无法推出互惠性或互利性。实际上,互利性显然是某种意义上的"相互性",也就是对双方都有益,既不占人便宜,也不被人占便宜,相当于某种日常意义上的公平。同时,我们一般所说的相互损害肯定也是一种"相互性",但这显然不是谭安奎教授所强调的相互性。

谭著尽管并未直接谈其特定意义上的相互性,但通过与不偏不倚立场和个人性立场作对比而显现了部分内容。"慎议民主所要求的主体间性或相互性,并不等于无偏倚性",无偏倚性的要求比相互性更高。不偏不倚性"要求理由必须是非个人性的,在制定政策和法律的时候,它要求公民们抑

---

① John Rawls, *Political Liberalism*, Columbia University Press, 1996, p.218.

② Rawls, *Political Liberalism*, p.427.

制或不理会他们的偏倚性观点和个人计划"①。谭安奎教授这里的不偏不倚
相当于利他主义,"作为一种伦理学理论的利他主义,并不是指一种毫不利
己、专门利人的情感,而是一种道德观点,即完全从非个人性的立场出发进
行判断,而不考虑纯粹个人性的观点,把个人仅仅当作所有人当中的一个来
看待,从而也就是仅仅出于客观理由而行动。在这个意义上,利他主义也就
是仅仅按照不偏不倚的要求去行动。""相互性或主体间性并不等于利他主
义或纯粹的不偏不倚。反过来,利他主义或不偏不倚也不一定能够获得主
体间的相互接受。"(第 88 页)显然,利他主义无法获得合情理者的接受是因
为利他主义提出的要求过高,而人们有自己的个人利益需要考虑,无法把所
有人的利益一视同仁。

我们由此可以推出,谭著的相互性或者说合情理者的一个特点是混合
性。对此,谭著中有相当多的表述,下面是其中一些。"相互性的原则就是
要同时考虑到不偏不倚的、非个人性的要求以及个人性的要求,从而达到相
互的可接受性,以形成政治共识。"(第 89 页)"每一个个体的观点中又同时
包含两种立场(standpoint),即个人的与非个人的,前者允许个人对自己有更
多的偏爱,后者则要求一个人对包括自己在内的每一个人予以不偏不倚地
对待。因此,共享的动机必须是基于个体观点中这两种不同立场的调和而
得以实现的。"(第 43 页)由此,"我们所应当提供的其实是一个整体性的辩
护,只不过它要同时考虑到个人的两种立场。事实上,这就是相互性,相互
性的要求把'两次'辩护同时完成了。在此基础上形成的理由,就算是公共
理由"(第 91 页)。

然而非常遗憾的是,谭著一是由于过于强调相互性不同于且超越互利
性,没有注意到这种相互性包含了互利性;二是过于强调相互性的形式性特
征,没有关注相互性有很强的实质性蕴含,导致谭著未试图去搞清楚相互性
体现了哪种方式的组合。这里我们可以区分出两种不偏不倚性。一种是这
里强调的利他主义意义上的纯粹不偏不倚性,就是我们在直接动机上认为
所有人的幸福或福利同样重要,对我们可以提出同样强的要求,可以称之为

---

① Amy Gutmann and Dennis Thompson, *Democracy and Disagreement*, Harvard University Press, 1996, p. 54.

一阶不偏不倚。但是除了这种一阶的不偏不倚之外,我们还有另一种日常意义上的不偏不倚。比如说,父母都偏爱自己的孩子,都更愿意去照顾自己的孩子,为自己的孩子去打拼。由此,大家都知道这样一个基本事实,接受这样一种二阶的不偏不倚:尽管我们无法一视同仁地照顾所有孩子,但还是可以认同父母亲可以且应该去照顾自己而非别人的孩子。谭著中的相互性思维,实际上可以从这种二阶的不偏不倚性角度来思考。

由此,这样一种二阶的不偏不倚就能够组合一阶的不偏不倚与一阶的自利理性。但何种组合方式能够得到通过,获得相互性的赞同,必须要与我们的自然倾向或日常意义上的人性相符合。笔者近年来所做的工作,在某种意义上讲就是在寻求这样的一种混合式的二阶不偏不倚性。笔者立基的人性是休谟式的:人是有限利他的。当他人过得越差,我们需要付出的代价越小,我们就越是愿意无偿地帮助他们,而一般而言,我们总是想用尽可能少的成本获得尽可能多的价值。笔者根据这种人性观,按照后果主义的思路发展出了一种新的正义论说,认为正义有两种不同的成分:人道原则与公平原则。普通人可以形成与之相对应的人道情感与公平情感。公平情感是基于我们的自利倾向而发展出来的道德情感,与之相对应的公平原则要求人们的所得与其贡献相匹配,也就是日常意义上的互利性原则。这里涉及更多地是自我所有权、财产权与自由交易权。同时,仁爱情感则是基于我们的利他倾向(一阶的不偏不倚性)发展出来的道德情感,与之对应的人道原则要求我们满足人们的基本需要,不管他们是否能够做出贡献。这里更多地是涉及税收权。在某种意义上说,这两种成分一起组成了谭著中特定意义上的相互性,而具有这两种基本道德情感且愿意据之而行动的人则是合情理的人。[①]

五、小结

如果上述的思路是正确的,那么我们就可以根据它来再次回应谭著面

---

① 更详尽的探讨,参见葛四友:《有限同情心下的分配正义:人道与公平》,《社会科学》,2015年第3期。

临的几个相关问题。

第一个相关问题直接就会得到回答,因为它接受相互性有实质性内容,并且这种实质性内容在很大程度上能够说明为什么相互性标准直接要求三个原则:基本自由权项、基本自由权项的优先地位、政治自由权项的公平价值。

第二个相关的排除问题也可以得到很好地解决,由于相互性中有人道原则,所以没有贡献能力的人显然也应当满足他们的基本需要,不会被排除在外。没有慎议能力的人自然会被排除在外,但由于慎议的主要作用是去发现,而不是去决定正义原则,因此这种排除并不构成真正意义上的反驳。

第三个相关问题在于可辩护性与驱动性的统一问题。按照这里的理解,道德要求在此从一阶的不偏不倚退到这里的相互性,恰恰是考虑到了应与现实人性相符合。人道原则与公平原则显然是立足于现实人性的,由此,可辩护性在很大程度上就考虑到了驱动性。当然,这里并不保证所有人都肯定能获得相应动机,天性过于自私的人可能就需要强迫,在不利条件下可能也会有较多的人无法形成相应的正义情感。不过这些事实并不妨碍我们认为应该创造一种有利条件,使普通百姓能够逐渐形成相应的正义意愿。这种论述显然会接受理由的外在论。

第四个相关问题在于道德能力的承认与培养问题。由于这里接受实质性的正义原则,因此这里的道德能力显然是需要培养的,只承认是不够的。如果承认这种道德能力与发挥这种道德能力不影响价值多元主义的形成与发展,那么培养这种道德能力也不会如此,由此不会给价值多元主义造成多大的影响。实际上这与第五个相关问题很有关联,我们需要转移的偏好首先是有关正义原则的偏好,我们不能受个人的情感影响,这是需要公共转换或适应的。因为这种正义观至少部分程度上构成了基本的道德原则,其他的多元价值要与这里的正义原则至少是相容的。实际上,这也是谭著所认可的:"如果一个社会中的多元论是简单的多元论,也就是说其中的许多观念与学说是侵犯性的,那么公共理性的理想显然无法充分体现。但是,这并不意味着在规范的层面上公共理性在这里是没有约束力的。一种应然的道德责任,不会因为一些人不愿接受就失去效力。如果是这样的话,我们生活中的道德判断与道德评价将无法进行。"(第251页)

相互性、政治自主与公共理性理念的普适性问题

——答葛四友、陈肖生、惠春寿[*]

谭安奎^{**}

一、引言：基本共识与主要分歧

公共理性，或者与之相关的理性的公共运用，有其自身的观念，但公共理性成为当代政治哲学领域的核心议题和争论焦点之主要源于约翰·罗尔斯后期对这一理念的集中阐述和进一步完善。相对于学界对《正义论》的高度赞誉（绝大多数批评者也承认其巨大的学术价值），罗尔斯后期的《政治自由主义》一书却引发了更多的保留和怀疑。而且，后者在论证上的严密性和系统性方面似乎也无法与前者相比。其中，公共理性便是一个对政治自由主义而言至关重要却又充满含混的理念。正是公共理性理念的重要性和含混性提供了拙著《公共理性与民主理想》①一书的最初动力与问题意识。这个背景也就决定了，我不仅仅是在对罗尔斯的理论进行文本诠释，而且是在对之进行必要的重构乃至建构，以便提供一种融贯的公共理性理念。此外，对公共理性理念的研究，还必须直面对它的种种批评。我认为，以哈贝马斯

---

  * 本文发表于《政治思想史》，2017 年第 2 期。

  ** 谭安奎，中山大学政治与公共事务管理学院教授。

  ① 谭安奎：《公共理性与民主理想》，生活·读书·新知三联书店，2016 年。后文中源于此书的引文，仅在引文后标明相应页码。

为代表的慎议民主(deliberative democracy)理论与罗尔斯的公共理性理念及其背后的契约论之间的分野,构成了当代政治哲学领域最持久且最具活力的理论争鸣。因此,拙著在这一理论对话的语境中对公共理性与慎议民主进行双向审视,进而将公共理性阐述为一种高阶的慎议民主模式。

我期望这一项学术工作不仅可以促进我们把握一种更清晰的公共理性理念,而且能够帮助我们重新认识上述当代政治哲学领域最重要的理论争论。葛四友、陈肖生、惠春寿诸君的垂注表明,拙著提供了一份值得同行共同探讨的文本。从他们富有洞见的评论来看,我们至少在以下几个关键问题上存在理论上的共识:一是我们确实应当把罗尔斯式的公共理性理念推进到正义原则的选择(而不仅仅是正义原则的运用)这一层次上来;二是我们确实应当区分互惠互利(mutual advantage)与相互性(reciprocity),且把后者视为公共理性理念的道德要核;三是把公共理性理念解读为一种高阶的慎议民主模式是一个具有启发意义的思考方向。

然而我们在如下三个重要的问题上尚存在误会和分歧。一是相互性标准究竟是形式的,还是实质的? 二是原初状态中对正义原则的选择,如果确实是一个运用公共理性的过程,那么它的作用究竟是"发现"道德原则,还是进行公共决定? 强调前者,会让我们把公共理性与某种道德实在论关联起来;强调后者,则是要凸显公共理性理念所包含的政治自主性的价值。三是公共理性理念仅仅适用于民主社会,抑或具有普遍的适用性?

当然,这三个问题并不能涵盖评论者所提出的全部质疑或商榷。只不过我认为,在所有的评论中,对它们进行进一步讨论,对于我们理解公共理性而言是最重要的。此外,上述三个主要分歧也并不都存在于三位评论者与我本人之间。或者说,三位评论者在这三个问题上也并不具有完全一致的意见,因此我们的分歧其实是交叉性的。例如,在第一个问题上,葛四友、陈肖生分别在不同的意义上对我提出了质疑;在第二个问题上,他们二人则有或隐或显的差别,陈肖生的判断与本人的论证接近一致;在第三个问题上,惠春寿的观点则与我和陈肖生的看法明显对立。

恰恰因为这三个重要的问题在我们之间尚未形成共识,本文试图围绕这三个主题展开,以作为对三位评论者的回应。而且首先需要指出的是,他们的评论文章以及我们此前面对面的讨论让我受益良多,促进了我对许多问题的进一步思考。因此,我的回应就不是对《公共理性与民主理想》一书的观点与结论的简单捍卫,相反,拙著本身也是本文重新审视乃至批判的对象。我相信,这种态度和做法既是必要的学术自省,同时也是对三位评论者表达敬意和谢意的最好方式。

二、相互性:形式的抑或实质的

葛四友在整体上赞同拙著以相互性为中心对公共理性理念所做的重构工作,但他提出了五个可供商榷的问题,包括相互性标准究竟是形式的还是实质的、谁被排除在正义原则的选择过程之外(以及这种排除是否构成了真正的挑战)、我们应该从正义原则的可接受性还是公民们实际接受的角度来理解稳定性问题、慎议民主对公民能力的要求是否会导致完善论、慎议民主对个人偏好进行转换的标准与限度问题。更重要的是,在他看来,这些麻烦最终都与相互性标准的形式化相关。他同时指出:"谭著中最关键的相互性概念还不够清楚与确定,导致有些地方出现前后不一致,其根源在于没有澄清相互性要求究竟是一种实质原则还是形式原则。"①下文中我们将会看到,陈肖生也在更有限的意义上提出了类似的批评。由此可见,相互性标准究竟是形式的还是实质的,这一问题对于理解公共理性以及澄清我们之间的分歧确实非常重要。

我在拙著中确实明确地宣称过:"相互性明显是一种形式原则,而不是实质的正义原则。"(第107页)不过,相互性的形式特征在这里是通过与"实质的正义原则"进行对比来呈现的。也就是说,相对于原初状态中的各方最后所选择出来的实质性正义原则,公共理性中的相互性标准具有形式性的特征。而这就意味着,公共理性、相互性不但不等于正义原则,也不是对实质性正义原则的直接运用。不仅如此,拙著还强调,公共理性也不能等同于公共推理的过程(虽然公共推理肯定是运用公共理性的过程),它是用于约

---

① 葛四友:《论公共理性重构的关键:互利性与相互性》,《政治思想史》,2017年第2期。后文中源于此文的引文,仅在引文后注明"葛文,本期第X页"。

束、指引公共推理过程的规范性标准。在这个意义上，"公共理性最好不是被视为公民之间的一种推理过程，而是给个体、制度和机构应如何就公共问题进行推理施加限制的一种范导性原则"①。因此，正义原则是运用公共理性进行公共推理的实质结果，而公共理性及其相互性标准则是约束公共推理过程的规范，在这个意义上，我强调后者具有形式特征。

在拙著中，我突出这种形式性特征还有一个重要的考虑。在我看来，罗尔斯的正义理论以其鲜明的平等主义取向呈现在世人面前，而许多研究者似乎也就把注意力聚焦于其实质性的、平等主义的分配正义原则上面了。我研究公共理性的学术冲动之一恰恰是想表明，在罗尔斯的理论中，相比而言更具形式性特征的契约论方法、公共推理和民主慎议的程序规范或许更为重要，至少值得同等程度的关注。因为在我看来，人们为什么要如此这般地去推理、我们在何种条件下以及如何推导出平等分配的原则，这至少是理论上更有挑战性、道德上更具根本性的问题。而且我相信，罗尔斯至少在后期也确实是更为重视对这些方法、程序层面的问题的探讨了，因为他后来对两条正义原则并不那么严格坚持，对重叠共识的对象也持有更宽容的态度。根据这种理解，原初状态的设计、原初状态所体现的道德考虑以及为它们所提供的论证，更能体现罗尔斯的理论贡献。换言之，在何种条件下以及以何种方式推导出实质性正义原则，这个问题比实质性正义原则本身，也就是后来所谓的重叠共识的对象，要更为重要。也正是在这个意义上，我才强调："如果罗尔斯坚持作为公平的正义就是这种共识的确定的焦点，甚至说，如果他坚持认为有某种确定的政治性的正义观念（不一定是作为公平的正义）就是这个焦点，那么，本章②的讨论或许将变得毫无意义。"（第108页）现在看来，这个说法有夸大之嫌，但它的含义和语境都是要强调，在罗尔斯的理论中，得出实质性正义原则之前的那些理论工作和程序更值得重视。

公共理性及其相互性标准首先就是得出实质性正义原则之前的推理规范，或者说是公民们在思考正义问题时所应当采用的一种"道德观点"。这

---

① Seyla Benhabib, "Toward a Deliberative Model of Democratic Legitimacy," in *Public Reason*, Fred D'Agostino and Gerald F. Gaus eds., Ashgate Publishing Company, 1998, p. 105.

② 所谓"本章"，指的是拙著第四章，在那一章里，我将公共理性理念阐述为一种高阶的慎议民主模式。

再次表明，我强调相互性的形式性特征，主要是在与实质性正义原则相比较的意义上而言的。而它作为一种推理规范或道德观点，本身完全可以而且应当具有实质的道德内容，否则，它怎么可能对公共推理构成起码的规范性约束呢？因此，我才会说："即便是偏向于程序的理论，也有实质的伦理约束；即便是偏向实质的理论，也有关于公共推理的程序建构。"①（第 30～31 页）事实上，拙著用了较大的篇幅，试图论证表明，相互性乃是由理性（the rational）和合情理性（the reasonable）结合在一起所塑造出来的一种整体性的道德观点，其中，合情理性正是由"无知之幕"的约束来刻画的，而理性则是由"无知之幕"之下各方的推理过程所体现的（参见第 164～168 页）。我们都知道，"无知之幕"所体现的伦理约束是相当强的，它比慎议民主理论通常所设想的开放式商谈要苛刻得多。我在分析慎议民主理论对罗尔斯的批评时就专门论证了，公共理性确实是很厚重的伦理约束，但它只针对涉及宪政根本要素和基本正义问题的慎议，因此，它仅仅是针对特殊议题的特殊约束（参见第 122 页）。② 在这个问题上，陈肖生对拙著的判断要更为准确。他在简述了我对公共理性理念的分析之后指出，公共理性的"相互性标准"不是纯形式的，"它要求自由而又平等、理性而又合乎情理的公民，在讨论及决定根本政治议题时，要把其他公民同样视作是自由而又平等、理性而又合乎情理的"③。

但我必须再次指出，无论相互性具有多少实质的伦理内容，它也不是实质性的正义原则。葛四友认为，把相互性定位为形式的或实质的，这个问题很关键。但他在表述的过程中似乎常常把实质意义上的相互性等同于实质性正义原则了。例如，他认为："如果相互性是一种实质的正义性原则，那么慎议的作用更多地是认识什么是相互性，而不是决定什么是相互性。……如

---

① 科恩也认为，合乎情理的多元论并不意味着要对民主与集体选择作纯粹程序性的解释，良好的程序与实质的原则是结合在一起的，而且应当结合在一起。参见 Joshua Cohen, "Procedure and Substance in Deliberative Democracy," in *Democracy and Difference*, Seyla Benhabib ed., Princeton University Press, 1996, pp. 407 – 437。

② 另可参见拙文：《议题与空间：罗尔斯与哈贝马斯之间的一场误会》，《中国人民大学学报》，2010 年第 6 期。

③ 陈肖生：《公共理性的构建与慎议政治的塑造——评谭安奎教授的〈公共理性与民主理想〉》，《政治思想史》，2017 年第 2 期。后文中源于此文的引文，仅在引文后注明"陈文，本期第 X 页"。

果没有实质的相互性原则,而是完全由慎议政治决定相互性标准,实际慎议的结果就是相互性标准,那么……"(葛文,本期第51页)相互性标准是约束推理、慎议过程的原则,而不是推理或慎议的结果。相反,正是因为强调公共理性及其相互性标准在不同于实质性正义原则的意义上是形式性的推理规范,同时就其为推理过程施加了厚重的约束而言它又是实质性的规范,因此,我们才有可能在程序之维上展开公共理性与慎议民主理论之间的比较、对话,并将前者阐述为一种特别的慎议民主模式。

葛四友认为,拙著中存在的若干值得商榷的问题,都是根源于我过分强调了相互性的形式性特征,而且我在关于相互性的形式性理解与实质性理解之间存在不一致。对此,我想说,如果我们能对形式与实质进行上述不同维度的区分,那么,我们说公共理性或相互性标准是形式的或实质的,其指向都可以很明确,且并不冲突。我们完全可以说,相互性是一种具有实质性伦理内容的、约束公共推理的形式规范。相反,我认为,他在这个问题上对拙著的理解和判断上存在误会和矛盾。误会表现在,他认为,"谭著中的相互性就是用合情理性定义的"(葛文,本期第50页)。而如上所述,我确实专门分析了相互性是由理性和合情理性共同塑造起来的道德观点。鉴于我们都认为相互性标准十分重要,他的这个误会就令人非常遗憾。矛盾之处在于,既然承认合情理性对于相互性的重要性,而合情理性本身乃是由"无知之幕"所刻画的厚重伦理约束,那就意味着我不可能认为相互性标准没有任何实质内容。

基于上述分析,我们就有必要强调一点:葛文第四部分试图以"包含互利性的相互性"来重新界定公共理性,而且认为这是我"本来应当说的"东西,这一点是我无法赞同的。按照他的说法,这是一种组合式的、混合性的道德观点。但拙著详细论证了,相互性是由理性与合情理性所共同塑造的,而且在相互性这一理念中,理性与合情理性只是概念上可以分开,实质上却无法分开,因为它们构造出来的是一个整体性的、新的道德观点。在这里,不但合情理性不是互利性,理性也不是互利性,因为在罗尔斯那里,理性推理的各方是相互冷淡的,因此理性本身并不包含"相互"受益的维度。而且葛四友也赞同这一分析(参见葛文,本期第57页)。因此,在《政治自由主义》中根本没有一个独立的互惠互利的理念(参见拙著第 167 页)。综合这些考虑,我们就不应当把公共理性或相互性当作某种"组合"或"混合"的产物,而互利性更不可能成为这种混合物中的独立要素。葛四友认为,拙著"一是由于过于强调相互性不同于且超越互利性,没有注意到这种相互性包含了互利性;二是过于强调相互性的形式性特征,没有关注相互性有很强的实质性蕴含,导致谭著未试图去搞清楚相互性体现了哪种方式的组合"(葛文,本期第 58 页)。现在看来,这个批评不仅误会了我,而且在我看来,也是对公共理性理念本身的误解。当然,拙著也指出:"虽然合情理性约束之下各方的理性推理作为一个整体并不以达成互惠互利为目标,但我们仍然可以合理地期待互惠互利能够由最终的共识在一定程度上予以实现。这是因为,各方所代表的公民们的理性的自我利益并没有被完全排除掉,而合情理性的约束则可以为这种理性的推理注入'相互'受益的因素。所以,从结果上看,满足相互性要求的正义原则完全可以体现一定的互惠互利的要求。"(第 168 页)但这种补充恰恰表明,相互性不是一种"混合"或"组合"模式。

最后,就相互性的形式性特征而言,葛四友和陈肖生有一种在我看来具有建设性的共同批评。如前所述,罗尔斯后期确实弱化了对两条正义原则的坚持,认为多种不同的政治观念(也就是政治性的正义原则)都可以成为重叠共识的目标。罗尔斯只是补充强调说,满足相互性标准的种种政治性正义观念应当有三个共同要素,即一套基本权利、自由权项和机会;赋予这些基本权利、自由权项和机会以优先性;有一些措施,能够确保所有公民都有有效运用其自由的充分的通用手段。[①] 在放松对实质性正义原则的限定的同时,罗尔斯并没有给出详细的理由证明为什么这三个要素是必不可少的。拙著认为,他之所以强调这些要素,其理由只能是,它们是相互性标准的直接体现。进而,这导致我得出了一个结论,即"共识的对象根本不是任何一种实质性正义原则,而只是作为推理规范的相互性标准,亦即公共理性"(第 104 页)。在葛四友看来,当我强调这三个要素"直接满足相互性标

---

① 罗尔斯在多处表达过这一观点。参见 John Rawls, *Political Liberalism*, Columbia University Press, 1996, pp. 6, 156 – 157; John Rawls, "The Idea of Public Reason Revisited," *The University of Chicago Law Review*, Vol. 64, No. 3, 1997, p. 774。

准"的时候,我其实是在持有一种实质性的相互性标准,而这与我在其他地方强调的相互性标准的形式性存在张力。在没有给出具体理由的情况下,我强调这三个要素(它们乃是实质性正义原则的内容)直接满足相互性标准,确实有将相互性与实质性正义原则相等同并因此导致自相矛盾之虞。陈肖生也强调:"那些接受相互性标准的整全性学说达成的重叠共识对象就是相互性标准,这将会使得罗尔斯的重叠共识论证变得多余。而检验推导出来的实质性的原则或其中的要素能否被合乎情理的整全性学说接纳,却不是多余的,如检讨哪些自由权项是基本的并具有优先性,恰恰是可以按照相互性标准去推理的。所以,在我看来,相互性标准最好还是定位为规导趋向共识的标准,而不是共识的对象。"(陈文,本期第12~13页)

我理当接受上述批评和提醒,因为它表明,我本来是要突出公共理性、相互性相对于实质性正义原则的重要性,但最终却有可能完全抹杀了二者之间的距离。我应该在罗尔斯的基础上,从相互性标准出发,为他所强调的三个要素提供理由和说明,而不能直接将其与相互性标准等同起来。当然,在这个问题上,罗尔斯本人事实上间接提供了一些重要的理论资源。三个要素中,前两个加在一起就是"基本自由权项及其优先性"问题,而罗尔斯在回应哈特(H. L. A. Hart)的批评时已经给出了解释,即基本自由权项的优先性应当从人的两种基本道德能力出发得到说明。[①] 换言之,基本自由权项是如此重要并享有其优先性,正是因为它们是"那些能力充分发展并充分运用的根本条件"[②]。既然相互性正是由理性与合情理性这两种道德能力共同塑造起来的,因此我们就有理由认为,在罗尔斯那里,基本自由权项及其优先性确实是相互性的直接要求,也是从相互性标准出发进行公共推理的公民们所应当得出的实质结论。

但第三个要素,即每个人都拥有有效运用其自由的通用手段,又该如何从相互性标准出发得到说明呢? 事实上,这个要素要表达的意思就是罗尔

---

① 参见 Rawls, *Political Liberalism*, pp. 310 – 324。哈特认为,《正义论》没有为基本自由权项的优先性提供充分的理由。参见 H. L. A. Hart, "Rawls on Liberty and Its Priority," *University of Chicago Law Review*, Vol. 40, No. 3, 1973, pp. 551 – 555。

② John Rawls, *Justice as Fairness: A Restatement*, Erin Kelly ed. , Harvard University Press, 2001, p. 169.

斯所说的确保基本自由权项的价值,它不同于基本自由权项本身。在《政治自由主义》中,罗尔斯对这个问题有更明确的限定,那就是专门针对政治自由权项。他对正义的第一原则进行了一个重要的修订,即在一个相容的自由权项体系中,"平等的政治自由权项,且只有那些自由权项的公平价值要得到保障"①。如果说所有自由权项的优先性都可以从两种道德能力也就是从相互性出发来解释,那么限于保障政治自由权项的公平价值,那似乎就不是相互性标准本身所能解释的了。政治自由权项是直接关乎政治参与的权利。那么问题就在于,政治参与的权利为何格外重要呢? 罗尔斯自己倒是给出了说明:"之所以把对政治自由权项的公平价值的保障包括在正义的第一原则之中,是因为它对于建立公正的立法,同时确保由宪法确定的公平政治程序在大致平等的基础上对每一个人开放而言是根本性的。这里的理念在于,要把一种有效的政治程序组合到社会基本结构之中,这种政治程序在该结构中反映了由原初状态所达到的人们的公平代表制。"②但我们需要注意,这个说明并不是直接从相互性标准出发的,我们有什么理由认为它是满足相互性标准,从而是可接受的任何一种政治性正义观念都要承认的呢? 要回答这个问题,我们就要追问公共理性理念和相互性标准背后的价值,那就是平等的政治自主性。而这就涉及本文开头所提到的第二个重要分歧了。

三、"发现"抑或"决定":公共理性与政治自主性

根据拙著对罗尔斯公共理性理念的重构,公共理性真正要表达的其实是公民群体的政治自主性这一核心价值。在这个问题上,我与陈肖生的判断是一致的。他在文中一开始就强调,"公共理性理念的抱负,正是通过厘定公共推理与公共讨论的标准,来引导公民在重要政治议题上达成共识,进而追求一种集体自治的民主理想"(陈文,本期第 4 页),从而回答"如何凭借以及何以能够通过理性来达至自治"(陈文,本期第 3 页)这个当代政治哲学的重要问题。

---

① Rawls, *Political Liberalism*, p. 5.
② Ibid., p. 330.

　　这当然在很大程度上是因为,公共理性是自由平等的公民们的理性,该理念"隶属于民主的公民身份"①。民主的公民身份意味着每一位公民都可以平等共享公共权力。罗尔斯认为,公共理性理念意在厘定一些基本的道德与政治价值,以便确定宪政民主政府与其公民之间,以及公民们相互之间的政治关系。这种政治关系的特征之一在于:"在这种政治关系之内行使的政治权力总是由国家为执行其法律而设置的机构支持的强制性权力。在宪政制度下,政治权力也是作为一个集合体的平等公民们的权力。"②因此,公民平等共享政治权力、实现集体自治和政治自主,就是公共理性的本来追求。而且由于公共理性首先关乎原初状态中正义原则的选择过程,而正义原则确定之后才有宪法,进而才有法律的制定,因此公共理性所蕴含的政治自主性就远远不是通常意义上的政治自主性,亦即宪法和法律之下的日常政治参与。相反,公共理性在两个层次上决定性地提升了政治自主性的功能范围,它可以间接决定宪法和法律的制定,而这又是因为它首先决定了社会合作的正义原则(参见拙著第 136 ~ 140 页)。

　　罗尔斯认为,宪政的原则之一是:"一部民主的宪法是对人民以特定方式管理自身的政治理想在高级法中的原则性体现。公共理性的目标就是要表达这一理想。"③所谓"以特定方式管理自身的政治理想",正是政治自主性的理想,而罗尔斯的这个结论,其实就是在强调宪法制定层次上的政治自主性。但实际上,公共理性对于政治自主性的表达,首先在于正义原则的选择,也就是原初状态中的故事。这一点就连他的批评者哈贝马斯也是承认的:"罗尔斯当然是从政治自主性的理念出发的,并在原初状态中来模塑它:它是由进行理性选择的各方与确保不偏不倚判断的框架条件之间的相互作用来刻画的。"④只不过,哈贝马斯认为,在原初状态中被允许真实存在的那种政治自主性,在现实的社会中没有充分展开,从而显得不那么民主。而在

　　① Rawls,"The Idea of Public Reason Revisited,"p. 767.

　　② John Rawls,"The Domain of the Political and Overlapping Consensus,"in his *Collected Papers*, Samuel Freeman ed.,Harvard University Press,1999,p. 482. 相近的表达还可参见 Rawls,"The Idea of Public Reason Revisited,"pp. 769 – 770。

　　③ Rawls,*Political Liberalism*,p. 232.

　　④ Jürgen Habermas,"Reconciliation through the Public Use of Reason:Remarks on John Rawls's Political Liberalism,"*The Journal of Philosophy*,Vol. 92,No. 3,1995.

拙著看来,在走出原初状态之后,公民们出于正义原则而行动,也就体现了他们的政治自主性,因为"这些原则正是公民们运用公共理性、虚拟地重返原初状态时,他们会选择出来的原则。出于这样的原则而行动,公民们就实现了政治自主性。因此,政治自主性与公共理性的运用是密切相关的,原初状态的设置及其中的推理一起,其实也就塑造了政治自主性"。(第138页)

正是因为公共理性对政治自主性的这些提升,使得它所包含的政治自主性理念超出了慎议民主理论的层次,我才将公共理性阐释为一种"更高阶的慎议民主"。或许,从这个角度来理解,我们就可以说,作为一种体现更高阶政治自主性的理念,公共理性或相互性的推理规范强调要保障政治自由权项的公平价值,将之作为任何一种可接受的政治性正义观念都应当包含的要素之一,这似乎是题中应有之义。因为让每一位公民能够平等地参与政治,这确实是公民们平等的政治自主性本身的要求,也是一个关系到基于慎议民主理想的政治社会的再生产问题。

如果政治自主性对于公共理性理念具有如此重要的支撑作用,我们就可以由此出发来分析本文开头所提到的第二种分歧:原初状态中公共理性的运用,究竟是"发现"实质性原则,还是就实质性原则进行"公共决定"。

在葛四友看来,我因为强调有三个基本要素直接满足相互性的要求,因而事实上接受了相互性乃是实质性的原则。他进而据此认为:"慎议的主要作用是去发现,而不是去决定。"(葛文,本期第60页)我认为,这个结论在原则上是不可接受的。"发现"一说,给人以道德实在论的想象,仿佛正义原则是一种有待人们去认识和发现的客观真理或道德实在。但在政治自由主义那里,公民们运用公共理性或相互性的推理规范去进行公共推理,也就是进行慎议,恰恰就是要选择或确定正义原则。这个选择或确定的过程,当然是一种公共决定,体现的是公共意志,表达的是同意的理念。虽然是在无知之幕之下去选择,但每一个人的选择必须考虑到其他人也可以接受,这一考虑会影响到选择的结果,这正是契约论方法本身对政治自由主义而言必不可少的重要理由。[①] 每一个人都能够接受或同意,而不是对作为道德实在的正

---

① 对这一问题的论证,可参见拙文:《必要的契约方法与错置的理论战场——就罗尔斯理论的两个问题与江绪林、周保松商榷》,《开放时代》,2011年第4期。

义原则的"发现",这确实是由公共理性理念对政治自主性的先在承诺所决定的。事实上,如果不承认这一点,那么公共理性也就不可能是任何形式的慎议民主模式,而我们也就会极度弱化乃至抹杀政治自由主义的"政治"面向。

当我们再次肯定了政治自主性与公共理性或相互性之间的内在关联,我们就可以进一步回应葛四友所指出的拙著中的一个两可之处,即是否有人被排除在正义原则的选择过程之外,以及这种排除本身是否是成问题的(参见葛文,本期第 60 页)。在这个问题上,结合本文此前的全部讨论,我们可以明确一点:如果有人被排除在正义原则的选择过程之外,它之所以是成问题的,就在于它意味着被排除者平等的政治自主性被否定了。换言之,他们平等的公民身份一开始就没有得到承认或尊重。如果只是"发现"实质性原则,那么一些认识能力更强的人,乃至哲学家们或许就更适合做这件事情,其他人被排除在这个过程之外也并不影响结果的正确性。

顺便补充一点。原初状态中选择正义原则的过程,是一种体现政治自主性的慎议过程,而我强调,慎议民主优于选举民主的表现之一就是,它不把公民们既定的私人欲望不加批判地当作政治"输入",因为这些欲望有可能是道德上不可接受的,或者是在不正义的环境下形成的,因此让这些欲望或偏好直接影响政治决定,或者是直接满足这些欲望,都会迁就现有的不正义。慎议过程则有一个转换性的维度,也就是说,个人的欲望或偏好通过政治慎议过程可能实现转换,从而形成新的、亚里士多德式的"慎思(议)性的欲望"。葛四友就此对我提出批评:"他并没有明确交代,究竟什么样的私人利益需要得到保障,什么样的私人偏好不需要转换,这恰恰是最关键的地方。"(葛文,本期第 55 页)对此,我想指出,说慎思或慎议可以实现欲望的转换,这并不是说通过慎思或慎议一定会形成新的欲望,也不等于说我们可以事先确定哪些欲望需要被转换,更不等于说慎议是以转换私人欲望为目标的。毋宁说,慎议过程有可能对慎议参与者的欲望进行转换,而且它能够让欲望或偏好经受慎议过程的检验。[①]

---

① 关于对慎议与欲望转换之间关系的详细分析,可参见拙文:《欲望的位置:两种慎议民主取向之争》,《中山大学学报》(社会科学版),2014 年第 1 期。

在这一部分的最后,我们要面对一个十分重要的问题。在拙著中,当我把公共理性重构为一种高阶的慎议民主(政治)模式之后,我由此得出结论说,由于慎议政治代表着对政治的原生性理解,①慎议政治的概念就为政治自由主义的"政治"性质提供了根本性的支撑(参见拙著第240~248页)。诚然,在公共理性理念中,作为公民的两种道德能力的理性与合情理性是基本预设,但我们已经论证过,它们被整合为相互性这样一种整体性的道德观点了,而相互性作为公共理性的推理规范,塑造了罗尔斯式的慎议民主(政治)过程。在这个意义上,"公民的两种道德能力作为两种自主性(即私人自主性与公共自主性——引者注)的根源,既不是先于政治慎议的,也不是后于政治慎议的,而是在政治慎议的过程中体现出来的"(第145页)。这意味着,即便是两种道德能力的预设,似乎也是慎议政治的概念本身可以包容的。

在罗尔斯那里,人们之所以被理解为是自由平等的公民,源于他对人人都拥有这两种基本道德能力的假定,而且他确实基于这两种道德能力塑造出了一种相互性的观点,从而塑造了一种独特的公共推理模式。拙著只是论证指出,由于慎议民主的实质乃是平等公民之间所进行的公共推理与相互辩护,从而公共理性就意味着一种特定形式的慎议民主(政治)。但这个论证现在看来是太仓促了,因为我们确实还有可能提出疑问,即两种道德能力的设定是从哪里来的? 它确实是内在于慎议政治的概念之中的吗? 换言之,就算是慎议政治,其公共推理一定要按照相互性标准来进行吗? 平等的公民身份一定要建立在两种道德能力的基础之上吗? 陈肖生因此指出,作者在书中"对作为公共理性的规范性基础的罗尔斯式的自由平等的公民观的阐释还有待加强",也就是要对"公共理性规约下的慎议政治的规范性基础作出更详细的说明与捍卫"(陈文,本期第16页)。在讨论公民美德的时候,陈肖生再次提出,如果两种道德能力仍然表达的是私人自主性,那么,说公共理性提供了一种解决古今自由、私人性美德与公共性美德之争的方式,"实际上可能只不过是将争论推后至基础观念层次上罢了"(陈文,本期第22页)。

---

① 我当时借用了哈贝马斯对这个问题的解释。他认为,民主或政治的本来含义,是与理性的公共运用相联系的对话,这是古典共和主义的传统,但被自由主义抛弃了。参见 Jürgen Habermas, "Three Normative Models of Democracy," in *Democracy and Difference*, p. 23。

　　我认为这是一个非常精准的批评。公民身份的观念是多种多样的,当政治自由主义以其特定的方式、(仅仅)基于两种道德能力来理解公民的时候,它确实是需要某些道德与哲学上的理由的。或者说,它其实是有进一步的道德与哲学预设的。古典时代的公民身份主要指向一种积极参与政治生活的实践,而以自由主义为基本导向的现代公民身份则主要指向一种消极的、受到法律认可和保护的法律地位。① 罗尔斯对此无疑是有清晰的判断的,因此他才强调,他的目标乃是要调和民主思想传统本身中的冲突,"也就是与洛克相关联的传统……和与卢梭相关联的传统之间的冲突"②。但从两种道德能力的预设来看,他的公民身份观念的道德色彩十分浓厚,而实践、参与之维则十分淡薄。他自己也明确说过:"应当牢记于心的是,参与原则适用于制度。它没有确定一种公民身份的理想,也没有提出一种要求所有人在政治事务中发挥积极作用的责任。"③原初状态固然塑造了一种慎议政治模式,但它是假定性的、在道德推理中完成的。因此,其中所包含的公民身份观念虽然体现了某种公共性,但它是在道德推理上,而不是在公共参与的实践上体现这一点的。既然如此,这种公民身份观念就必须预设某种更厚重的关于"人"的道德或哲学观念。罗尔斯的政治自由主义强调,关于人的形而上学观念被代之以公民观念了,这是其停留在"政治"范围内的一个方面。现在看来,这个说法是过于表面化了,公民观念背后所隐藏的那种更厚重的人的观念必须更清晰地予以阐明。

　　这个结论对于政治自由主义而言无疑事关重大,因为它意味着,严格的"政治的"自由主义是不可能的。"政治的"自由主义是果实,而不是独立自足的果树。我们必须回溯到公民身份的现代构造这个问题上来,以便探求政治自由主义更深的根基。而现代公民身份乃是以作为一种道德和法律地

---

　　① 对于公民身份含义的这种转变所作的说明,参见 J. G. A. Pocock,"The Ideal of Citizenship Since Classical Times," *Queens Quarterly*, Vol. 99, Issue 1, 1992, p. 40; Michael Walzer, "Citizenship," in *Political Innovation and Conceptual Change*, Terence Ball, James Farr, and Russell L. Hanson eds., Cambridge University Press, 1989, p. 215。

　　② Rawls, *Political Liberalism*, pp. 4 - 5.

　　③ John Rawls, *A Theory of Justice*, Harvard University Press, 1971, p. 272. 显然,政治自由主义与公共理性理念都有自己的公民身份理想,尤其是公共理性理念,它本身就意味着民主的公民身份。但这种公民身份的理想并不是由积极参与政治生活来确定的。

位的私人为前提的,它始于对前政治的独立个体的道德想象。因此,回到早期现代公民身份观念的滥觞之处,先探讨私人如何转化为公民,然后再看公民们应该如何开展公平的社会合作,这或许才是一个关于公共理性和高阶慎议民主模式的更连贯的理论构造。例如,我们可以作如下理论设想:独立的个体通过契约进入政治社会,从而转变为政治共同体(人民)中的公民(这是一个洛克式的故事);然后,公民们就按照何种原则进行公平的社会合作进行慎议,确定社会正义原则,进而制宪(这是一个罗尔斯式的公共理性的故事);接下来,公民们(人民)在日常政治中把公共权力信托给具体的政府(具体的信托是可以收回的,但因为有更高的正义原则以及相应的公共理性,这种日常政治中的收回信托并不需要是洛克式的暴力革命)。当然,这种"双重契约+信托"的模式只是一个尝试性的初步设想。但它或许可以把公共理性与自由主义的初始思想根基关联起来。而如果我们可以做到这一点,我们或许就有更深刻的资源去回应本文开头提到的第三个分歧了。

四、公共理性理念只适用于民主社会吗?

罗尔斯式的公共理性理念有一个政治自由主义的理论框架,而这种理论框架似乎有非常明确的自我限定,即限于民主社会。在完成对公共理性理念的重构并将其阐述为一种高阶的慎议民主理念之后,拙著试图揭示公共理性理念的普适性潜力:"公共理性理念从人的两种道德能力出发,认为这是自由平等的基础,凭此就可以成为自由平等的公民,并获得被代表的资格,这一点并不需要民主的制度前提。进而,公共理性仅仅是就自由平等的公民之间如何彼此对待、如何就公共问题进行推理提出的道德要求。体现这一要求,就实现了慎议民主,而不是反过来,说它依赖于民主的背景条件。因此,是公共理性内含着特定的民主,而不是实际的民主制度决定着公共理性。否则的话,我们就是本末倒置。"(第250页)

然而《政治自由主义》常常被认为是从《正义论》的"撤退",其理由之一就是前者试图停留在政治的范围内,并在从民主社会公共政治文化中被铺陈出来(laid out)的一些根本理念的基础上"建构"出正义观念。简言之,政治自由主义体现的保守主义特征是很显白的。若要让公共理性和政治自由主义突破民主社会的范围,反倒需要承担沉重的举证负担。在三位评论者中,惠春寿集中捍卫并进一步阐述了政治自由主义和公共理性理念的这种保守特征,从而与拙著的观点形成鲜明的对立。但他的论文之所以值得特别严肃对待,倒不在于它的结论,而在于他没有像许多其他持有相同判断的人那样,将政治自由主义的保守主义面向当作"显而易见"的事实,而是试图提供充分的论证。坦率地说,我们的分歧既明确且尖锐,我们的共识却似是而非。接下来,我只能把我认为其中最紧要的方面以及我的相关思考呈现出来。

惠春寿的第一个核心论点是,罗尔斯《政治自由主义》的问题意识是现实主义的,那就是对所谓的良序社会的稳定性的关注,包括其对政治哲学的"现实主义的乌托邦"的定位。关于稳定性,我们争论的焦点之一在于事实接受与可接受性、权宜之计与重叠共识之间的区分。我可能更多地强调了可接受性这一规范层面,但这并不等于说我否定了罗尔斯对稳定性的关切。在我看来,对于这个问题,最好的表述乃是罗尔斯本人提出的,即"出于正当理由的稳定性"[1]。换言之,最终的稳定性是建立在公民们对政治价值的坚定认同基础上的。惠春寿有一个很有意思的说法,即罗尔斯区分权宜之计与重叠共识,这一点"并不足以表明,重叠共识追求的不是正义原则在现实社会中的稳定性"[2]。不错,罗尔斯之所以不满足于权宜之计,恰恰是因为权宜之计还不够稳定。因此,稳定性是重要的。但为什么权宜之计还不够稳定呢? 这正是因为它还不是"出于正当理由的稳定性"。因此,强调稳定性问题,当然要求人们对正义原则有广泛的接受,但理论上所能解决的却只能是"可以"为人们接受的原则。最后究竟有多少人实际接受,除了可接受性之外,一定离不开政治文化的教育作用。罗尔斯设计了一条从权宜之计到宪法共识再到重叠共识的路线,他的目的就是想向读者证明,重叠共识并不是一种乌托邦,而是在现实中可能实现的。

第二个要点是罗尔斯所强调的公共政治文化问题,包括它对政治自由

---

① Rawls, *Political Liberalism*, "Introduction to the Paperback Edition," p. xxxix, n. 5.

② 惠春寿:《公共理性如何突破民主传统的限制? ——与谭安奎教授商榷》,《政治思想史》,2017 年第 2 期。后文中源于此文的引文,仅在引文后注明"惠文,本期第 X 页"。

主义之政治性的界定。罗尔斯对政治性正义观念的三个界定性特征作了这样的表达:第一点关乎一种政治观念的主题,它特别适用于他所称作的社会基本结构;第二个特征关乎它呈现的方式:一种正义的政治观念被呈现为一种自立式的(freestanding)观点,它不是从任何一种整全性的宗教、道德或哲学学说中推导出来的;第三,"其内容根据某些被视为隐含在民主社会的公共政治文化中的根本理念而得到表达"①。这三个特征若要用一句话来表达就是:一种政治性的正义观念是从自由民主社会的政治文化传统中所隐含的根本理念出发,为社会的基本结构而制定的、独立于任何整全性学说的纯粹的政治观念。按照这种表达,民主社会的公共政治文化传统是政治自由主义之政治性质的一个规定性的方面,而这就意味着,与政治自由主义相关的公共理性便只是一个适用于民主社会的理念了。这是惠春寿强调政治自由主义之保守性的一个相当强的文本依据。

但拙著专门论证指出(参见第243页),对政治自由主义来讲,一个更深层次的追问似乎是无法回避的:如何保证政治自由主义所依靠的政治文化传统不是建立在一个更为厚重严密的整全性道德或宗教学说之上的? 即便像罗尔斯那样,把自由、平等这些道德特征赋予公民而不是一般而论的人,这也并不能说明那些道德特征自身就一定是政治的。因为我们完全可以追问:为什么政治一定与自由、平等的"公民"而不是与处于等级体系中的"臣民"相关呢? 我们也可以设想,有些人出于某种道德理由而鼓吹一种所谓"自然的"等级制、贵族制,并以此来指导政治安排。② 此时,如果这样的人指

---

① Rawls, *Political Liberalism*, p. 13.

② 遗憾的是,罗尔斯本人的个别表述明显偏离了他对"政治的"这一术语的限定性理解。例如,他把"神圣王权"乃至"独裁"也视为自立式的政治观念。参见 Rawls, *Political Liberalism*, p. 374。此外,他还曾提到,有些社会缺乏平等的公民身份观念,它们拥有"其他的关于人的政治观念"。参见 John Rawls, "Justice as Fairness: Political not Metaphysical," *Philosophy and Public Affairs*, Vol. 14, No. 3, 1985, p. 241。这些社会中的权利依赖于宗教关系或社会阶级。之所以说这些表述是令人遗憾的,是因为它会使得政治自由主义陷入不连贯。如果连不承认平等公民身份的关于人的观念也是所谓的"政治"观念,那么罗尔斯就会面对一个必然的指责:为什么自由民主社会中同样接受平等的公民身份,却与罗尔斯不一样的那些关于人或社会的观念,却不是政治观念呢? 进而,即便是民主社会的公民,又为何要接受罗尔斯依照自己所说的那些根本政治理念所建构出来的正义原则? 基于这些考虑,拙著并没有将这些边缘的表述纳入公共理性理念的重构过程。惠春寿则接受了这些过于宽泛的表述,从而对政治观念作了过于泛化的理解。参见惠文,本期第33~34页。

责民主政治本身是不道德的,那么政治自由主义与这种观点的争论就必然是一种道德争论,而且是整全性道德学说意义上的争论。政治自由主义显然不能回避或拒绝这样的辩论,因为作为一种正义理论,它不能不保证自己是合乎道德的。因此,我坚持我的一个判断,即公共政治文化对于政治自由主义而言并不构成一个可靠的支持依据,虽然罗尔斯对此言之凿凿。

但是我原来据此得出的结论是,我们必须追溯到一种规范性的政治(the political)概念,以其规范性要素为政治自由主义的政治性质提供支撑。而拙著最后也"水到渠成"地认为,慎议政治便是答案所在。与三位同行的这次讨论让我认识到,这个结论是不牢靠的。因此我在上一部分已经提出,要为作为公民身份之预设条件的两种道德能力提供进一步的说明。针对我寻找独立的规范性政治概念的方案,惠春寿也敏锐地提出了进一步的批评,即作为公平合作体系的社会观念与作为自由平等的人的公民观念在罗尔斯那里是重要的预设,"这两种观念是天然的政治观念,还是因为现代民主社会独特的政治传统而成为政治观念的?"(惠文,本期第31页)我认为这个批评是恰当的,它再次表明,试图从规范性政治概念出发去回答政治自由主义的政治性质,虽然可能把问题向前推进了一步,但却会掩盖一些更进一步的基础。

但正如我在上一部分所说,这个思考的方向意味着严格的"政治的"自由主义是不可能的。因此,我最后需要指出我和惠春寿之间一个似是而非的共识。他在为政治自由主义的民主边界进行了强势论证之后,也承认政治自由主义中包含着普适性的元素。其中之一就是合理的(即本文所说的合乎情理的)人的理念。他认为:"在《政治自由主义》中,现实的人们并不是一开始就被看作是自由平等的人的,相反,他们最初被看作是合理(并且理性)的人,接着才因为接受了一系列潜存于现代民主社会公共政治文化中的政治观念而被描述为自由平等的公民。"(惠文,本期第35页)我们姑且不去讨论《政治自由主义》中是否确实存在从自由平等的人到自由平等的公民这一观念序列,但我们需要提出两个相关的质疑。一是人们被视为自由平等的公民,其基础是两种道德能力,而不是因为他们接受了潜存于民主社会公共政治文化中的政治观念,后者乃是作为政治哲学家的罗尔斯从公共政治文化中铺陈出来的。二是如果合乎情理的人，而非公民理念是起点，那么即便前者是普适的，政治自由主义又如何能够强调自己是"政治的"呢？甚至说，它如何能保证自己是自由主义的（从惠文的分析来看，这种人的理念似乎是相当宽泛的）？进而，即便它是自由主义的，它又如何与启蒙自由主义相区隔，从而成为"政治的"自由主义？难道说政治自由主义具有普适性元素，恰恰因为它不是"政治的"自由主义？事实上，罗尔斯倒是明确说过，合情理性"是民主的公民身份之政治理想的一部分，包含着公共理性的观念"①。换言之，合情理性是与公民身份关联在一起的，它本身就是政治的。拙著试图在承认这种政治性的基础上将公共理性推向普适的方向，这与惠春寿的思路是不同的。而我现在认为，包括合情理性在内的两种道德能力难以在政治的范围内得到充分解释。它们可以是普适的，但严格来讲却不再可能是纯粹政治的。

最后，我想再作一点相关的澄清。惠春寿同意我对公共理性理念中公共推理与公共理由两个层次的划分，但在他看来："对于如何恰当行使强制性的政治权力的问题，公共理性提出了相当高的标准，它不仅要求人们以理性慎思的方式作出决定，也要求最终产生的结论必须来源于他们已经共同分享的公共理由"（惠文，本期第39页）。他认为，这种过高的标准给缺乏民主传统的社会施加了困难，因此，要想使公共理性的理念突破民主传统的限制，就必须降低关于政治权力的恰当行使的标准。拙著也一再指出，公共理性意味着一种厚重的约束。但我们的分歧可能部分地还是源于我们对公共理性的理解。拙著第二章专门分析指出，在罗尔斯那里存在着两种不同的公共理性理念：一种是"薄"的公共理性理念，它仅仅体现为一种满足相互性标准的推理形式；另一种是"厚"的公共理性理念，其中，除了相互性这一推理原则，它还包含着由实质性正义原则所给定的内容，并把这些原则按照相互性的标准应用于根本性的政治分歧。拙著所说的公共理由，指的就是公民们按照相互性标准进行公共推理之后得出的实质性正义原则。因此，说公共理性"要求最终产生的结论必须来源于他们已经共同分享的公共理由"，这个说法本身是误导性的，因为除了相互性的推理标准之外，公共理性

---

① Rawls, *Political Liberalism*, p. 62.

并不要求公民们有什么共享的公共理由。事实上，所谓的政治建构主义，其核心就在于，正义原则是被"建构"出来的，从而是一种自立式的观念，而现实中的公民们可以出于不同的理由接受它们，从而实现重叠共识。